上海市高职院校一流专业建设"会计"系列教材

小企业
会计电算化

总主编／严玉康
主　编／苏　红　吕　薇　朱丹萍

图书在版编目(CIP)数据

小企业会计电算化 / 苏红,吕薇,朱丹萍主编. —上海：立信会计出版社,2016.7
ISBN 978-7-5429-4981-3

Ⅰ.①小… Ⅱ.①苏… ②吕… ③朱… Ⅲ.①中小企业—会计电算化 Ⅳ.①F276.3②F232

中国版本图书馆 CIP 数据核字(2016)第 175051 号

策划编辑　　赵志梅
责任编辑　　赵志梅
封面设计　　南房间

小企业会计电算化
Xiaoqiye Kuaiji Diansuanhua

出版发行	立信会计出版社
地　　址	上海市中山西路 2230 号　　邮政编码　200235
电　　话	(021)64411389　　传　真　(021)64411325
网　　址	www.lixinaph.com　　电子邮箱　lxaph@sh163.net
网上书店	www.shlx.net　　电　话　(021)64411071
经　　销	各地新华书店
印　　刷	上海天地海设计印刷有限公司
开　　本	787 毫米×1 092 毫米　　1/16
印　　张	19.5
字　　数	429 千字
版　　次	2016 年 7 月第 1 版
印　　次	2017 年 7 月第 2 次
印　　数	3 101—6 200
书　　号	ISBN 978-7-5429-4981-3/F
定　　价	38.00 元

如有印订差错,请与本社联系调换

上海市高职院校一流专业建设"会计"系列教材编审委员会

主　任　项家祥
副主任　尹雷方　严玉康
总策划　严玉康　戎其玉
编　委　严玉康　李　敏　吴静芳　李晓荣
　　　　　李　杰　袁雪飞　吕　薇　励　丹
　　　　　苏　红　刘振峰　谢咏梅　秦　岚
　　　　　周　曼　朱丹萍　沈天欢　刘舒叶

总序 Preface

为深入贯彻国家以及上海市中长期教育改革和发展规划纲要,加快落实《国务院关于加快发展现代职业教育的决定》,全面推进上海市教育综合改革,深化职业教育内涵发展,加快培养知识型、发展型技能人才,从2015年起,上海市启动了以"高等职业教育质量提升计划项目"为主的"开展高职院校一流专业建设"工作。其一流建设切入点或力求达成的目标是:在上海市高等教育内涵建设"085"工程已建设一批高职院校重点专业的基础上,对接国际标准、服务产业升级、聚焦民生需求,遴选建设20个左右国内领先、具有国际竞争力的高职一流专业,开发与国际先进标准对接的专业教学标准,促进高职院校专业建设科学化、标准化和规范化。

作为上海市特色高职院校及示范性民办高校的建设单位——上海东海职业技术学院(简称上海东海学院),从1993年创办以来,在专业设置与结构布局上,把握不同时期地方经济和社会发展对高素质技能人才多样化的要求,结合自身办学条件与民办高校灵活的办学机制,传承上海东海学院"自尊自强、认真求真"的创业精神,创立与形成了以经管类专业为主体,以机电工程类和艺术设计类专业为两翼的专业定位与发展格局,较好地适应了我国经济新常态下产业升级与创新发展的需要,满足了高职院校学生学习专业技能及成就一生事业的发展需要。

尤其是由上海东海学院长年积淀而创建的"会计"品牌专业,其人才培养目标重点锁定在有角度(瞄准有发展潜质小企业,与普通高校错位发展)、有高度(办学质量超前,可与名牌院校同类专业建设媲美)、有深度(课程内涵充实,注重会算、会管、会写的能力提升),即重点锁定在"既会算收入、算支出、算成本、算经济效益,又会管资金、管资产、管负债、管效率、管效益,还会把算的结果和管的效果以应用文形式表达出来"的财会复合型人才这个点上。上海东海学院在高职院校中脱颖而出,成为上海市教委第一批立项进行一流专业重点建设的高职院校。

围绕高职院校一流专业建设,通过近2年的积淀与近半年的冲刺,由上海东海学院校长项家祥教授、副校长尹雷方教授、经管学院院长严玉康教授等领衔主编的"上海市高职院校一流专业建设'会计'系列教材"面世了。第一期教材出版包括《小企业会计基础》《小企业财务会计》《小企业成本会计》《小企业财务管理》《小企业会计电算化》《小企业会计综合实训》。

本套"上海市高职院校一流专业建设'会计'系列教材"的编写,以财务会计基本理论和《小企业会计准则》为指南,以小企业日常会计核算与管理的内容为重点,在解析《小企业会计准则》的同时,根据高职院校学生特点和企业的实际需要,突出"新颖""简洁"和"实用"的特点,且语言文字简明易懂。本系列的每本教材均有适量的"知识拓展"与"温馨提醒",必要的图表解析与解答提示,并配合教学微课,这就使得本系列教材不仅具有可读性,还增强了实用性与操作性。本系列的每本教材各章前安排的"案例导入",具有教学提示作用;每本教材各章后安排的"知识归纳""基本训练(包括单项选择题、多项选择题、判断题)"和"实战演练",既复习和巩固了教学内容,又对教学内容作了必要的提示与补充,便于读者进一步理解与消化所学的知识。

本套"上海市高职院校一流专业建设'会计'系列教材"的编写,不仅是上海东海学院在创建上海市特色高职院校及示范性民办高校中所取得的突出成果,也是上海东海学院为上海市"开展高职一流专业建设"所作出的努力和贡献。衷心希望本系列教材的出版,能加速推动上海高等职业教育质量的不断提升。

2016 年 4 月 10 日

根据教委实施"高等职业教育质量工程",开展"高职院校一流专业建设"工作的要求。作为上海市高职院校"会计一流专业"建设单位,我们策划编写了"上海市高职院校一流专业建设'会计'系列教材",以满足高职院校培养"服务于有潜质的小企业,培养'会算、会管、会写',具有'一人多能、多岗兼顾'"的复合型会计专业人才的需要。

《小企业会计电算化》是"上海市高职院校一流专业建设'会计'系列教材"中的一本,属于会计专业主干教材,在本系列教材和会计专业人才培养中处于核心地位,主要阐述会计信息化基本理论和"用友(新道)ERP-U8 V10.1"管理软件的实践操作方法和具体应用。

本教材共分8章,分别为:系统管理;企业应用平台;财务会计;供应链管理;期末处理;企业会计报表编制;实务案例和用友ERP-U8 V10.1安装手册。教材前6章分别附有基本训练和实战演练,其中基本训练包括单项选择题、多项选择题和判断题,使学生在掌握实际操作技能的同时,巩固相关的会计理论知识。

本教材从小企业会计信息化应用的实际需要出发,遵循由浅入深、图文并茂、循序渐进的原则,教材内容力求通俗易懂,便于操作;在本教材中既有用于各模块的任务驱动实务案例,又有提高学生综合应用能力的综合案例,案例设计科学合理,针对性和可操作性强;根据"课证赛"一体化教学的需求,我们也将全国会计信息化技能大赛题型引入教材;同时,本教材以真实会计业务单据作为案例附件,以便于教材使用者与就业岗位"零距离"对接。

在本教材编写过程中,王建元老师协助整理了部分基础材料,教材中使用的"用友(新道)ERP-U8 V10.1"软件的著作权为用友新道科技有限公司所有,感谢用友新道科技有限公司对本教材编写的指导和支持。本教材所需账套请在立信会计出版社官网(www.lixinaph.com)下载。

编者
2016年5月

目录 Contents

第1章 系统管理 ·········· 1

创建账套是会计软件运行的基础,本章将带你学习创建过程,进入会计信息化时代。

第1节 系统管理概述 ·········· 2
第2节 系统管理实训 ·········· 4
基本训练 ·········· 12
实战演练 ·········· 13

第2章 企业应用平台 ·········· 15

账套创建完成后,进入企业应用平台,本章将对企业信息进行设置,完善企业基础信息。

第1节 机构人员设置 ·········· 16
第2节 客户与供应商信息设置 ·········· 19
第3节 存货设置 ·········· 22
第4节 财务设置 ·········· 26
第5节 收付结算设置 ·········· 34
第6节 业务设置 ·········· 37
第7节 单据设置 ·········· 40
基本训练 ·········· 42
实战演练 ·········· 44

第3章 财务会计 ········· 49

在企业处理日常业务中,财务会计是本系统中的核心模块,本章将系统介绍各财务模块的运用。

第1节 财务会计概述 ········· 50
第2节 总账 ········· 50
第3节 固定资产管理 ········· 70
第4节 人力资源 ········· 89
第5节 应收款管理系统 ········· 103
第6节 应付款管理系统 ········· 111
基本训练 ········· 116
实战演练 ········· 117

第4章 供应链管理 ········· 121

供应链管理系统是一个通用系统,本章详细介绍每一个模块的作用以及各模块之间的联结关系。

第1节 采购管理基础设置 ········· 122
第2节 销售管理基础设置 ········· 124
第3节 库存管理基础设置 ········· 126
第4节 存货核算基础设置 ········· 128
第5节 采购业务日常处理 ········· 134
第6节 销售业务日常处理 ········· 157
第7节 库存管理日常处理 ········· 178
基本训练 ········· 182
实战演练 ········· 184

第5章 期末处理 ········· 187

企业在完成本月各项业务工作后,要对各模块进行月末处理。本章将介绍月末处理的设置和方法。

第1节 期末处理概述 ········· 188

第 2 节　期末处理实训 ·········· 189
基本训练 ·········· 206
实战演练 ·········· 208

第 6 章　企业会计报表编制 ·········· 209

> 月末处理完成后,企业需要编制各类报表,对本月经营状况进行分析。本章将介绍如何生成会计报表。

第 1 节　自定义报表 ·········· 210
第 2 节　报表模板 ·········· 216
基本训练 ·········· 218
实战演练 ·········· 220

第 7 章　实务案例 ·········· 221

> 在完成所有单模块训练后,本章提供了训练模块供大家操作温故知新。

第 1 节　企业基础信息设置 ·········· 222
第 2 节　企业日常业务处理 ·········· 228
第 3 节　工资薪酬核算 ·········· 267
第 4 节　期末业务处理 ·········· 277

第 8 章　用友 ERP-U8 V10.1 安装手册 ·········· 291

> 软件安装是计算机进行操作的必经程序,本章将介绍用友 ERP-U8 V10.1 的安装方法。

第 1 节　用友 ERP-U8 V10.1 安装说明 ·········· 292
第 2 节　特殊情况处理 ·········· 297

第 1 章

系统管理

CHAPTER 1

◎ 通过本章你可以学到：

- ➤ 用友 ERP-U8 V10.1 系统管理的基本模块设置
- ➤ 设置用户及权限的集中管理、用户权限的划分
- ➤ 账套和年度账的建立、修改、引入和输出
- ➤ 系统运行安全的统一管理和自动备份计划的设置等

学习目标 Learning objectives

第 1 节　系统管理概述

微课：系统管理

系统管理的主要功能是对用友 ERP-U8 V10.1 软件的各个子系统进行统一操作管理和数据维护，包括账套管理、年度账管理、用户及权限的集中管理和系统运行安全的统一管理等。系统管理具体分为企业建立账套、修改账套、恢复账套、用户设置、角色设置和权限分配等内容。

一、系统管理员的主要职责

为了对系统进行总体控制和数据维护，在软件中设立系统管理员，由其对整个系统进行管理。系统管理员行使对整个软件的管理权。系统主要功能菜单包括系统、账套和权限，见图 1-1-1。

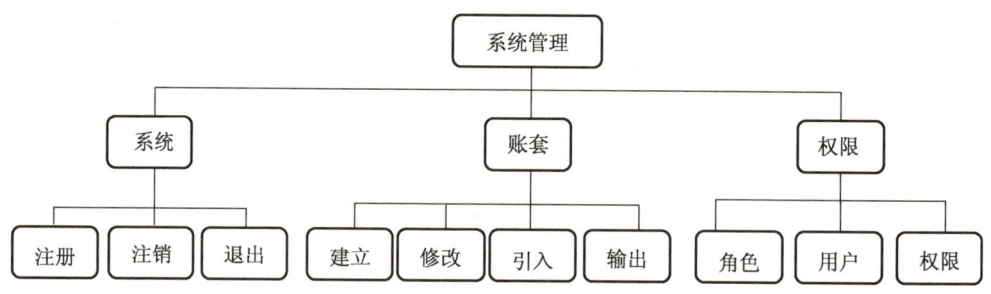

图 1-1-1　系统主要功能菜单

企业会计部门的组织结构

二、系统管理员定义角色、用户以及权限

为了保证系统数据的安全与保密，系统管理提供了用户及其功能权限的集中管理功能。通过对系统操作分工和权限的管理，可以按照企业需求对各个用户进行管理授权。用户及其功能权限的集中管理主要包括角色的设置、用户的设置和权限的设置。

1. 角色的设置

角色是指在企业管理中拥有某一类职能的组织，这个组织可以是实际部门，也可以是由拥有同一类职能的人构成的虚拟组织。例如，在实际工作中最常见的是会计和出纳两个角色。

2. 用户的设置

用户是指在会计核算软件的系统管理模块中，需要将操作软件的相关人员设置为系统的用户。只有设置为系统用户之后，这些会计人员才能登录有关系统进行相关操作。

在系统中，操作员应进行角色归属，一个角色可以拥有多个用户，一个用户也可以分属不同的角色。

3. 权限的设置

☞ 权限设置是按照会计内部控制制度中不相容职务分工牵制的原理，对已设置好的用户所进行的权限分配。在会计核算软件中，用户根据权限的范围分为账套主管和一般用户。

三、账套的基本信息

1. 账套的概念

☞ 账套是一组相互关联的数据。每一个企业(或独立核算部门)的数据在系统内部都体现为一个账套。

一个单位对应一个账套，如果单位内部还有独立核算的下级单位，或下设多个独立的核算部门，则可以给每个独立的核算部门建立账套，各账套之间可实现资源或数据共享。

2. 账套的基本信息的组成

账套的基本信息包括账套编号、账套名称、账套语言、账套数据存储路径、账套启用会计期间和单位基本数据。

账套编号是一个账套在软件系统内部的识别代码。账套名称是指供用户识别的账套名。账套语言用来选择账套数据支持的语种，也可以在以后语言扩展对所选语种进行扩充。账套数据存储路径指账套数据的存放位置。账套启用会计期间表示新建账套开始使用的会计核算日期。单位基本数据包括单位全称和简称、办公地址、邮政编码、银行账号、法人代表、通讯方式等。

3. 核算类型的选择

☞ 核算类型是指用户单位所属的行业性质。系统按照所指定行业的特点为该账套预置一套标准的会计科目。

4. 本位币的概念

☞ 本位币是指本单位记账本位币的币别名称和代码。

5. 基础信息分类选择

基础信息分类选择包括确认对供应商、客户、存货、币别等要素是否分类，如何分类的设置。

6. 代码设置

代码设置规则主要是对科目、客户、部门等关键核算内容确定分类级次以及确定各级编码的长度。需要确定设置规则的代码项目，一般包括会计科目、存货编码、部门编码、客户和供应商编码。

7. 数据核算精度设置

确定数据核算精度是指对金额、存货数量等保留的小数位进行定义。

微课:账套管理与用户管理

四、数据权限控制设置

数据权限控制设置是数据权限设置的前提,用户可以根据需要先在数据权限默认设置表中选择需要进行设置权限控制的对象。数据权限的控制分为记录级和字段级两个层次,对应系统中的两个页签"记录级"和"字段级",系统将自动根据该表中的选择在数据权限设置中显示所选对象。

1. 数据级权限设置

数据级权限分配包括记录权限分配和字段权限分配。记录权限分配是指对具体业务对象进行权限分配。其使用前提是在"数据权限控制设置"中选择控制至少一个记录级业务对象。字段权限分配是对单据中包含的字段进行权限分配。

2. 金额级权限设置

金额级权限设置可以用来设置用户可使用的金额级别,对业务对象提供金额级权限设置,包括采购订单的金额审核额度和科目的制单金额额度。

五、相关子系统的启用

会计电算化系统是由多个系统构成的,要使用其中任何一个子系统,都必须先启用该子系统。系统启用时,会自动记录启用日期和启用人,但系统启用人只能是系统管理员或账套主管,而系统启用日期必须大于或等于账套启用日期。

六、账套数据的备份、恢复、修改以及自动备份

(1) 账套数据备份(输出)是指当前软件系统压缩完成所选账套数据后输出到目标驱动器或文件夹,实现账套数据的转移。定期将企业数据备份并存储到不同的介质上,对数据的安全性是非常重要的。

(2) 账套数据恢复(引入)是指将同一系统环境中的某一账套数据复制到当前系统中,通常用来完成同一软件环境里的一个账套数据在不同计算机之间的转移。

(3) 账套的修改只能由账套主管在系统管理中进行操作,系统管理员和其他操作员都无权进行修改。

(4) 账套数据自动备份是由系统管理员在系统管理的"设置备份计划"功能中完成的。

微课:企业中的信息系统

第 2 节 系统管理实训

一、实训资料

上海东海绿色建材有限公司已经购买了用友 ERP-U8 V10.1 软件,并于 2016 年 3 月 1 日开始使用该软件。现在需要将企业的基本信息录入该软件中,由系统

管理员 admin 登录后建立企业账套、设置用户角色以及分配权限,该公司员工舒俊稳担任账套主管的角色,具体用户及其权限分配的设置如表 1-2-1 所示。

1. 用户及其权限分配设置

表 1-2-1

用户及其权限

人员编码	姓名	口令	所属部门	认证方式	角色	权 限
A1001	舒俊稳	无	总经理办公室	用户＋口令	账套主管	账套主管
A2001	周宏	无	财务部	用户＋口令	财务主管	基本信息权限、财务会计权限
A2002	陈欢	无	财务部	用户＋口令	会计主管	基本信息权限、财务会计中不含收付款单卡片编辑、薪资管理、存货核算、固定资产的所有权限
A2003	张宏冰	无	财务部	用户＋口令	出纳	基本信息权限、财务会计中出纳签字、出纳收付款单卡片编辑的所有权限
A3001	李亦非	无	销售部	用户＋口令	销售主管	基本信息权限、销售管理的所有权限
A4001	张浩强	无	采购部	用户＋口令	采购主管	基本信息权限、采购管理的所有权限
A5001	李静	无	仓管部	用户＋口令	库存主管	基本信息权限、库存管理的所有权限

2. 账套信息

账套号:666;账套名称:上海东海绿色建材有限公司;启用日期:2016 年 3 月 1 日

单位名称:上海东海绿色建材有限公司(简称:东海建材)

单位地址:浦东新区浦东南路 6666 号

法人代表:舒俊稳

联系电话:021-88888888

税号:310110201601011

本币代码:RMB;本币名称:人民币

行业性质:小企业会计制度

企业类型:工业,按行业性质预置科目

账套主管:舒俊稳

基础信息:存货有分类,供应商、客户均不分类,有外币核算

科目编码:4222;部门编码:1;结算方式编码:12;收发类别编号:111;其他编码采用系统默认

数据精度:采用系统默认

系统启用:启用总账、应收款管理、应付款管理、固定资产、薪资管理、库存管理、存货核算、采购管理、销售管理模块,启用日期均为 2016 年 3 月 1 日。

3. 设置数据权限

周宏分别对舒俊稳、陈欢、张宏冰、李亦非、张浩强、李静有查询、删除、审核、弃审、撤销、关闭权限。

陈欢分别对舒俊稳、周宏、张宏冰、李亦非、张浩强、李静有查询、删除、审核、弃审、撤销、关闭权限。

张宏冰分别对舒俊稳、周宏、陈欢、李亦非、张浩强、李静有查询、删除、审

核、弃审、撤销、关闭权限。

二、实训指导

1. 以系统管理员身份登录系统管理

（1）执行"开始"→"程序"→"用友 ERP-U8 V10.1"→"系统服务"→"系统管理"，打开"用友 ERP-U8 V10.1 系统管理"窗口。

（2）单击"系统"菜单→"注册"，操作员"admin"系统默认，密码为"空"，单击【登录】按钮，如图 1-2-1 所示。

图 1-2-1 "登录系统管理"对话框

2. 增加用户

（1）单击"权限"菜单→"用户"，单击【增加】按钮，"编号"输入"A1001"，"姓名"输入"舒俊稳"，"所属部门"输入"总经理室"，"角色编码"选中"账套主管"复选框，单击【确定】按钮，如图 1-2-2 所示。

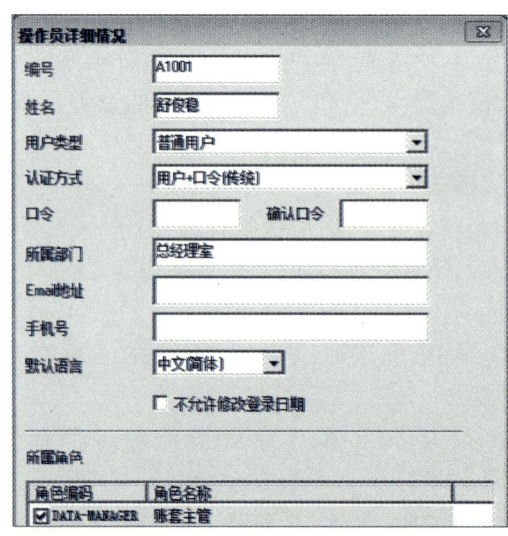

图 1-2-2 "操作员详细情况"窗口

（2）按要求依次增加其他用户和角色，单击【刷新】按钮，查看用户。

3. 建立上海东海绿色建材有限公司账套

（1）打开"系统管理"界面，单击"账套"菜单→"建立"→"建账方式"→"新建空白账套"，单击【下一步】按钮，"账套号"输入"666"，"账套名称"输入"上海东海绿色建材有限公司"，账套路径系统默认，"启用会计期"选"2016年3月"，单击【下一步】按钮，按要求输入内容，如图1-2-3所示。

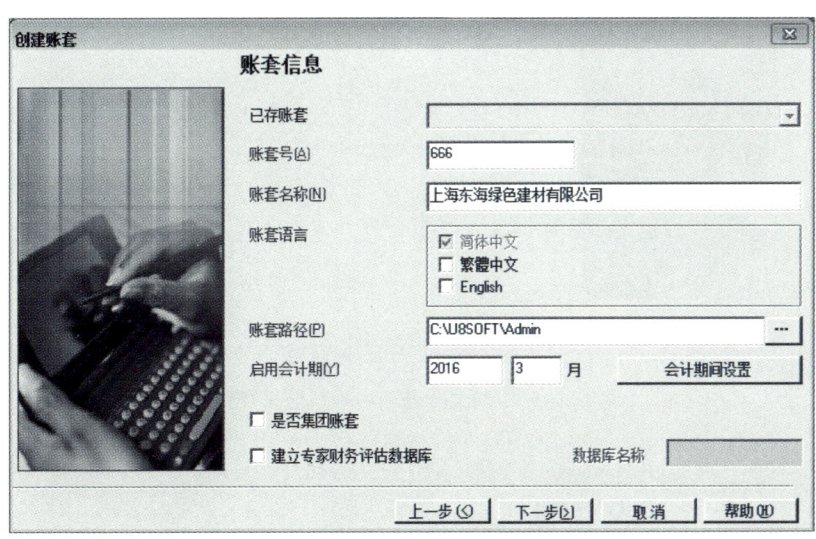

图 1-2-3 "创建账套——账套信息"窗口

（2）单击【下一步】按钮，"企业类型"选中"工业"，"行业性质"选中"小企业会计制度"，"账套主管"选中"[A1001]舒俊稳"，如图1-2-4所示。

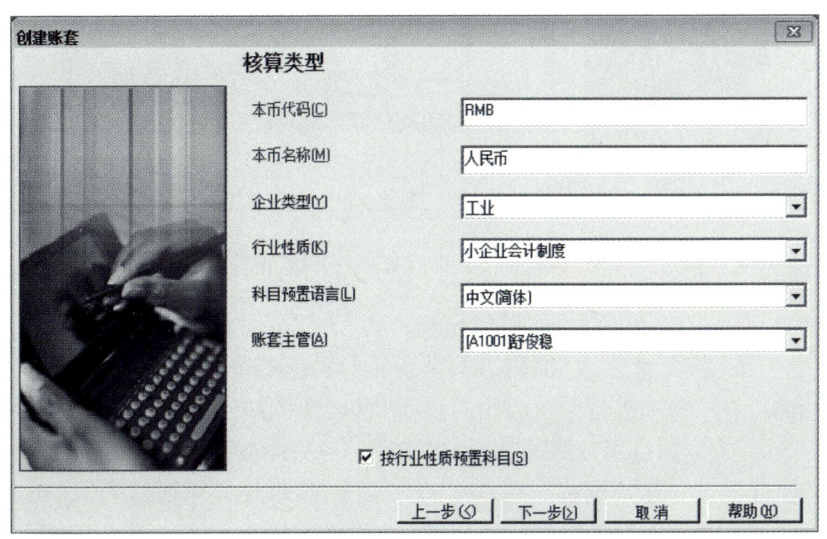

图 1-2-4 "创建账套——核算类型"窗口

(3)单击【下一步】按钮,分别选中"存货是否分类"及"有无外币核算"前的复选框,单击【下一步】按钮,再单击【完成】按钮,分别如图1-2-5和如图1-2-6所示。

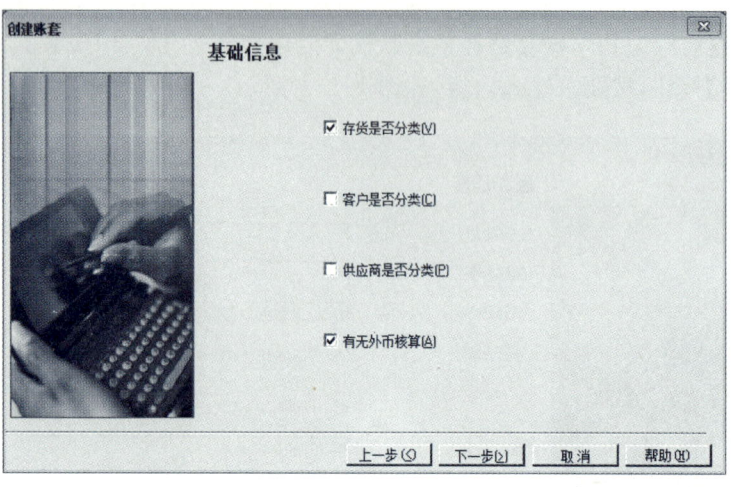

图1-2-5 "创建账套——基础信息"窗口

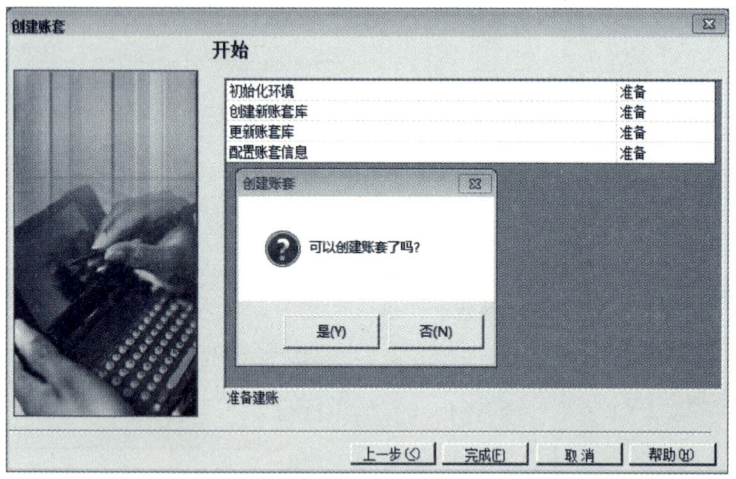

图1-2-6 "创建账套——开始"窗口

在图1-2-6所示的"可以创建账套了吗"页面,选择【是】按钮。

(4)按要求修改"编码方案",单击【确定】按钮,单击【取消】按钮,系统弹出提示框"现在进行系统启用的设置?"单击【是】按钮,如图1-2-7所示。

(5)分别启用"总账""应收款管理""应付款管理""固定资产""薪资管理""库存管理""存货核算""采购管理""销售管理",时间调整为"2016年3月1日",单击【确定】按钮,系统弹出提示框"确实要启用当前系统吗?",单击【是】按钮,全部启用完成,单击【退出】按钮,如图1-2-8所示。

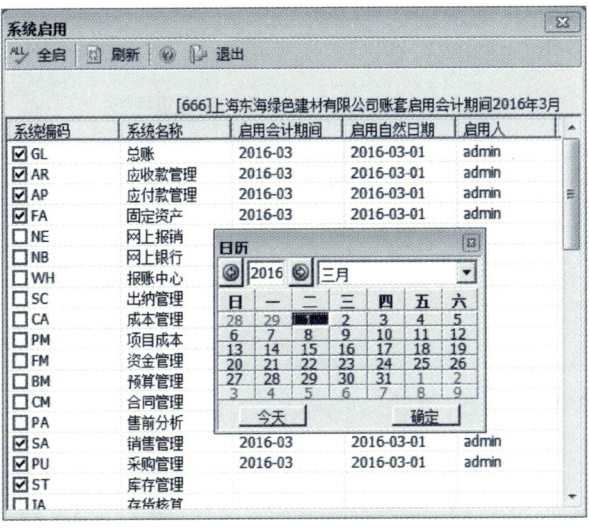

图 1-2-7 "编码方案"窗口

图 1-2-8 "系统启用"窗口

4. 设置操作员权限

（1）打开"系统管理"对话框，单击"权限"菜单→"权限"，账套号选中"[666]上海东海绿色建材有限公司"，"操作员编码"选中"A2001"，单击"修改"，选中"基本信息"和"财务会计"，单击【保存】按钮，如图 1-2-9 所示。

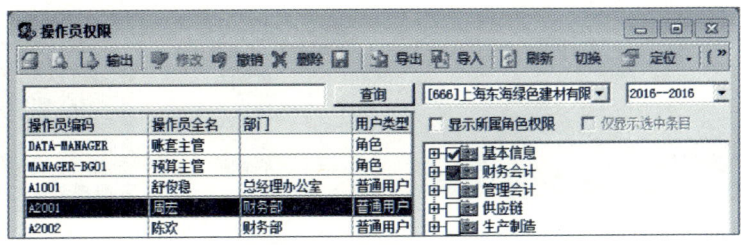

图 1-2-9 "操作员权限"窗口

（2）依次修改其他人员的权限，单击【保存】按钮，单击【退出】按钮。

5. 设置数据权限

（1）执行"开始"→"程序"→"用友 ERP-U8 V10.1"→"企业应用平台"，"操作员"输入"A1001"，"密码"为空，"账套"选中"[666](default)上海东海绿色建材有限公司"，"操作日期"修改为"2016-03-01"，单击【登录】按钮，如图1-2-10所示。

图 1-2-10 "登录企业应用平台"窗口

（2）打开"系统服务"选项卡→"权限"→"数据权限分配"，打开"权限浏览"对话框，"用户及角色"选中"A2001"，单击【授权】按钮，屏幕显示"记录权限设置"窗口，"业务对象"选中"用户"，选中"陈欢"，单击【＞】按钮，按要求设置其他人员，单击【保存】按钮。如图1-2-11所示。

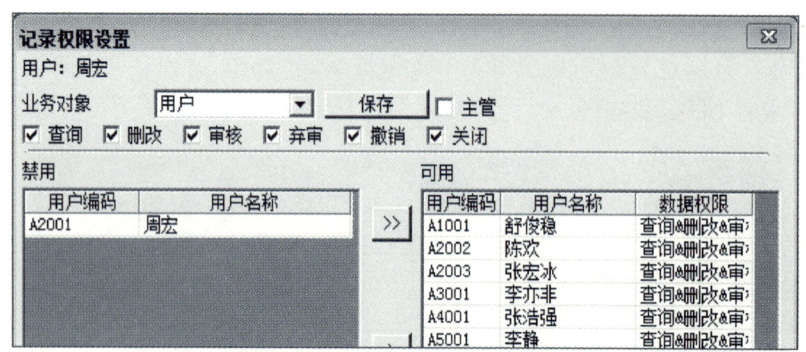

图 1-2-11 "记录权限设置"窗口

（3）依次设置其他用户的数据权限，单击【退出】按钮，关闭系统。

6. 数据账套备份

打开"系统管理"界面，执行"系统"→"注册"，单击【确定】按钮。单击"账套"→"输出"，打开"账套输出"对话框，"账套号"选择"[666]上海东海绿色建材有限公司"，"输出文件位置"输入"C:\666账套\666新建账套\"，单击【确认】按钮，出现"输出成功"对话框，单击【确定】按钮，如图1-2-12所示。

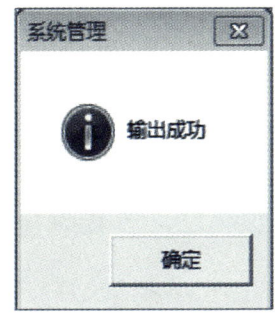

图 1-2-12 "账套输出"对话框

7. 数据账套引入

单击"账套"→"引入"，打开"账套输出"对话框，打开"请选择账套备份文件"对话框，选择"C:\666账套\666新建账套\UfErpAct.Lst"，单击【确定】按钮，单击【是】按钮，如图1-2-13所示。

图 1-2-13 "系统管理——账套引入"对话框

8. 数据账套删除

打开"系统管理"界面，执行"系统"→"注册"，单击【确定】按钮，单击"账套"→"输出"，打开"账套输出"对话框，"账套号"选择"[666]上海东海绿色建材有限公司"。"输出文件位置"输入"C:\666账套\666新建账套\"，勾选"删除当前输出账套"，单击【确认】按钮，系统在删除前进行账套输出，当输出完成后，系统提示"真要删除该账套吗?"单击【是】按钮，可以删除该账套，单击【确定】按钮,如图1-2-14所示。

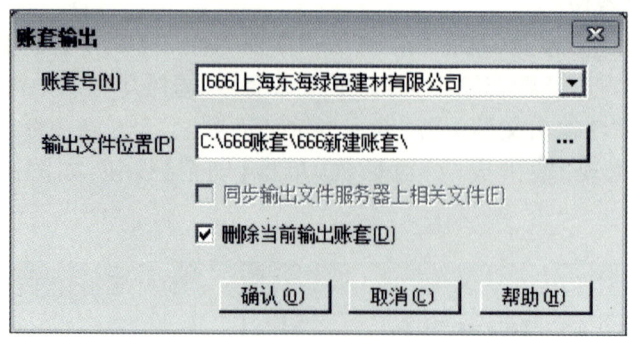

图1-2-14 "账套输出——删除"对话框

(1)初次使用系统,必须以admin的身份注册,当建立账套和指定相应账套主管以后,才能以账套主管身份注册系统管理。

(2)用户启用后系统默认不允许删除。如果想要删除用户,可以在用户管理窗口中单击"修改",在"修改用户信息"的对话框中单击"注销当前用户",单击【修改】按钮,返回系统管理。

(3)账套号是账套的唯一标识,可以自行设置3位数字,但不允许与已存在账套的账套号重复,账套号设置后不允许改变。

一、单项选择题

1. 在用友ERP-U8 V10.1系统软件中,不能对用户进行的操作是(　　)。
   A. 设置用户名　　　　　　　　B. 修改用户名
   C. 删除已使用的用户　　　　　D. 注销用户

2. (　　)模块的主要功能是对软件的子系统进行统一的操作管理和数据维护。
   A. 总账　　　B. 系统初始化　　　C. 系统管理　　　D. UFO报表

3. 下列各项中,不属于建立账套时要设置的信息是(　　)。
   A. 设置账套信息　　　　　　　B. 设置单位信息
   C. 确定核算类型　　　　　　　D. 输入期初余额

4. 建立账套时,需要以(　　)的身份注册系统管理。
   A. admin　　　B. 财务主管　　　C. 账套主管　　　D. 财务总监

5. (　　)可以作为区别不同账套数据的唯一标识。
   A. 账套号　　　B. 账套主管　　　C. 账套名称　　　D. 财务总监

6. 在用友 ERP-U8 V10.1 系统软件中,下列关于账套主管的说法中,不正确的是( )。
   A. 一个账套可以设定多个账套主管
   B. 账套主管自动拥有该账套的所有权限
   C. 一个账套可以不设定账套主管
   D. 账套主管是由系统管理员设定的

二、多项选择题

1. 建立账套完成后,( )不能修改。
   A. 账套号   B. 账套名称
   C. 编码方案   D. 单位名称
2. 在系统管理中可以进行的工作有( )。
   A. 建立账套   B. 建立年度账
   C. 分配权限   D. 数据维护
3. 下列各项中,属于系统管理员职责的有( )。
   A. 建立账套   B. 建立年度账
   C. 修改账套数据   D. 账套数据的备份与引入
4. 下列关于修改和删除操作员权限的描述中,正确的有( )。
   A. 只有系统管理员拥有取消账套主管权限的权利
   B. 所设置的操作员权限一旦使用,便不能修改与删除
   C. 其他操作员的权限可以由系统管理员修改或删除,也可以由所在账套的账套主管修改或删除
   D. 修改和删除操作员权限只能由操作员所属账套的账套主管进行

三、判断题

1. 用友软件是指专业用户会计核算、财务管理的计算机软件。   (   )
2. 系统初始化的部分设置可以在系统使用后进行修改。   (   )
3. 账套建立好之后,企业不可以对已经设定的参数进行修改。   (   )
4. 账套数据备份和引入是同一个过程。   (   )
5. 在同一个软件中只可以建立一个账套。   (   )
6. 清空年度账数据一定要备份数据,然后再进行操作。   (   )
7. 清空年度账只是清空数据,并不清除基础设置、档案的内容。   (   )
8. 权限的设置对大企业有用,对小企业没用。   (   )
9. 所设置的操作员一旦被引用,仍可以修改和删除。   (   )
10. 操作员编号必须唯一,但在不同的账套,操作员编号可以重复。   (   )

一、实验准备

以管理员身份"admin"登录系统,登录时间为 2016 年 01 月 01 日,建立账套、增加用户并设置权限。

二、实验内容

1. 企业信息

企业名称:上海东海汽车模型制造厂(简称:东海汽模),地址:上海张江高新技术开发区1号;企业类型:工业企业;行业性质:小企业会计制度;法定代表人:许亦鑫;联系和传真电话:021-88888888;纳税人识别号:310110198810302。设置用户及其权限如表1所示。

表 1　　　　　　　　　　　用户及其权限

人员编码	姓名	口令	认证方式	所属部门	系统权限
C1001	许亦鑫	无	用户+口令	管理部	账套主管
C2001	陈冰	无	用户+口令	财务部	基本信息权限、财务会计权限
C2002	沈样	无	用户+口令	财务部	基本信息权限、财务会计中不含收付款单卡片编辑、薪资管理、存货核算、固定资产的所有权限
C2003	凌小雨	无	用户+口令	财务部	基本信息权限、财务会计中出纳签字、出纳收付款单卡片编辑的所有权限
C3001	铭志轩	无	用户+口令	销售一部	基本信息权限、销售管理的所有权限
C4001	林灵	无	用户+口令	采购部	基本信息权限、采购管理的所有权限
C5001	高健	无	用户+口令	仓管部	基本信息权限、库存管理的所有权限

2. 账套信息

账套号:777;账套名称:上海东海汽车模型制造厂;启用日期:2016年01月01日。

基础信息:存货分类,客户、供应商不分类,无外币核算。

科目编码:42222;部门:22;收发类别:12;存货分类:22223;其他编码采用系统默认;数据精度:采用系统默认。

3. 系统启用

启用总账、应收款管理、应付款管理、固定资产、薪资管理、采购管理、销售管理、库存管理、存货核算,启用时间:2016年01月01日。

4. 设置数据权限

陈冰分别对许亦鑫、沈样、凌小雨、铭志轩、林灵、高健有查询、删除、审核、弃审、撤销、关闭权限。

沈样分别对许亦鑫、陈冰、凌小雨、铭志轩、林灵、高健有查询、删除、审核、弃审、撤销、关闭权限。

凌小雨分别对许亦鑫、陈冰、沈样、凌小雨、铭志轩、林灵、高健有查询、删除、审核、弃审、撤销、关闭权限。

三、备份账套

将账套进行备份,保存至"C:备份\777账套\777新建"。

课后习题答案

第 2 章

企业应用平台

通过本章你可以学到：

- 企业应用平台的功能与结构
- 基础档案的基本概念和模块应用
- 部门档案、人员类别和人员档案的设置
- 客户、供应商分类和档案的设置
- 存货分类、计量单位和存货档案的设置
- 外币汇率、会计科目和凭证类别等的设置

第1节 机构人员设置

一、机构人员设置的介绍

在进行财务核算或业务管理时会涉及相关部门和部门中的职员,因此,企业按照系统中的要求设置部门和职员的信息,并将其信息输入到系统中。

1. 部门的设置

👉 部门是指核算单位管辖的具有财务核算或业务管理要求的单元体,可以是实际工作中的部门机构,也可以是虚拟的核算单元,这主要取决于核算部与管理部的需求。

2. 人员类别的设置

👉 人员类别是企业通过人员分类与设置对企业不同的人员进行分类管理。一般按树形层次结构进行分类,系统预置正式工、合同工和实习生三类顶级类别,企业可以在顶级类别下扩充人员子类别。

人员类别与工资费用分配、分摊有关,工资费用的分配及分摊是薪酬管理系统的一项重要功能。人员类别设置的目的是为工资分摊生成与凭证设置相应的入账科目做准备,可以按不同的入账科目需要设置不同的人员类别。

人员类别是人员档案中的必选项目,需要在人员档案建立之前设置。

3. 职员的设置

👉 职员是指企业的各个职能部门中参与企业活动,并且需要对其核算业绩、考核业绩的人员,并非全体人员。

机构人员主要功能菜单包括本单位信息部门档案、部门档案、人员档案、人员类别、职务档案和岗位档案六个部分,如图2-1-1所示。

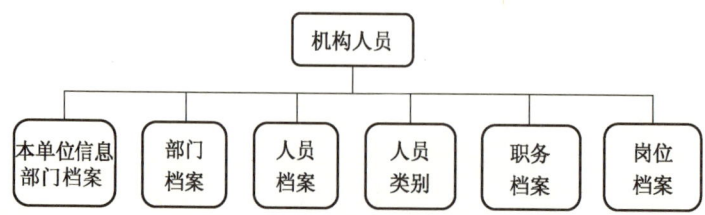

图2-1-1 机构人员主要功能菜单

二、实训资料

以账套主管身份（A1001）登录"666"账套，登录时间为 2016 年 3 月 1 日。完成以下操作：

（1）设置部门档案，如表 2-1-1 所示。

表 2-1-1

部门档案

部门编码	部门名称
1	总经理办公室
2	财务部
3	销售部
4	采购部
5	仓管部
6	生产车间

（2）设置人员类别，如表 2-1-2 所示。

表 2-1-2

人员类别

档案编码	人员类别
1011	管理人员
1012	销售人员
1013	车间管理人员
1014	生产人员

（3）设置人员档案，如表 2-1-3 所示。

表 2-1-3

人员档案

人员类别	人员编号	人员姓名	性别	行政部门	是否业务员
管理人员	A1001	舒俊稳	男	总经办	是
管理人员	A2001	周宏	男	财务部	是
管理人员	A2002	陈欢	男	财务部	是
管理人员	A2003	张宏冰	女	财务部	是
销售人员	A3001	李亦非	男	销售部	是
管理人员	A4001	张浩强	男	采购部	是
管理人员	A5001	李静	女	仓管部	是
车间管理人员	A6001	刘海涛	男	生产车间	是
生产人员	A6002	夏雪	女	生产车间	是

三、实训指导

（1）执行"系统"菜单→"注册"，操作员"admin"系统默认，密码为空，单击【登录】按钮。

（2）单击"账套"→"引入"，打开"账套输出"对话框，打开"选择备份目标"对话框，选择"C:\666 账套\666 建立账套"，单击【确认】按钮。

（3）执行"企业应用平台"，"操作员"输入"A1001"，"密码"为空，"账套"选中"［666］（default）上海东海绿色建材有限公司"，"操作日期"修改为"2016-03-01"，单击【登录】按钮。

（4）设置部门档案如下：

① 在"基础设置"选项卡中，单击"基础档案"→"机构人员"→"部门档案"，打开"部门档案"对话框。单击【增加】按钮，"部门编码"输入"1"，"部门名称"输入"总经理办公室"，单击【保存】按钮（或按快捷键F6）。

② 按快捷键F5（表示新增部门），依次输入其他部门档案，单击【退出】按钮，单击【关闭】按钮，如图2-1-2所示。

图2-1-2 "部门档案"窗口

（5）设置人员类别如下：

① 单击"人员类别"，打开"人员类别"对话框，选中"正式工"，单击【增加】按钮，"档案编码"输入"1011"，"档案名称"输入"管理人员"，单击【确定】按钮。如图2-1-3所示。

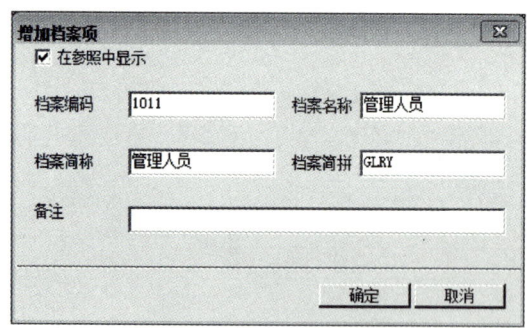

图2-1-3 "增加档案项"窗口

② 依次输入其他人员类别，单击【退出】按钮，单击【关闭】按钮。如图2-1-4所示。

（6）设置人员档案如下：

① 执行"基础设置"→"人员档案"，打开"人员列表"对话框，单击【增加】按钮，"人员编码"输入"A1001"，"人员姓名"输入"舒俊稳"，"性别"选中"男"，"人员类别"选中"管理人员"，"行政部门"选中"总经理办公室"，"雇佣部门"选中"在职"，勾选"是否业务员"，单击【保存】按钮。

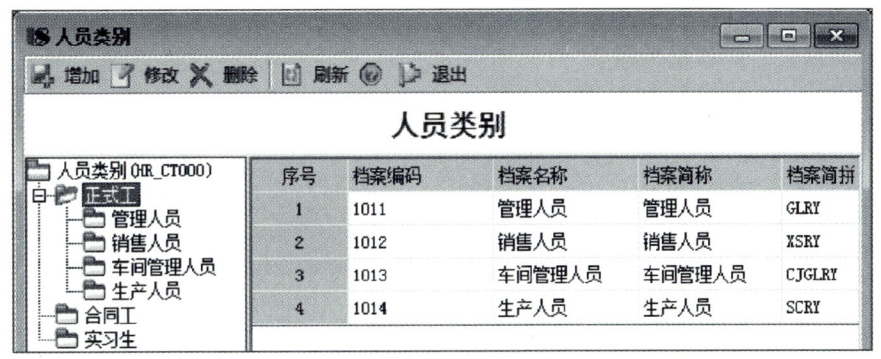

图 2-1-4 "人员类别"窗口

② 依次输入其他人员档案,单击【退出】按钮,单击【关闭】按钮。如图 2-1-5 所示。

图 2-1-5 "人员列表"窗口

第 2 节 客户与供应商信息设置

一、客户与供应商信息设置的介绍

客户与供应商是任何企业都十分重视的资源之一。在企业中和客户、供应商相关的业务很多,有效的利用和管理企业的客户与供应商,对企业生产经营影响重大。

用友 ERP-U8 V10.1 软件中,可以通过客户与供应商设置,建立客户与供应商的详细档案,以实现对其有效管理。设置客户与供应商档案的目的是将其基本信息录入系统中,以便于对应收(客户)款,应付(供应商)款项情况及时掌握、进行账龄分析、做好核销清账工作等,利用软件完成对客户与供应商资源的有效管理。

1. 地区分类设置

企业可以依据管理需要对客户与供应商的所属地区进行相应分类,建立地区分类体系,以便于对业务数据进行统计分析。

2. 行业分类设置

企业可以依据管理需要对客户所属的行业进行相应分类,建立行业分类体系,以便于对企业数据按行业进行统计分析。

3. 客户分类设置

企业可以依据管理需要对客户进行相应分类,建立客户分类体系,将客户按行业、地区等进行划分。

4. 客户分类级别设置

客户级别是客户细分的一种方法,企业可以根据自身管理需要进行客户级别的分类。

5. 供应商分类设置

企业可以依据管理需要对供应商进行相应分类,建立供应商分类体系,将供应商按行业、地区等进行划分。

客商信息主要功能菜单包括地区分类、行业分类、供应商分类、供应商档案、供应商联系人档案、客户分类、客户级别、客户联系人档案和客户档案,如图 2-2-1 所示。

微课:CRM 一点通

图 2-2-1 客商信息主要功能菜单

二、实训资料

1. 供应商档案(如表 2-2-1 所示)

表 2-2-1

供应商档案

供应商编号	供应商简称	税号	开户银行	账号
0001	兴和公司	310303826108777	工行上海市浦东分行	6222021901098674289
0002	上海市人民电力公司	310110196086666	工行上海市人民路支行	6222021702098111111
0003	上海市自来水公司	310110196087777	工行上海市建西支行	6222021702056153120
0004	浙江舟山采石场	330103611257888	工行浙江舟山分行	6228480710023477890

默认值栏选择"是"。

2. 客户档案（如表 2-2-2 所示）

表 2-2-2

客户档案

客户编号	客户简称	税号	开户银行	账号
1001	安信公司	310147541234826	工行上海市石化支行	6222810010001235611
1002	开元公司	310153678122110	工行上海市建东支行	6228810010034875231
1003	浙江舟山石材有限公司	330583749074992	工行舟山海淀支行	6222021408070077532
1004	无锡石材进出口有限公司	321456789123456	工行无锡思明路支行	6222021402077753200

默认值栏选择"是"。

三、实训指导

1. 设置供应商档案

（1）执行"基础设置"→"客商信息"→"供应商档案"，打开"供应商档案"对话框，单击【增加】按钮，"供应商编码"输入"0001"，"供应商简称"输入"兴和公司"，"税号"输入"310303826108777"，单击【银行】按钮，单击【增加】按钮，打开"供应商银行档案"窗口，按要求设置，单击【保存】按钮，单击【退出】按钮，单击【保存并新增】按钮。如图 2-2-2 所示。

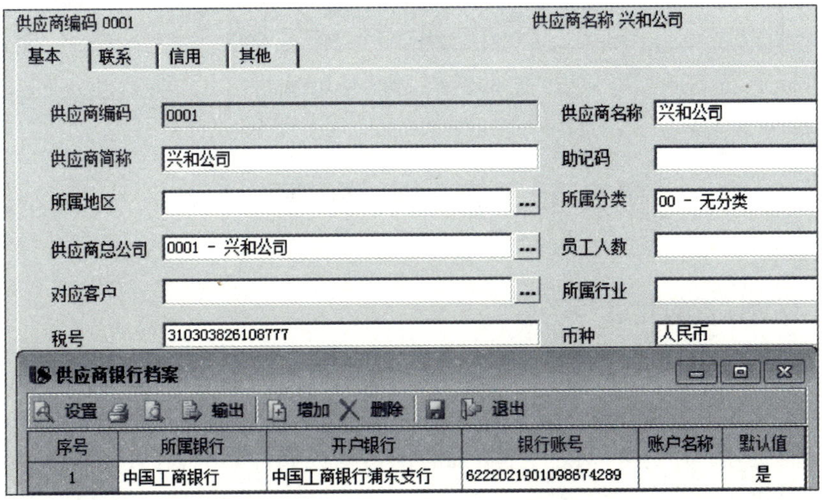

图 2-2-2 "供应商编码"窗口

（2）依次输入其他供应商档案，单击【退出】按钮。如图 2-2-3 所示。

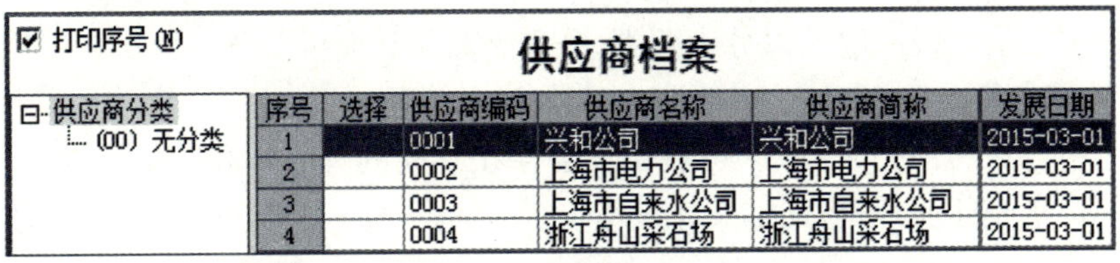

图 2-2-3 "供应链档案"窗口

2. 设置客户档案

（1）执行"客户档案"，打开"客户档案"对话框，单击【增加】按钮，"客户编码"输入"1001"，"客户简称"输入"安信公司"，"税号"输入"310147541234826"，单击【银行】按钮，单击【增加】按钮，按要求设置完成，单击【保存】按钮，单击【退出】按钮，单击【保存并新增】按钮。如图 2-2-4 所示。

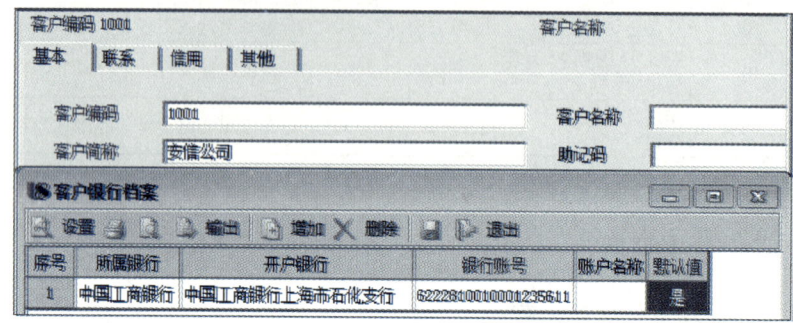

图 2-2-4 "客户编码"对话框

（2）依次输入其他客户档案，单击【退出】按钮。如图 2-2-5 所示。

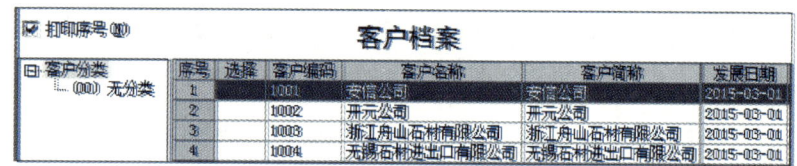

图 2-2-5 "客户档案"窗口

第3节 存货设置

一、存货设置的介绍

存货是企业的一项重要经济资源，涉及企业供应链管理的整个流程，是企业物流管理和财务核算的主要对象。如果存货较多，就需要按照一定的方式进行分类管理。存货可以按照存货固有的特征或属性划分，在此基础上根据不同分类建立相关存货档案。

1. 存货分类

☞ 存货分类是指企业对存货进行分类管理，以便于对业务数据进行统计和分析。工业企业的存货可以分为三类：材料、产成品和应税劳务。商业企业的存货分类的第一级一般可以分为两类，分别是商品和应税劳务。

2. 计量单位

企业中存货的种类繁多，不同的存货会存在不同的计量单位，因此，在开展企业的日常业务前，需要先定义计量单位。

存货计量单位可以分为无换算、固定换算和浮动换算三种。

(1) 无换算计量单位一般是指自然单位、度量衡单位等。

(2) 固定换算计量单位之间存在着不变的换算比率,这种计量单位之间的换算关系即为固定换算。

(3) 浮动换算计量单位之间存在着不固定的换算比率,这种不固定换算关系即为浮动换算。

3. 存货档案

存货档案是指企业在生产经营过程中使用到的各种存货信息,以便于对这些存货进行资料管理、实物管理和业务数据的统计及分析。

存货档案的主要内容有存货编码、存货名称、存货代码、计量单位组、计量单位组的类别、主计量单位、存货分类、税率(默认新增档案时增值税进项税税率=销项税税率=17%,可修改)和存货属性。

存货主要功能菜单包括四个部分:存货分类、计量、存货维护申请和存货档案。如图 2-3-1 所示。

移动支付的角逐

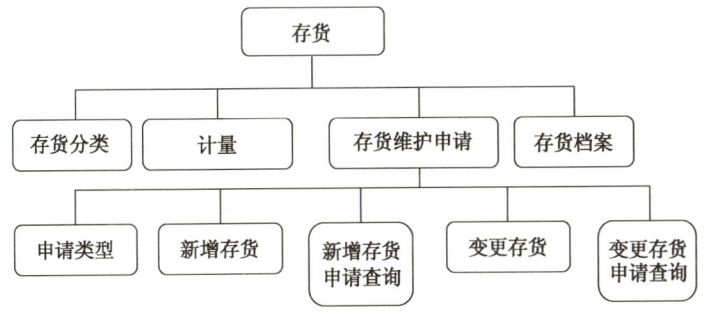

图 2-3-1　存货主要功能菜单

二、实训资料

1. 存货分类(如表 2-3-1 所示)

表 2-3-1

存货分类

分 类 编 码	分 类 名 称
01	原材料
02	产成品
03	劳务费

2. 主计量单位(如表 2-3-2 所示)

表 2-3-2

主计量单位

计量单位组编码	计量单位组名称	计量单位组类别
1	数量	无换算率

3. 计量单位（如表 2-3-3 所示）

表 2-3-3

计量单位

计量单位编码	计量单位名称	计量单位组类别
01	吨	无换算率
02	块	无换算率
03	千米	无换算率
04	千瓦时	无换算率
05	立方米	无换算率

4. 存货档案（如表 2-3-4 所示）

表 2-3-4

存货档案

存货编码	存货名称	存货分类	主计量单位	进项税率	属性
0101	煤矸石	01	吨	17%	外购、生产耗用
0102	水泥	01	吨	17%	外购、生产耗用
0103	粉煤灰	01	吨	17%	外购、生产耗用
0201	空心砖	02	块	17%	自制、内销、外销
0301	运费	03	千米	7%	外购、应税劳务
0302	电	02	千瓦时	17%	外购、生产耗用
0303	水	02	立方米	13%	外购、生产耗用

5. 备份路径

备份路径为"C:\666 账套\666 基础设置一"。

三、实训指导

1. 设置存货分类

（1）在"基础设置"选项卡中，单击"存货"→"存货分类"，打开"存货分类"对话框，单击【增加】按钮，"分类编码"输入"01"，"分类名称"输入"原材料"，按【F6】保存。

（2）依次输入其他存货分类，单击【退出】按钮。如图 2-3-2 所示。

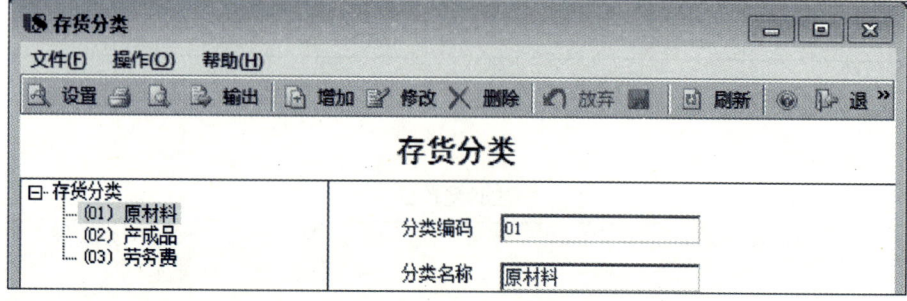

图 2-3-2 "存货分类"窗口

2. 设置存货

(1) 执行"计量单位",打开"计量单位"对话框,单击【分组】按钮,单击【增加】按钮,"计量单位组编码"输入"1","计量单位组名称"输入"数量","计量单位组类别"选中"无换算率",单击【保存】按钮。如图2-3-3所示。

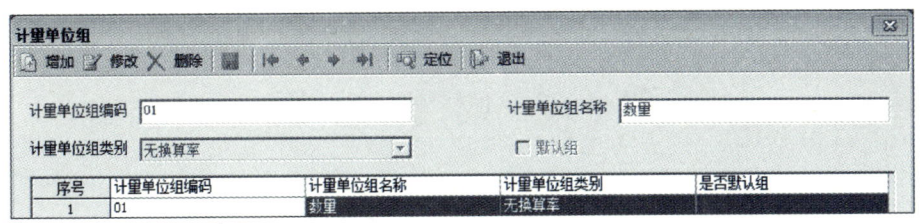

图2-3-3 "计量单位组"窗口

(2) 返回"计量单位—(1)"对话框,单击"单位",打开"计量单位"对话框,单击【增加】按钮,"计量单位编码"输入"01","计量单位名称"输入"吨",单击【保存】按钮。

(3) 依次输入其他计量单位,单击【退出】按钮。如图2-3-4所示。

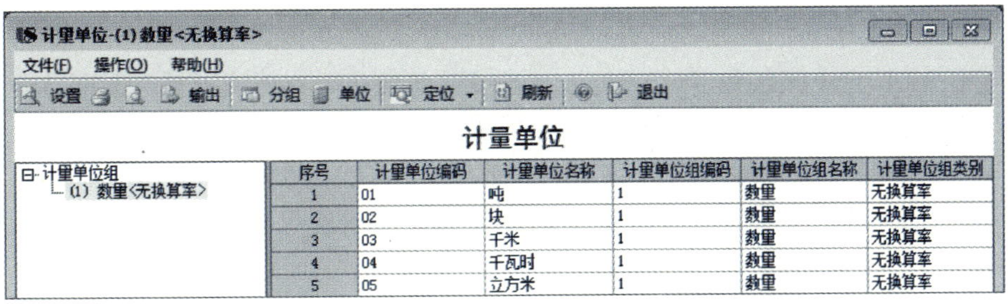

图2-3-4 "计量单位—(1)数量＜无换算率＞"窗口

3. 设置存货档案

(1) 单击"存货档案",打开"存货档案"对话框,单击【增加】按钮,"存货编码"输入"0101","存货名称"输入"煤矸石","存货分类"选中"01","计量单位组"选中"1","主计量单位"选中"01","存货属性"选中"外购"勾选"生产耗用",单击【保存并新增】按钮。

(2) 依次输入其他存货档案,单击【退出】按钮,单击【关闭】按钮。如图2-3-5所示。

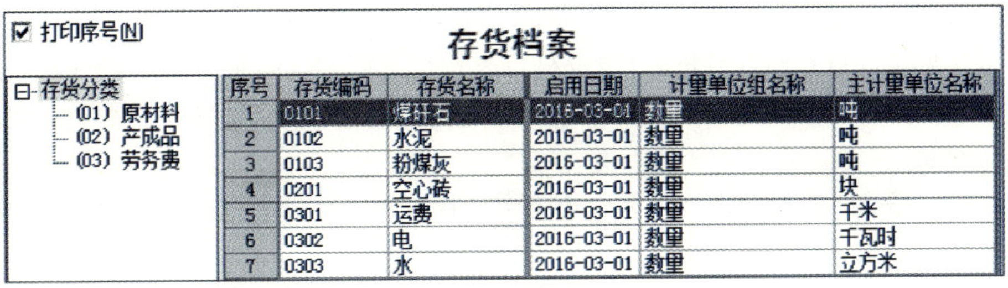

图2-3-5 "存货档案"窗口

(3) 执行"系统管理"→"系统"菜单→"注册",操作员选"admin",密码为空,单击【登录】按钮。执行"账套"→"输出",打开"账套输出"对话框,"账套号"选中"[666]上海东海绿色建材有限公司"。

(4) "输出文件位置"输入"C:\666账套\666基础设置一",单击【确认】按钮,弹出"输出成功"提示框。

第4节 财务设置

大数据背景下的
会计电算化

一、财务设置的介绍

在用友 ERP-U8 V10.1 软件中要开展日常业务核算,就必须和手工会计一样设置会计科目体系。用友 ERP-U8 V10.1 软件提供了按多种行业类型预设的科目表,但主要是一级科目及日常的明细科目。因此,企业还需要根据实际要求完善科目表。

(一) 外币设置

企业若有外币业务,需要进行外币的设置,以便在核算中使用。当汇率发生变化时,企业应预先进行外币定义,否则凭证制单时不能正确录入汇率。

外币汇率设置的内容主要有以下几种:

(1) 汇率方式选择:选择使用固定汇率还是浮动汇率。

(2) 折算方式设置:外币汇率的标价方法有直接标价法和间接标价法。其计算公式分别为:

$$直接汇率的折算公式:本位币 = 外币 \times 汇率$$
$$间接汇率的折算公式:外币 = 本位币 \div 汇率$$

(3) 币别设置:币别用于定义所使用外币的符号与名称。比如,美元符号为"USD"。

(4) 汇率小数位设置:定义各种外币汇率的小数位。

(5) 调整汇率设置:月末时以该汇率对外币进行汇率折算,并将折算额与外币账户的期末余额进行比较,从而计算出期末汇率损益额。

微课:用友单据
有哪些

(二) 会计科目设置

在计算机中建立会计科目,若所用的会计科目基本上与会计准则规定的一级科目一致,则可在建立账套时选择预置标准会计科目,企业只需要根据自身实际情况设置明细科目,对预设科目表作优化调整。如果所用的会计科目基本上与会计准则规定的会计科目相差较多,则在初始设置时选择不预置会计科目。

一般会计科目设置主要包括增加会计科目、修改会计科目、删除会计科目和指定会计科目。

1. 增加会计科目

增加会计科目时需要考虑并按顺序输入以下内容：会计科目编码、会计科目名称、会计科目类型、设置会计科目的余额方向、助记码、科目特定核算要求和设置辅助核算科目。

辅助核算科目分为编码核算、项目核算、客户往来核算、供应商往来核算和个人往来核算。

2. 修改会计科目

如果需要对原有的会计科目的某些要素进行修改，则可以通过"修改"功能来完成。但有些内容无法修改，如科目编码不能被修改；科目已被其他设置项使用时不能被修改；凡已建有下级明细科目的科目不能被直接修改。

修改辅助核算为"供应商往来"及"客户往来"时，要注意受控系统设置。如果某科目设置为"应收"或"应付"受控，则制单时只允许使用对应受控系统进行制单，总账系统不能使用该科目，以防止重复制单；如果该账套不使用"应收"或"应付"系统，受控系统应设置为"无受控系统"，此时"应收"及"应付"业务均以辅助账的形式在总账系统中进行核算。

3. 删除会计科目

对于暂时用不到或不适合企业会计科目体系特点的科目也可以从会计科目表中删除。被删除的科目应符合以下条件：科目未被其他设置项使用；没有任何一张记账凭证用到该科目；该科目没有建立下属明细科目，该科目没有录入余额。

4. 指定会计科目

指定会计科目是指定出纳的专管科目。只有指定科目，才能执行出纳签字，从而实现现金、银行管理的保密性，才可以查询现金日记账和银行存款日记账。

（三）凭证类别

企业为了便于管理或查询方便，一般对记账凭证进行分类编制。

1. 常用凭证类别

用友 ERP-U8V10.1 软件一般提供五种常用分类方式：记账凭证；收款凭证、付款凭证、转账凭证；现金凭证、银行凭证、转账凭证；现金收款凭证、现金付款凭证、银行收款凭证、银行付款凭证、转账凭证；自定义凭证。

2. 凭证的限制类型与限制科目

限制类型与限制科目是指某些类别的凭证在制单时对科目有一定的限制。

（1）收款凭证是指借方必有库存现金和银行存款。

（2）付款凭证是指贷方必有库存现金和银行存款，或借、贷必有库存现金和银行存款。

（3）转账凭证是指借、贷必无库存现金和银行存款。

（四）项目档案

为了满足企业的项目核算与管理的需要，企业建立项目档案可以将具有相同特性的一类项目定义成一个项目大类。一个项目大类可以核算多个项目,还可以对这些项目进行分类。

1. 项目大类

项目大类用于会计科目选择项目核算时,按照自定义的项目计算成本。例如,对在建工程、产品成本、对外投资、技术改造项目、项目成本等项目进行管理。

2. 核算项目

在总账系统"会计科目"功能中设置为项目辅助核算的科目。

3. 项目分类定义

为了便于统计,可对同一项目大类下的内容进一步划分,这就需要进行项目分类。

4. 项目目录

列出所选项目大类下的所有项目。

财务主要功能菜单包括外币设置、会计科目、凭证类别、项目目录、备查科目设置、成本中心、成本中心对照、成本中心组,如图2-4-1所示。

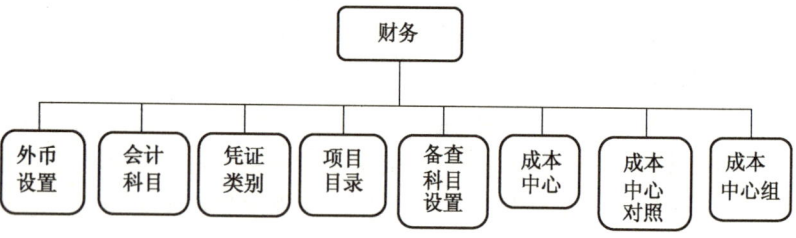

图2-4-1 财务主要功能菜单

二、实训资料

以账套主管身份"A1001"登录"666"账套,登录时间为2016年3月1日。完成以下操作:

(1)外币设置如表2-4-1所示。

表2-4-1

外币

币 符	币 名	记账汇率
USD	美元	6.0

(2)根据表2-4-2的内容增加、修改会计科目。

表2-4-2

会计科目

编码	科目名称	辅助核算	受控系统
1002	银行存款		
100201	工商银行		

(续表)

编码	科目名称	辅助核算	受控系统
100202	中国银行	外币核算——美元	
1111	应收票据	客户往来	
1122	应收利息		
1131	应收账款	客户往来	应收系统
1132	预付账款	供应商往来	应付系统
1133	其他应收款		
113301	个人应收款	个人往来	
1211	原材料		存货核算系统
1243	库存商品		存货核算系统
2111	应付票据	供应商往来	应付系统
2121	应付账款		
212101	一般应付账款	供应商往来	应付系统
212102	暂估应付账款	供应商往来	
2122	预收账款	客户往来	应收系统
212201	人民币	客户往来	应收系统
212202	美元	客户往来（美元）	
2151	应付职工薪酬		
215101	工资		
215102	"五险一金"		
2171	应交税费		
217106	应交企业所得税		
217107	应交地方教育费附加		
217108	应交城市维护建设税		
217109	应交教育费附加		
2181	其他应付款		
218101	代扣"三险一金"		
4101	生产成本	项目核算	
410101	基本生产成本	项目核算	
410102	辅助生产成本	项目核算	
4105	制造费用		
410501	职工薪酬		
410502	水电费		
410503	折旧费		
410504	"五险一金"		
410505	修理费		

(续表)

编码	科目名称	辅助核算	受控系统
5403	营业税金及附加		
5502	管理费用		
550201	职工薪酬	部门核算	
550202	水电费		
550203	折旧费	部门核算	
550204	"五险一金"	部门核算	
550205	印花税		
550206	业务招待费	部门核算	
550207	办公费用	部门核算	
5503	财务费用		
550301	手续费		
550302	利息收支		
550303	汇兑损益		
550304	现金折扣		
5504	销售费用		
550401	职工薪酬		
550402	水电费		
550403	折旧费		
550404	"五险一金"		
550405	广告费		
550406	差旅费		

注：指定"1001 库存现金"为现金总账科目，"1002 银行存款"为银行存款总账科目。

（3）凭证类别为记账凭证。

（4）项目目录。项目大类为产品成本；核算科目：生产成本。项目目录如表 2-4-3 所示。

表 2-4-3

项目目录

项目编号	项目定义	项目名称	是否结算	所属分类码
1	空心砖	直接材料	否	1
2	空心砖	直接人工	否	1
3	空心砖	制造费用	否	1

三、实训指导

执行"系统管理"→"注册"，操作员"admin"系统默认，密码为空，单击【登录】按钮。

单击"账套"→"引入"，打开"请选择账套备份文件"对话框，选择"C:\666 账套\666 基础设置—"，单击【确认】按钮。

执行"企业应用平台"，"操作员"输入"A1001"，密码为空，"账套"选中

"[666](default)上海东海绿色建材有限公司","操作日期"修改为"2016-03-01",单击【登录】按钮。

1. 设置外币

执行"基础设置"→"基础档案"→"财务"→"外币设置",打开"外币设置"对话框。"币符"输入"＄","币名"输入"美元",单击【确认】按钮,"记账汇率"输入"6.00",按回车键,单击【退出】按钮。如图2-4-2所示。

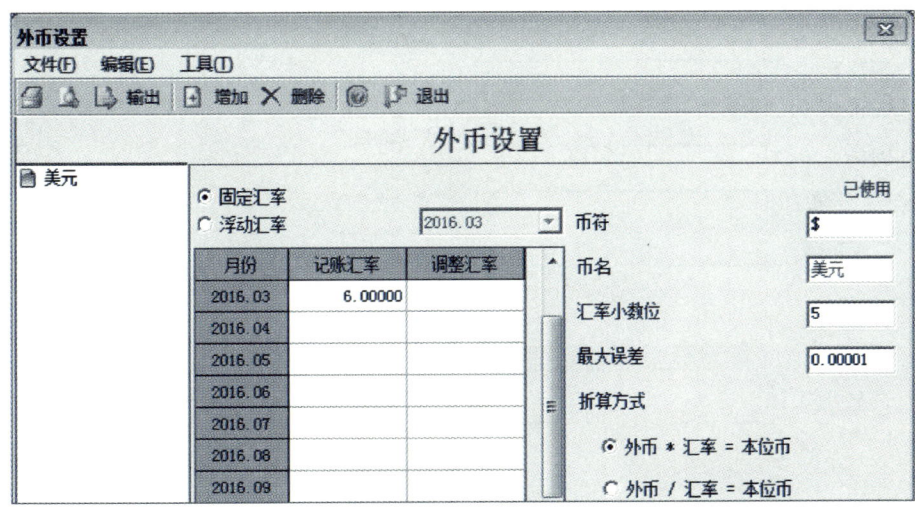

图2-4-2 "外币设置"窗口

2. 设置会计科目

(1) 执行"会计科目",打开"会计科目"对话框,单击【增加】按钮,(一级科目中有辅助核算的需要修改科目,二级科目、三级科目需要自己增加,注意数量核算和辅助核算的设置)"科目编码"输入"100201","科目名称"输入"工商银行",单击【增加】按钮。"科目编码"输入"100202","科目名称"输入"中国银行","账页格式"选择"外币金额式",勾选"外币核算",币种选中"美元＄",单击【确认】按钮。如图2-4-3所示。

图2-4-3 "新增会计科目"窗口

(2)依次增加其他会计科目(二级、三级会计科目,注意辅助核算)。

(3)选中"1111"科目,单击"修改"→"辅助核算",选中"客户往来","受控系统"选中"应收系统",单击【确定】按钮。如图 2-4-4 所示。

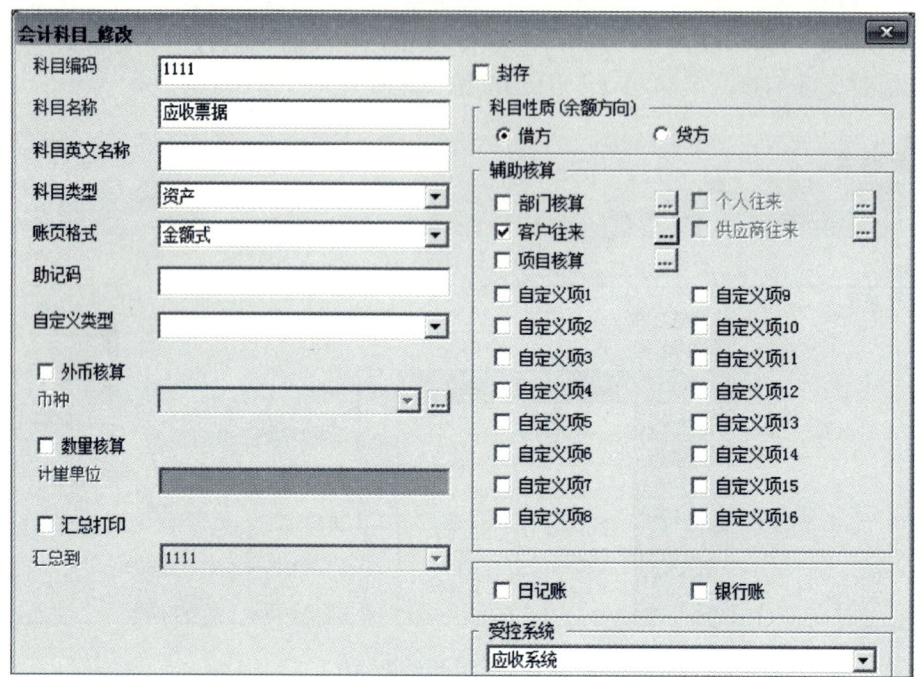

图 2-4-4 "会计科目——修改"窗口

(4)依次修改其他会计科目,注意辅助核算。

应收受控科目:若科目设置时将受控科目选为应收系统的受控科目,为了防止重复制单,只允许应收款管理系统使用此科目进行制单,总账系统是不能使用此科目制单的。如果企业在总账系统中也能使用这些科目制单,则不要选中此项。同理,应付受控科目、存货核算科目也是如此。

(5)单击"编辑"菜单,单击"指定科目",选中"现金科目",双击待选科目中的"1001 库存现金"科目,将该科目添加到右边"已选科目"列表框中。选中"银行科目",双击待选科目中的"1002 银行存款"科目,将该科目添加到右边"已选科目"列表框中。单击【确定】按钮,再单击【退出】按钮。如图 2-4-5 所示。

3. 设置凭证类别

执行"凭证类别",打开"凭证类别预置"对话框,"分类方式"选中"记账凭证",单击【确定】按钮,出现"凭证类别"对话框,单击【退出】按钮。

4. 设置项目目录

(1)执行"项目目录",打开"项目档案"对话框,单击【增加】按钮,"新项目大类名称"输入"产品成本",单击【下一步】按钮,单击【完成】按钮。如图 2-4-6 所示。

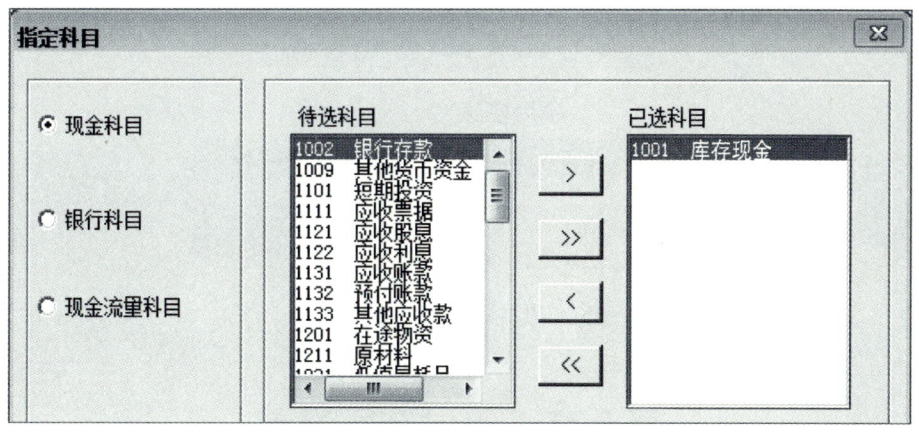

图 2-4-5 "指定科目"窗口

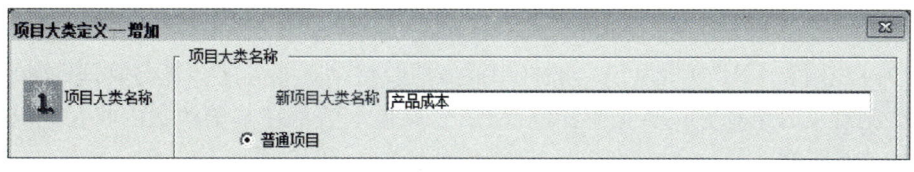

图 2-4-6 "项目大类定义——增加"对话框

(2)在"项目大类"选中"产品成本","待选科目"双击"4101 生产成本""基本生产成本""辅助生产成本",单击【确定】按钮。如图 2-4-7 所示。

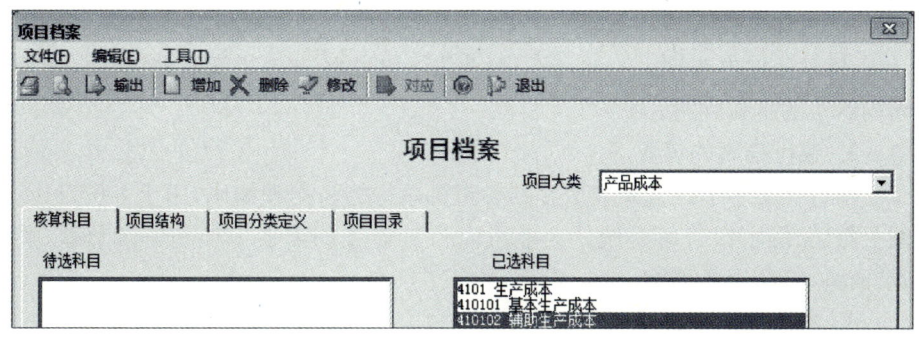

图 2-4-7 "项目档案"对话框

(3)单击"项目分类定义","分类编码"输入"1","分类名称"输入"空心砖",单击【确定】按钮。

(4)单击"项目目录",单击"维护",单击【增加】按钮,"项目编号"输入"1","项目名称"输入"直接材料","所属分类码"输入"1"。

(5)依次增加其他项目目录,单击【退出】按钮(注意:按【ESC】键退回第三行)。如图 2-4-8 所示。

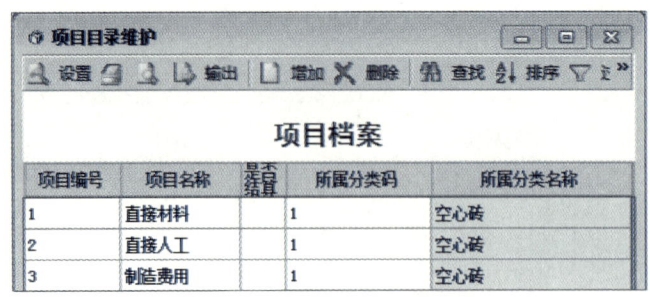

图 2-4-8 "项目目录维护"窗口

第5节 收付结算设置

一、收付结算设置的介绍

在用友 ERP-U8 V10.1 软件中要完成收付结算业务的核算与管理,必须要把有关的结算方式及企业开户行、账号等基本信息在基础档案的收付结算中进行设置。

1. 设置结算方式

设置结算方式用来建立和管理企业在经营活动中涉及的结算形式。它与财务结算方式一致,如现金结算、支票结算等。结算方式一旦被引用,便不能修改和删除。

2. 付款条件

付款条件也叫现金折扣,是指企业为了鼓励客户还货款而允许在一定期限内给予的折扣优待。

3. 银行档案的设置

银行档案用于设置企业所在的各银行总行的名称和编码,用于工资、HR、网上报销、网上银行等系统。企业可以根据业务的需要方便地增加修改、删除、查询、打印银行档案。

4. 本单位开户银行

本单位开户银行用于设置本企业在收付结算中对应的各个开户银行。系统支持多个开户银行和账号。

收付结算主要功能菜单包括结算方式、付款条件、银行档案、本单位开户银行和收付款协议档案五个部分,如图 2-5-1 所示。

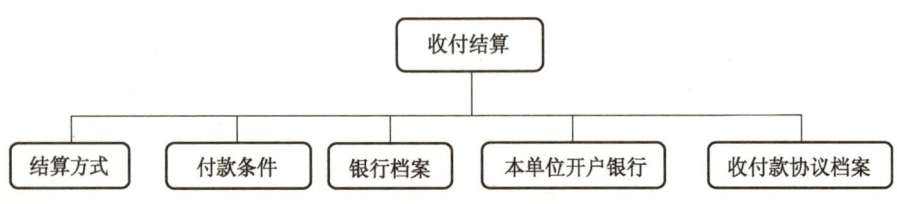

图 2-5-1 收付结算主要功能菜单

金蝶的发展历程

二、实训资料

1. 结算方式（如表 2-5-1 所示）

表 2-5-1

结算方式

结算方式编码	结算方式名称	是否票据管理
1	现金结算	否
2	支票结算	否
201	现金支票	否
202	转账支票	否
3	电汇结算	否
4	商业汇票结算	否
5	外币结算	否
6	托收承付	否
9	其他	否

2. 付款条件（如表 2-5-2 所示）

表 2-5-2

付款条件

付款条件编码	付款条件名称	信用天数	优惠天数1	优惠率1	优惠天数2	优惠率2	优惠天数3	优惠率3	优惠天数4	优惠率4
01	2/10, 1/20, n/30	30	10	2	20	1	30	0		
02	3/10, 2/30, 1/60, n/90	90	10	3	30	2	60	1	90	0

3. 银行账户（如表 2-5-3 所示）

表 2-5-3

编号	银行账号	币种	开户银行	所属银行编码
1	6222810010000686566	人民币	中国工商银行浦东分行	01-中国工商银行

三、实训指导

1. 设置收付结算

（1）执行"基础档案"→"收付结算"→"结算方式"，打开"结算方式"对话框，单击【增加】按钮，"结算方式编码"输入"1"，"结算方式名称"输入"现金结算"，单击【保存】按钮。

（2）依次增加其他结算方式→单击【退出】按钮，如图 2-5-2 所示。

2. 设置付款条件

（1）执行"基础档案"→"付款条件"，打开"付款条件"对话框，单击【增加】按钮，"付款条件编码"输入"01"，"信用天数"输入"30"，"优惠天数1"输入"10"，"优惠率1"输入"2"；"优惠天数2"输入"20"，"优惠率2"输入"1"；"优惠天数3"输入"30"；"优惠率3"输入"0"，单击【保存】按钮。

图 2-5-2 "结算方式"窗口

(2) 依次增加其他付款条件,单击【退出】按钮,如图 2-5-3 所示。

图 2-5-3 "付款条件"窗口

3. 取消企业账户定长

执行"基础档案"→"银行档案",打开"银行档案"对话框,选择"中国工商银行",打开"修改银行档案"对话框,去掉"企业账户规则"定长前的"√",单击【保存】按钮,单击【退出】按钮。

4. 设置本单位开户银行

执行"基础档案"→"本单位开户银行",打开"本单位开户银行"对话框,单击【增加】按钮,在"增加本单位开户银行"的对话框中,"编码"输入"1","银行账号"输入"6222810010000686566","币种"选中"人民币","开户银行"输入"中国工商银行浦东分行","所属银行编码"选择"01","所属银行名称"选择"中国工商银行",单击【保存】按钮,单击【退出】按钮,系统弹出"是否保存对当前档案的编辑"的对话框,单击【是】按钮,单击【退出】按钮,如图 2-5-4 所示。

图 2-5-4 "本单位开户银行"窗口

第6节 业务设置

一、业务设置的介绍

在用友 ERP-U8 V10.1 软件中,要完成日常业务工作,其中仓库的设置是重要的环节。仓库是用于存放存货的场所。对存货进行核算和管理,应先对仓库进行管理。因此,设置仓库档案是供应链管理的重要基础工作之一。设置的仓库可以是企业实际拥有的仓库,也可以是企业虚拟的仓库。

1. 收发类别设置

收发类别是为了便于用户对企业的出入库情况进行分类汇总、统计而设置的,用以标识材料的出入库类型。

2. 采购类型设置

采购类型是用户对采购业务所作的一种分类,是采购单据上的必填项。

3. 销售类型设置

销售类型是用户自定义销售业务的类型,其目的在于可以根据销售类型对销售业务数据进行统计和分析。

4. 计价方式

计价方式主要有以下几种:

(1) 先进先出法。如果库存单上存货没有单价,经过记账处理后,会按照存货期末的先入库顺序记录其单价,作为出库单价;如果库存单存货填写了单价,记账后,出库成本不变,系统自动填写入库单价与应出单价,在计价辅助库增加了出库调整。

(2) 移动平均法。如果出库单填写了单价,直接进行记账处理;如果没有填写单价,按现存的结存数量与结存成本来计算出库单价;如果计算出来的单价为零或者是红字出库单,则必须填写出库单价,否则不能结账。

(3) 全月平均一次单价法。出库单的记账在系统不受控制,记账后不体现存货成本,必须经过期末处理以后才能得到存货的出库成本。

(4) 个别计价法。采用该方法是以某批次存货购入时的实际单位成本,作为该批存货发出时的实际成本。在个别计价单上标明所出的批次,按批次分批出。

业务主要功能菜单包括仓库档案、货位档案、收发类别、采购类型、销售类型等十五个部分,如图 2-6-1 所示。

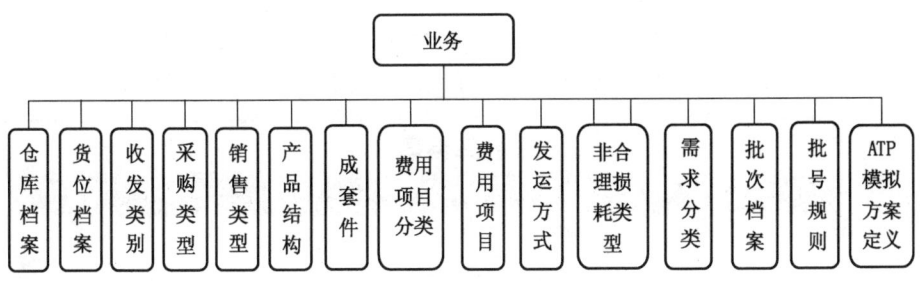

图 2-6-1 业务主要功能菜单

二、实训资料

1. 仓库档案（其他默认，如表 2-6-1 所示）

表 2-6-1

仓库档案

仓库编码	仓库名称	计价方式
01	原材料库	移动平均法
02	产成品库	移动平均法

2. 收发类别（如表 2-6-2 所示）

表 2-6-2

收发类别

收发类别编码	收发类别名称	收发类别编码	收发类别名称
1	入库	2	出库
11	采购入库	21	销售出库
12	产成品入库	22	生产领用出库

3. 采购类型（如表 2-6-3 所示）

表 2-6-3

采购类型

采购类型编码	采购类型名称	入库类别	是否默认值	是否列入 MPS/MRP 计划
01	采购材料	采购入库	是	是
02	采购水电	采购入库	是	是

4. 销售类型（如表 2-6-4 所示）

表 2-6-4

销售类型

销售类型编码	销售类型名称	出库类别	是否默认值	是否列入 MPS/MRP 计划
1	普通销售	销售出库	是	是

三、实训指导

1. 设置仓库档案

（1）执行“基础设置”→“基础档案”→“业务”→“仓库档案”，打开“仓库档案”对话框，单击【增加】按钮，“仓库编码”输入“01”，“仓库名称”输入“原材料库”，“计价方式”选中“移动平均法”（其余默认），单击【保存】按钮。

（2）依次增加其他仓库档案，单击【退出】按钮，如图 2-6-2 所示。

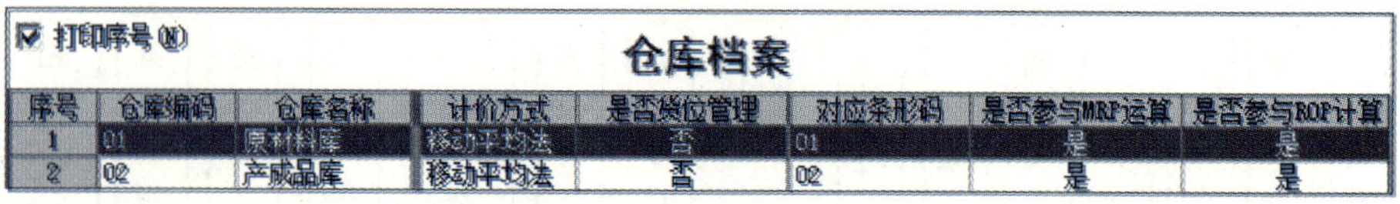

☑ 打印序号(N)

仓库档案

序号	仓库编码	仓库名称	计价方式	是否货位管理	对应条形码	是否参与MRP运算	是否参与ROP计算
1	01	原材料库	移动平均法	否	01	是	是
2	02	产成品库	移动平均法	否	02	是	是

图 2-6-2 “仓库档案”窗口

2. 设置收发类别

（1）执行"收发类别"，打开"收发类别"对话框，单击【增加】按钮，"收发类别编码"输入"11"，"收发类别名称"输入"采购入库"，"收发标志"选中"收"，单击【保存】按钮。

（2）依次增加其他收发类别，单击【退出】按钮（注意"收发标志"选择），如图 2-6-3 所示。

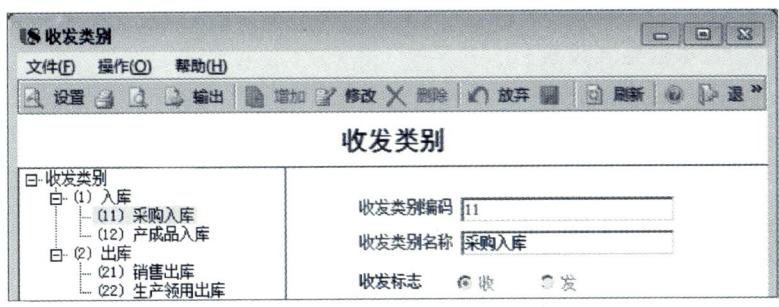

图 2-6-3 "收发类别"窗口

3. 设置采购类型

（1）执行"采购类型"，打开"采购类型"对话框，单击【增加】按钮，"采购类型编码"输入"01"，"采购类型名称"输入"采购材料"，"入库类别"选择"采购入库"，其余按要求设置，单击【保存】按钮。

（2）依次增加其他采购类型，单击【退出】按钮，如图 2-6-4 所示。

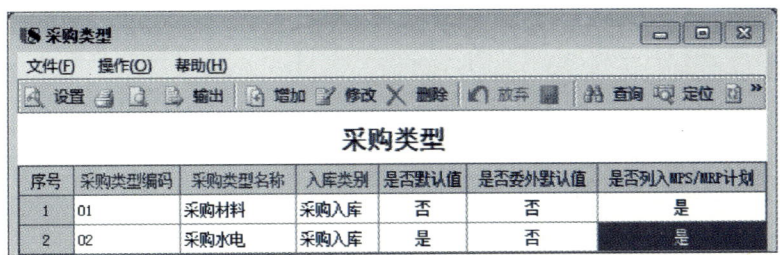

图 2-6-4 "采购类型"窗口

4. 设置销售类型

执行"销售类型"，打开"销售类型"对话框，单击【增加】按钮，"销售类型编码"输入"01"，"销售类型名称"输入"普通销售"，"出库类别"选择"销售出库"（其余默认），单击【保存】按钮，单击【退出】按钮。如图 2-6-5 所示。

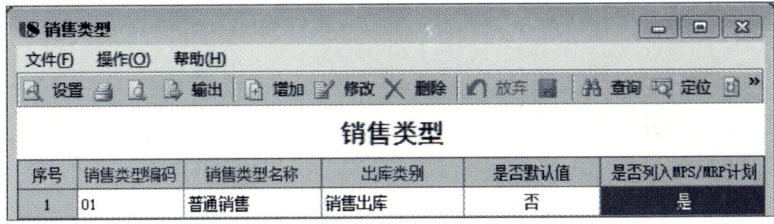

图 2-6-5 "销售类型"窗口

第 7 节 单据设置

一、单据设置的介绍

在用友 ERP-U8 V10.1 软件中,系统预置了相关单据模块的模板,企业可以根据日程业务需要,重新定义本企业所需要的单据。

1. 单据格式设置

根据系统预置的单据模板,定义本企业所需要的单据格式。因此需要在有关的单据中增加可以分别进行主、辅计量核算的项目内容。

单据格式设计可以对报表中心、采购、存货、库存、项目管理、销售、应收、应付等模块中的各种单据进行格式设计。

2. 单据编号设置

根据企业在业务处理时使用的单据类型不相同的需求,需要由企业设置各种单据类型的编码方案。每种单据对应一种编号规则,单据编号设置包括编号设置、对照表、查看流水线号三个功能。

单据设置主要功能菜单包括单据格式设置、单据编号设置和单据打印控制三个部分,如图 2-7-1 所示。

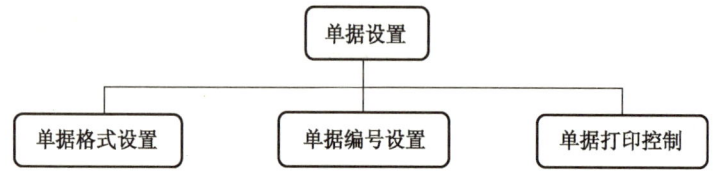

图 2-7-1 单据设置主要功能菜单

二、实训资料

1. 单据格式设置

销售出库单的"出库类别"为必输项。采购入库单的"采购类型""入库类别"为必输项;材料出库单的"出库类别"为必输项;产成品入库单的"入库类别"为必输项。

2. 单据编号设置

设置销售订单、销售专用发票、销售普通发票、采购专用发票、采购订单、采购运费发票的发票号为完全手工输入。

3. 账套保存路径

备份账套,保存路径为"C:\666 账套\666 基础设置二"。

三、实训指导

1. 设置单据格式设置

(1) 执行"基础设置"→"单据设置",打开"单据格式设置"对话框,单击"模板夹"→"库存管理"→"销售出库单"→"显示"→"销售出库单显示模板"→"表头项目(或按 F6 键)",在"表头"的对话框中"显示"列表框中勾选"出库类别",勾选"必输",单击【确定】按钮,单击【保存】按钮。如图 2-7-2 所示。

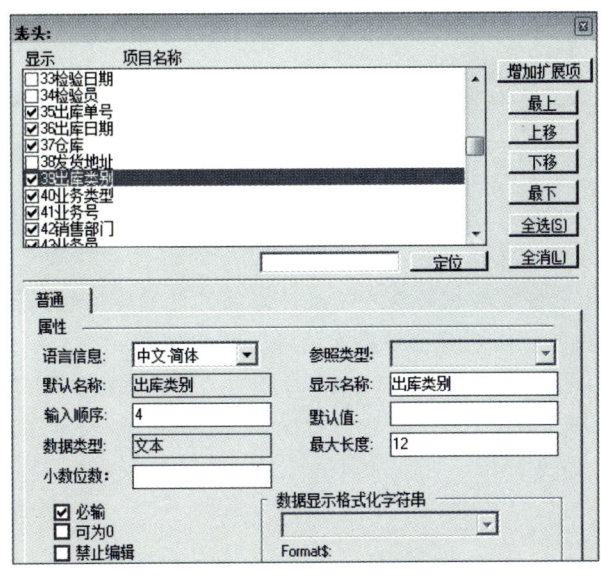

图 2-7-2 "销售出库——表头"窗口

(2) 依次设置其他必输项。

2. 设置单据编号设置

(1) 执行"单据编号设置",打开"单据编号设置"对话框,点击"销售管理"→"销售专用发票"→"单据编号设置",单击" "按钮,勾选"完全手工编号",单击【保存】按钮。如图 2-7-3 所示。

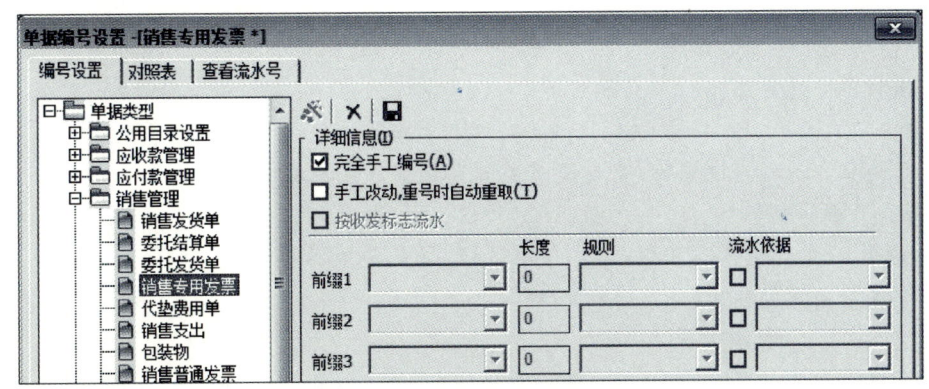

图 2-7-3 "单据编号设置"窗口

(2) 依次设置其他编号,设置完毕,单击【关闭】按钮,单击【退出】按钮。

（3）执行"系统管理"→"系统"菜单→"注册"→操作员"admin"，密码为空，单击【登录】按钮。单击"账套"→"输出"，打开"账套输出"对话框，"账套号"选中"[666]上海东海绿色建材有限公司"。

（4）"输出文件位置"输入"C:\666账套\666基础设置二"，单击【确认】按钮，弹出"输出成功"提示框。

温馨提醒

（1）必须先建立部门档案，才能建立人员类别和人员档案。

（2）供应商、客户是否分类应在建立账套时确定，如果想要修改，只有账套主管在系统管理中才能进行修改。

（3）已经有数据的存货不允许修改其计量单位组。已经使用过的计量单位组不能修改其已经存在的计量单位信息。

（4）付款条件设置为"2/10，1/20，n/30"的意思是：该企业的信用天数为30天，如果在10天之内付款，给2个点折扣；如果在20天之内付款，给1个点折扣。

一、单项选择题

1. 对于付款凭证，通常选择（ ）限制类型。
   A. 借方必有   B. 贷方必有   C. 凭证必有   D. 凭证必无

2. 在会计软件系统中，科目代码一般采用（ ），呈现树形结构，从一级开始，逐级明细，以便于分级管理。
   A. 分组码   B. 编码   C. 数位码   D. 精确编码

3. 对于转账凭证通常选择（ ）限制类型。
   A. 借方必有   B. 贷方必有   C. 凭证必有   D. 凭证必无

4. 在进行核算会计科目设置时，需要设置的辅助核算都应设在（ ）。
   A. 最高一级明细科目   B. 所有科目
   C. 最低一级明细科目   D. 任何一级科目

5. 结算方式最多可以分为（ ）级。
   A. 1   B. 2   C. 3   D. 4

6. 外币汇率设置通常有（ ）。
   A. 固定汇率   B. 卖出汇率   C. 中间价   D. 买入汇率

7. "管理费用"科目通常设置的辅助核算是（ ）。
   A. 个人往来   B. 部门核算   C. 核算项目   D. 客户往来

二、多项选择题

1. 下列关于项目档案设置的描述中,正确的有(　　)
   - A. 一个项目大类可以指定多个核算科目,一个核算科目只能属于一个项目大类
   - B. 在每年年初应将已结算或不用的项目删除
   - C. 标识结算后的项目将不能再使用
   - D. 以上均正确

2. 项目档案设置的基本内容包括(　　)。
   - A. 增加或修改项目大类
   - B. 定义项目核算科目、项目分类、项目栏目结构
   - C. 进行项目目录的维护
   - D. 录入项目期初余额

3. 会计科目编码规则包括(　　)。
   - A. 唯一性
   - B. 统一性
   - C. 扩展性
   - D. 合法性

4. 客商设置中的分类信息有(　　)。
   - A. 地区分类
   - B. 行业分类
   - C. 客户与供应商分分类
   - D. 客户级别分类

5. 在财务软件中,建立会计科目时,输入的基本内容包括(　　)。
   - A. 科目编码
   - B. 科目名称
   - C. 科目类型
   - D. 账页格式

6. 用友软件中,设置会计科目的主要内容包括(　　)。
   - A. 建立会计科目
   - B. 修改会计科目
   - C. 删除会计科目
   - D. 指定会计科目

三、判断题

1. 某账套一旦使用后,将不能再修改该账套的科目级长。　　(　　)
2. 会计科目可以随时修改。　　(　　)
3. 在设置人员类别时,顶层人员类别由系统预置,不能增加。　　(　　)
4. 修改人员类别档案,档案编码不可以修改。　　(　　)
5. 已经使用的行业分类不能删除,非末级行业分类不能删除。　　(　　)
6. 在设置计量单位时,必须先增加计量单位组,然后使用过的计量单位组不能修改其已经存在的计量单位信息。　　(　　)
7. 科目代码可以不唯一。　　(　　)
8. 一般情况下,企业可分为收款凭证、付款凭证和转账凭证,业务量较少的单位可不分类。　　(　　)
9. 项目档案中的核算科目应为总账系统"会计科目"功能中设置辅助核算的科目。　　(　　)
10. 结算方式一旦被引用,便不能进行修改和删除的操作。　　(　　)

一、实验准备

引入"C:\777账套\新建账套"的备份账套,使用操作员"C1001"身份,登录日期为2016年01月01日。

二、实验内容

1. 基础档案设置

基础档案资料分别如表1至表3所示。

表1

部门档案

部门编码	部门名称	部门编码	部门名称
01	管理部	0302	销售二部
02	财务部	04	采购部
03	营销中心	05	仓管部
0301	销售一部	06	生产车间

表2

人员类别

档案编码	档案名称
1011	管理人员
1012	销售人员
1013	车间管理人员
1014	生产人员

表3

人员档案

人员编号	人员姓名	性别	行政部门	人员类别	是否业务员
C1001	许亦鑫	男	管理部	管理人员	是
C2001	陈冰	男	财务部	管理人员	是
C2002	沈样	女	财务部	管理人员	是
C2003	凌小雨	女	财务部	管理人员	是
C3001	铭志轩	女	销售一部	销售人员	是
C3002	罗利	女	销售二部	销售人员	是
C3003	何昆	男	销售二部	销售人员	是
C4001	林灵	男	采购部	管理人员	是
C4002	赵丹	女	采购部	管理人员	是
C5001	高健	男	仓管部	管理人员	是
C6001	刘鑫	男	生产车间	车间管理人员	是
C6002	赵铭	男	生产车间	生产人员	是

2. 客商信息设置（如表 4、表 5 所示）

表 4

供应商档案

编号	供应商简称	开户银行	税　号	账　号
001	昆山建达科技公司	工行昆山支行	320583793666666	6222081901088888888
002	常熟四维科技有限公司	工行朝阳支行	320581666888888	6220920010777777777
003	宁波维康科技公司	工行宁波支行	330031777888888	6220110111066666666

默认值：是

表 5

客户档案

编号	客户简称	开户银行	税　号	账　号
001	上海求是汽模公司	工行浦东分行	310110198810102	6222811010915633333
002	上海威乐汽模公司	工行黄埔分行	310102199010101	6222811010915644444
003	江苏常熟汽模市场	工行常熟分行	320581200010103	6222811010915655555
004	上海汽模中心	工行虹口分行	310109201510104	6222811010915666666

3. 存货设置（如表 6 至表 9 所示）

表 6

存货分类

存货分类编码	存货分类名称
01	原材料
02	库存商品
03	产成品
04	应税劳务

表 7

主计量单位

计量单位组编码	计量单位名称	计量单位组类别
1	辆	无换算率

表 8

计量单位

计量单位编码	计量单位名称	级联单位组类别
01	辆	无换算率
02	个	无换算率
03	只	无换算率
04	块	无换算率

表 9

存货档案

存货编码	存货名称	单位	税率	存货属性
01001	硬盘塑料盒	只	17.00%	外购、生产耗用
01002	存储线路板	块	17.00%	外购、生产耗用
01003	风云 3 初始模型	辆	17.00%	外购、生产耗用
01004	汽车模型存货包装盒	个	17.00%	外购、生产耗用
02001	长城 C50 模型	辆	17.00%	外购、内销
02002	大众 320 模型	辆	17.00%	外购、内销
02003	宝马 520 模型	辆	17.00%	外购、内销
02004	路虎发现模型	辆	17.00%	外购、内销
03001	风云 3 模型	辆	17.00%	外购、内销、自制
04001	运输费	个		应税劳务

4. 增加并修改会计科目设置(如表 10 所示)

表 10

会计科目

编码	科目名称	辅助核算	受控系统
1002	银行存款		
100201	工商银行		
1111	应收票据		
1122	应收利息		
1131	应收账款	客户往来	应收系统
1132	预付账款	供应商往来	应付系统
1202	材料采购		
1211	原材料		
1901	待处理财产损溢		
2121	应付账款		
212101	一般应付账款	供应商往来	应付系统
212102	应付暂估款		
2122	预收账款	客户往来	应收系统
2151	应付职工薪酬		
4101	生产成本		
4105	制造费用		
410501	折旧费		
5403	营业税金及附加		
5502	管理费用		
550201	办公费	部门核算	

(续表)

编码	科目名称	辅助核算	受控系统
550202	折旧费	部门核算	
550203	业务招待费	部门核算	
550204	广告费		
550205	差旅费	个人往来	
5504	销售费用		
550401	办公费	部门核算	
550402	折旧费	部门核算	
550403	业务招待费	部门核算	
550404	广告费		
550405	差旅费	个人往来	
5702	资产减值损失		

注:指定"1001 库存现金"为现金总账科目,"1002 银行存款"为银行存款总账科目。

5. 凭证类别设置(如表 11 所示)

表 11

凭证类别

类型名称	限制类型	限制科目
记账凭证	无限制	

6. 收付结算设置(如表 12 所示)

表 12

收付结算

编号	结算名称	编号	结算名称
1	现金结算	3	转账支票
2	现金支票		

7. 设置本单位开户银行并取消定长(如表 13 所示)

表 13

开户银行

编码	银行账号	开户银行	币种
01	6220811111111111111	工行浦东分行	人民币

8. 业务设置(如表 14 至表 17 所示)

表 14

仓库档案

仓库编号	仓库名称	计价公式
01	商品仓库	全月平均法
02	材料仓库	全月平均法

表 15

收发类别

收发类别编码	收发类别名称	收发类别编码	收发类别名称
1	入库类别	2	出库类别
101	采购入库	201	销售出库
102	盘盈入库	202	盘亏出库
103	其他入库	203	其他出库
104	暂估入库	204	生产领用
105	产成品入库		

表 16

采购类型

采购类型	采购类型名称	入库类别
01	一般采购	采购入库

表 17

销售类型

采购类型	采购类型名称	入库类别
01	一般销售	销售出库

三、备份账套

将账套进行备份，保存路径为"C:备份\777账套\777基础档案"。

课后习题答案

第 3 章 财务会计

CHAPTER 3

通过本章你可以学到：

- 总账系统、系统选项的设置
- 固定资产系统初始化的设置
- 处理固定资产各项日常业务
- 工资类别管理和工资项目设置
- 应收账款和应付账款的初始设置

第 1 节　财务会计概述

财务会计主要功能菜单包括总账、应收管理、应付管理、固定资产、UFO 报表和现金流量表六个部分，如图 3-1-1 所示。

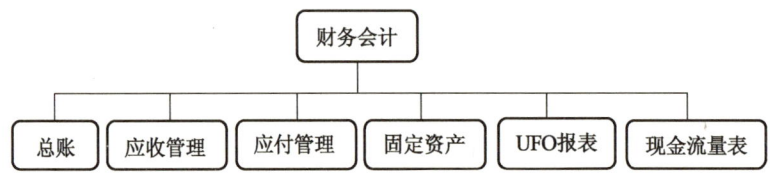

图 3-1-1　财务会计主要功能菜单

总账系统的任务就是利用建立的会计科目体系，输入和处理各种凭证，完成记账、结账和对账的工作，并输出相关报表和有关辅助账。

应收管理系统主要实现企业与客户之间业务往来账款的核算与管理。

应付管理系统主要实现企业与供应商之间业务往来账款的核算与管理。

固定资产系统主要提供资产管理、折旧计算、统计分析等功能。

UFO 报表系统是报表处理的工具，利用 UFO 报表系统可以编制对外报表，又可以编制各种内部报表。

现金流量表系统分为主表和附表，主表把业务分成经营类、投资类、筹资类三大类。附表以净利润为起点，把权责发生制下的净利润调整成为收付实现制下的净利润。

第 2 节　总　　账

一、总账的介绍

总账是企业用来进行凭证处理、账簿管理、出纳管理和期末转账等基本核算功能，并提供个人、部门、客户、供应链、项目核算等辅助管理功能的模块。在业务处理过程中，可以随时查询包含未记账凭证的所有账表，充分满足管理者对信息提取的及时性要求。初始使用总账系统时，必须进行系统初始化，初始化工作完成后，才能进入日常业务的处理。

（一）系统初始化

1. 系统初始化设置

这是指为了总账系统日常业务处理工作做准备，主要包括设置系统参数、设置会计科目体系、录入期初余额、设置凭证类别和设置结算方式等。

2. 出纳管理设置

提供支票登记簿功能,用来登记支票的领用情况,并可以查询银行日记账、现金日记账及资金日报表,定期将企业银行日记账与用户对账单进行核对,并编制银行存款余额调节表。

3. 账表管理设置

提供按多种条件查询总账、日记账及明细账等,具有总账、明细账和凭证联查功能。另外,还提供辅助账查询功能。

4. 期末处理设置

完成月末自动转账处理,进行试算平衡、对账、结账及生成月末工作报告。

总账主要功能菜单包括设置、凭证、出纳、现金流量表、账表、辅助综合账、跨年查询账表、期末和维护九个部分,如图 3-2-1 所示。

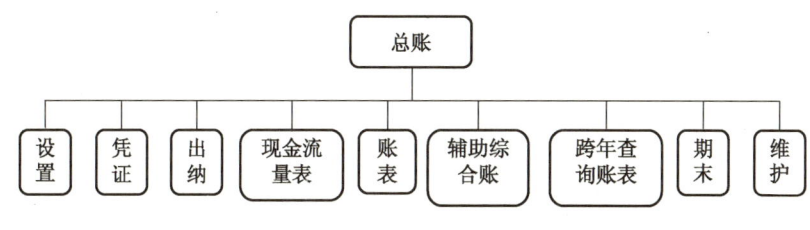

图 3-2-1　总账主要功能菜单

(二)总账初始设置的介绍

1. 总账选项设置

制单序时控制:和"系统编号"选项联用,制单时凭证编号必须按日期顺序排列;赤字控制:若选择了此项,在制单时,当"资金及往来科目"或"全部科目"的最新余额出现负数时,系统将给予提示;凭证审核控制到操作员:只允许指定操作员审核填制的凭证;出纳凭证必须经由出纳签字:现金、银行科目凭证必须由出纳人员核对签字后才能记账。

2. 期初余额设置

第一,普通科目期初余额的录入。

普通科目是指没有辅助核算要求的科目。

由于业务数据均与末级会计科目直接相关联,所以只要录入最末级科目的余额和累计发生数,上级科目的余额和累计发生数由系统自动计算。如果年中建账,则需录入所建账月份的期初余额和从该年年初到该月份的借、贷累计的发生额,系统会自动计算年初余额。

第二,辅助核算科目期初余额的录入。

在录入期初余额时,对于设置为辅助核算的科目,系统会自动为其开设辅助账页,要求必须按辅助录入期初余额。科目总账的期初余额只能由期初明细汇总而成,不能直接输入总账科目的去除余额。

第三,试算平衡。

微课:总账系统
初始设置

录完所有余额后,可以使用系统提供的"试算"功能查看期初余额试算是否平衡,也可以使用"对账"功能检查总账、明细账、辅助账的期初余额是否一致。

如果期初余额试算不平衡,凭证仍可以填制,但不能记账。

设置主要功能菜单包括期初余额、选项、数据权限分配、金额权限分配、总账打印工具和账簿清理六个部分,如图3-2-2所示。

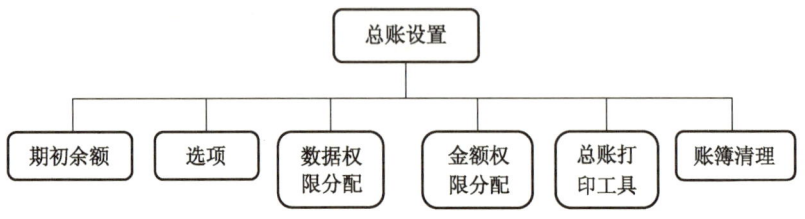

图 3-2-2　设置主要功能菜单

(三) 凭证处理的介绍

总账系统日常业务的主要内容就是对记账凭证的处理。记账凭证是总账系统唯一的数据入口,总账系统所输出数据的准确性与完整性完全依赖于记账凭证。录入记账凭证、保证记账凭证的正确性是总账系统业务处理的首要任务。

1. 记账凭证的基本内容

记账凭证手工录入的内容包括两部分:凭证表头部分分为凭证类别、凭证编号、凭证日期和附件张数;凭证正文部分为摘要、会计科目和金额,如果会计科目有辅助核算要求,辅助核算内容也在正文中录入。

2. 凭证修改

(1) 已经输入但未审核的凭证,可以在填制凭证界面通过查询找到错误凭证,直接修改。凭证修改必须由制单人或具有修改权限的操作员来操作;凭证一旦保存,凭证编号、凭证类别和凭证期间不能修改。

(2) 已经通过审核但还未记账的凭证不能直接修改,可以先由审核员通过凭证审核功能取消凭证审核签章,再由制单人或具有修改权限的操作员来操作,在填制凭证界面进行直接修改。

(3) 已记账的记账凭证发现有错,不能直接修改。可以采用"红字凭证冲销法"或者"补充凭证法"进行数据更改。

微课:凭证处理好简单

3. 凭证作废及删除

如果已录入保存但尚未审核记账的记账凭证数据不需要登记入账,可以使用系统所提供的填制凭证界面【制单】下的【作废/恢复】命令,将凭证打上"作废"标志。

对打上"作废"标志的记账凭证,可以再次使用【作废/恢复】命令,取消"作废"标志,使其恢复为有效凭证。

对打上"作废"标志的记账凭证,如果不想保留,可使用填制凭证界面【制单】下的【整理凭证】命令将凭证彻底删除,并利用留下的空编号对未记账凭证重新编号。

4. 出纳签字

出纳凭证是指涉及"库存现金"、"银行存款"科目的记账凭证。出纳人员可通过出纳签字功能对制单人填制的带有现金、银行科目的凭证进行检查核对,主要核对出纳凭证科目的金额是否正确。

5. 审核签字

审核凭证是由具有审核权限的会计人员,按照财务制度,对制单人填制的记账凭证进行检查核对,主要审核记账凭证是否与原始凭证相符,会计分录是否正确等。所有的记账凭证都必须审核签字后方能登记入账。

6. 记账与恢复记账前状态

如果在记账后发现记账错误较多,或由于其他原因可能造成了数据库数据错误,可以使用系统所提供的【恢复记账前状态】功能。操作步骤如下:

执行"业务工作"→"财务会计"→"总账"→"期末",打开"对账"界面,按【CTRL+H】组合键,系统提示"恢复记账前状态功能"被激活,单击【确定】按钮并退出"对账"对话框,"恢复记账前状态功能"命令出现在"总账——凭证"功能菜单下。

传说中的许十条:《会计核算软件管理》的几项规定

再次按【CTRL+H】组合键,隐藏此功能。

凭证主要功能菜单包括填制凭证、出纳签字、主管签字、审核凭证、查询凭证、凭证打印、科目汇总表、摘要汇总表、记账和常用凭证十个部分,如图3-2-3所示。

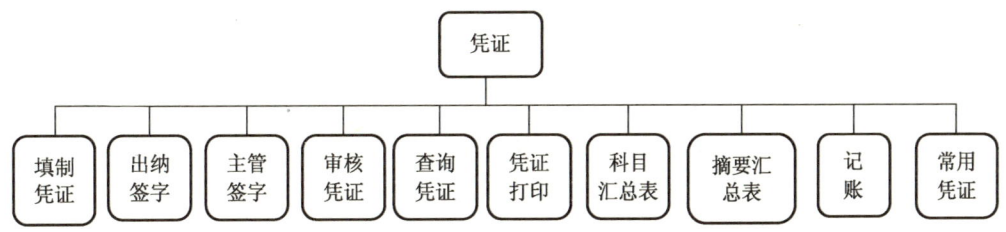

图3-2-3 凭证主要功能菜单

(四)出纳模块的介绍

在用友 ERP-U8 V10.1 系统软件中,出纳模块是出纳人员管理企业货币资金的工具。加强对现金、银行存款的管理,是企业出纳人员日常管理工作的重要内容。出纳模块为企业出纳人员提供支票登记簿功能,用来登记支票的领用情况,并可以查询银行存款日记账、现金日记账及资金日报表,定期将企业银行存款日记账与对账单进行核对,并编制银行存款余额调节表。

账簿打印包括现金日记账和银行存款日记账。

银行对账单包括银行对账期初录入、银行对账单、银行对账、银行存款余额调节表查询、查询对账勾对情况和核销银行账。

出纳主要功能菜单包括现金日记账、银行存款日记账、资金日报表、账簿打印、银行对账和长期未达账审计六个部分,如图3-2-4所示。

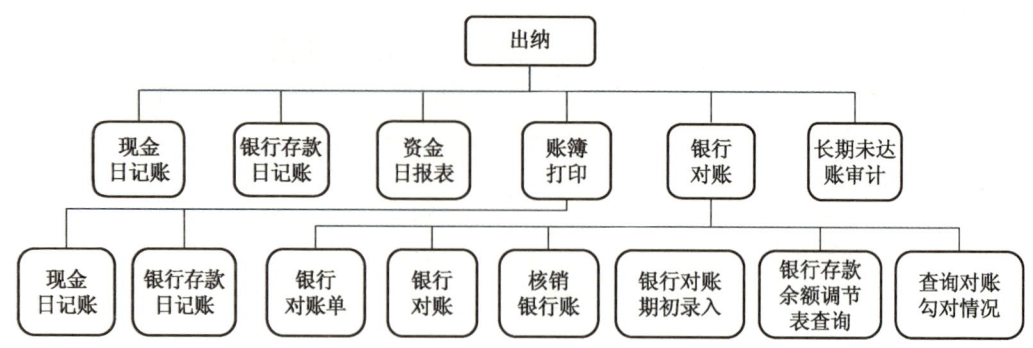

图 3-2-4　出纳主要功能菜单

二、实训资料

上海东海绿色建材有限公司已经使用了用友 ERP-U8 V10.1 软件,账套主管已完成了基础档案的录入,公司之前一直使用手工记账,因此在使用前需要先进行系统初始化,将总账系统改造为适合本企业要求的专用总账系统。完成系统试算平衡,会计主管(A2002)根据业务要求填制凭证,出纳(A2003)签字,财务主管(A2001)完成审核和记账的工作。

（一）总账初始设置

1. 登录

以账套主管身份(A1001)登录"666"账套,登录时间为 2016 年 3 月 1 日,完成以下操作。

2. 总账系统参数设置

制单序时不控制,不可以使用应收、应付、存货受控科目,出纳凭证必须由出纳签字,允许作废、修改他人填制的凭证(其余默认)。

3. 期初余额

相关资料如表3-2-1至表3-2-10所示。

表 3-2-1

期初余额　　　　　　　　　　　　　单位:元

科目名称	辅助账类型	累计借方发生额	累计贷方发生额	余额方向	期初余额
库存现金				借	65 326.97
银行存款				借	1 189 413.13
工商银行				借	1 171 413.13
中国银行				借	18 000.00
	美元			借	3 000.00
应收票据	客户往来			借	28 000.00
应收账款	客户往来			借	4 680.00
原材料				借	228 000.00
库存商品				借	615 940.00
固定资产				借	1 104 000.00

（续表）

科目名称	辅助账类型	累计借方发生额	累计贷方发生额	余额方向	期初余额
累计折旧				贷	66 600.00
应付票据				贷	115 000.00
应付账款				贷	234 000.00
应交税费				贷	1 177.10
未交增值税				贷	1 050.98
应交地方教育附加				贷	21.02
应交城市维护建设税				贷	73.57
应交教育费附加				贷	31.53
长期借款				贷	1 158 400.00
实收资本				贷	1 550 000.00
本年利润				贷	23 050.00
利润分配				贷	87 133.00
未分配利润				贷	87 133.00
主营业务收入		1 057 830.58	1 057 830.58		
主营业务成本		892 576.91	892 576.91		
营业税金及附加		15 755.14	15 755.14		
管理费用		96 245.20	96 245.20		
职工薪酬		60 580.00	60 580.00		
水电费		1 760.00	1 760.00		
折旧费		4 404.00	4 404.00		
"五险一金"		26 835.20	26 835.20		
印花税		106.00	106.00		
办公费		560.00	560.00		
业务招待费		2 000.00	2 000.00		
财务费用		420.00	420.00		
手续费		180.00	180.00		
利息收支					
汇兑损益		240.00	240.00		
销售费用		22 100.00	22 100.00		
职工薪酬		11 140.00	11 140.00		
水电费		480.00	480.00		
折旧费		832.00	832.00		
"五险一金"		4 928.00	4 928.00		
广告费		2 560.00	2 560.00		
差旅费		2 160.00	2 160.00		
所得税费用		7 683.33	7 683.33		

表 3-2-2

应收票据　　　　　　　　　　　　　　　单位：元

日期	票据编号	客户	摘要	票据面值
2016-2-28	123456	开元公司	商业承兑汇票	28 000.00

表 3-2-3

应收账款　　　　　　　　　　　　　　　单位：元

日期	客户	币种	摘要	价税合计
2016-2-25	安信公司	人民币	专用发票	4 680.00

表 3-2-4

应付票据　　　　　　　　　　　　　　　　单位：元

日期	供应商	摘要	票据面值
2016-2-20	兴和公司	商业承兑汇票	115 000.00

表 3-2-5

暂估应付款　　　　　　　　　　　　　　　　单位：元

日期	供应商	摘要	金额
2016-02-20	浙江舟山采石场	采购票未到	234 000.00

表 3-2-6

管理费用——职工薪酬　　　　　　　　　　　单位：元

部门	方向	累计借方金额	累计贷方金额
总经办公室	借	9 640.00	9 640.00
财务部	借	31 260.00	31 260.00
采购部	借	13 140.00	13 140.00
仓管部	借	6 540.00	6 540.00

表 3-2-7

管理费用——折旧费　　　　　　　　　　　　单位：元

部门	方向	累计借方金额	累计贷方金额
总经办公室	借	1 248.00	1 248.00
财务部	借	2 324.00	2 324.00
采购部	借	832.00	832.00

表 3-2-8

管理费用——"五险一金"　　　　　　　　　单位：元

部门	方向	累计借方金额	累计贷方金额
总经办公室	借	4 256.00	4 256.00
财务部	借	13 888.00	13 888.00
采购部	借	5 824.00	5 824.00
仓管部	借	2 867.20	2 867.20

表 3-2-9

管理费用——业务招待费　　　　　　　　　　单位：元

部门	方向	累计借方金额	累计贷方金额
总经理办公室	借	2 000.00	2 000.00

表 3-2-10   管理费用——办公费用   单位:元

部门	方向	累计借方金额	累计贷方金额
总经理办公室	借	560.00	560.00

(二) 日常业务处理

1. "A2002"会计主管登录"666"账套,填制凭证(登录时间参照业务)。
2. "A2003"出纳登录"666"账套,对凭证出纳签字。
3. "A2001"财务主管登录"666"账套,对凭证审核、记账。

具体业务凭证请参照"实训指导"。

(三) 查询业务的处理

(1) "A2001"财务主管登录"666"账套,登录时间为 2016 年 3 月 1 日。完成以下操作:

① 查询 3 月份现金日记账,并输出到"C:\WORK",文件名为"2016 年 3 月份现金日记账"。

② 查询 3 月份银行日记账,并输出到"C:\WORK",文件名为"2016 年 3 月份银行日记账"。

(2) 备份账套,保存路径为"C:\666 账套 \666 凭证审核记账"。

三、实训指导

(一) 总账初始设置

第一步,单击"系统"菜单→"注册",操作员"admin"系统默认,密码为空,单击【登录】按钮。

第二步,单击"账套"→"引入",打开"账套输出"对话框,打开"选择备份目标"对话框,选择 C:\"666 账套备份"\"666 基础设置二",单击【确认】按钮。

第三步,执行"企业应用平台","操作员"输入"A1001",密码为空,"账套"选中"[666](default)上海东海绿色建材有限公司","操作日期"修改为"2016-03-01",单击【确定】按钮。

第四步,执行"业务工资"→"财务会计"→"总账"→"设置",打开"选项"对话框,单击"编辑"→"凭证",去掉"制单序时控制"的"√",单击"权限",勾选"凭证审核控制到操作员","出纳凭证必须由出纳签字",单击【确定】按钮(其余默认)。如图 3-2-5 和图 3-2-6 所示。

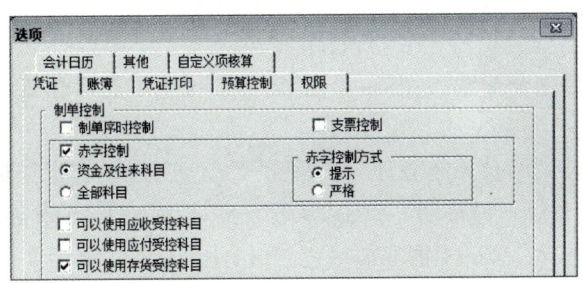

图 3-2-5 "总账——凭证"窗口

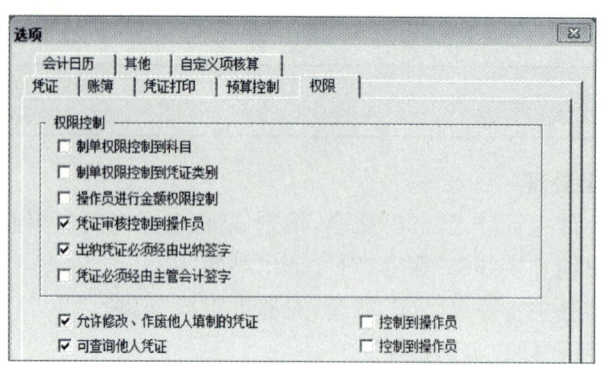

图 3-2-6 "总账——权限"窗口

第五步,期初余额录入。

(1)执行"财务会计"→"总账"→"设置"→"期初余额",打开"期初余额"对话框,在"库存现金"期初余额输入"65 326.97",在"中行"人民币栏输入"18 000.00",在"美元"栏输入"3 000.00"。依次输入其他科目的期初余额。

(2)录入"应收票据"的科目。执行"应收票据",单击"往来明细账",单击【增行】按钮,按要求输入,单击"汇总"→"完成了往来明细到辅助期初表的汇总",单击【确定】按钮,单击【退出】按钮。如图 3-2-7 所示。

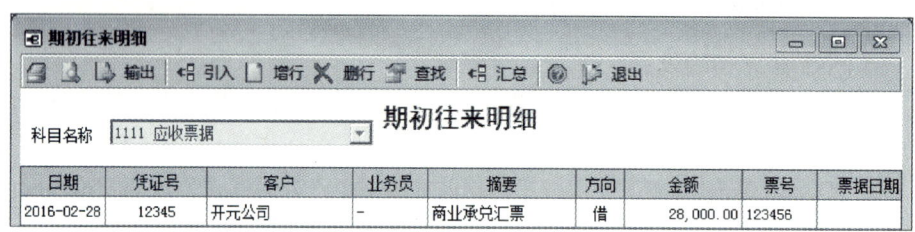

图 3-2-7 "应收票据——期初往来明细"对话框

(3)依次输入其他辅助科目的期初余额。

(4)录入"职工薪酬"的科目。执行"职工薪酬",单击【增行】按钮,"部门"选择"总经理办公室","累计借方余额"和"累计贷方余额"分别输入"9 640.00",依次输入"财务部""采购部""仓管部"的累计借方金额和累计贷方金额。如图 3-2-8 所示。

(5)依次输入"管理费用——折旧费""管理费用——'五险一金'"和"管理费用——业务招待费"的科目余额。

(6)数据全部输入完毕,单击"试算"→【确定】按钮→【退出】按钮。如图3-2-9 所示。

第六步,执行"系统管理"→"系统"菜单→"注册","操作员"输入"admin",密码为空,单击【登录】按钮。单击"账套"→"输出",打开"账套输出"对话框,单击"账套号"选择"[666]上海东海绿色建材有限公司"。输出文件夹位置在"请选择备份路径"对话框中选择"C:\666账套\666总账试算平衡",单击【确认】弹出"输出成功"提示框。

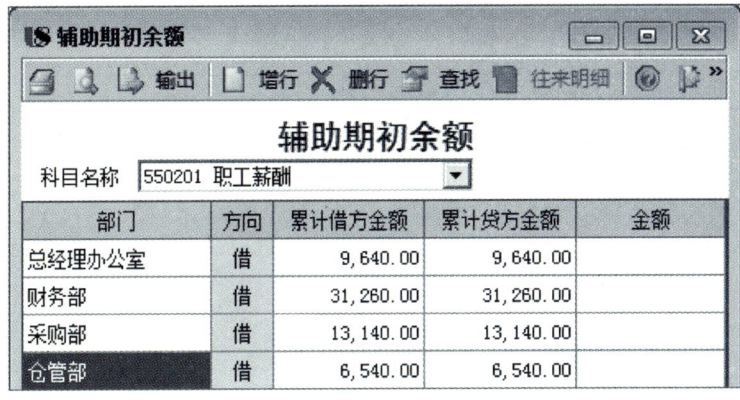

图 3-2-8 "职工薪酬——辅助期初余额"窗口

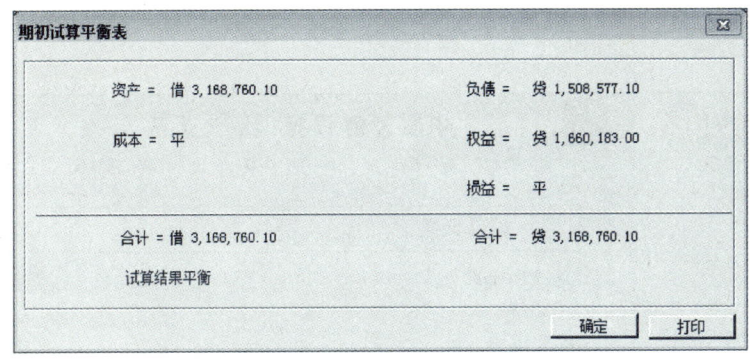

图 3-2-9 "期初试算平衡"窗口

(二) 日常业务处理

业务一：上海东海绿色建材有限公司开具支票支付广告费

2016年3月4日,上海东海绿色建材有限公司为了进一步拓展市场,开具支票支付上海市佳怡广告公司广告费2 000元,如图3-2-10和图3-2-11所示。

【操作提示】

第一步,执行"企业应用平台","操作员"输入"A2002","密码"为空,"账套"选中［666］(default)上海东海绿色建材有限公司","操作日期"修改为"2016-03-04",单击【登录】按钮。

(1) 执行"业务工作"→"财务会计"→"总账"→"凭证"→"填制凭证",打开"填制凭证"对话框,单击 按钮,"制单日期"选择"2016.03.04","附单据数"输入"2",摘要输入"支付广告费",按回车键,在"科目名称"右下角栏单击 按钮,屏幕弹出"科目参照"对话框,选择"550405",单击【确定】按钮,在"借方金额"输入"2 000.00",按回车键。

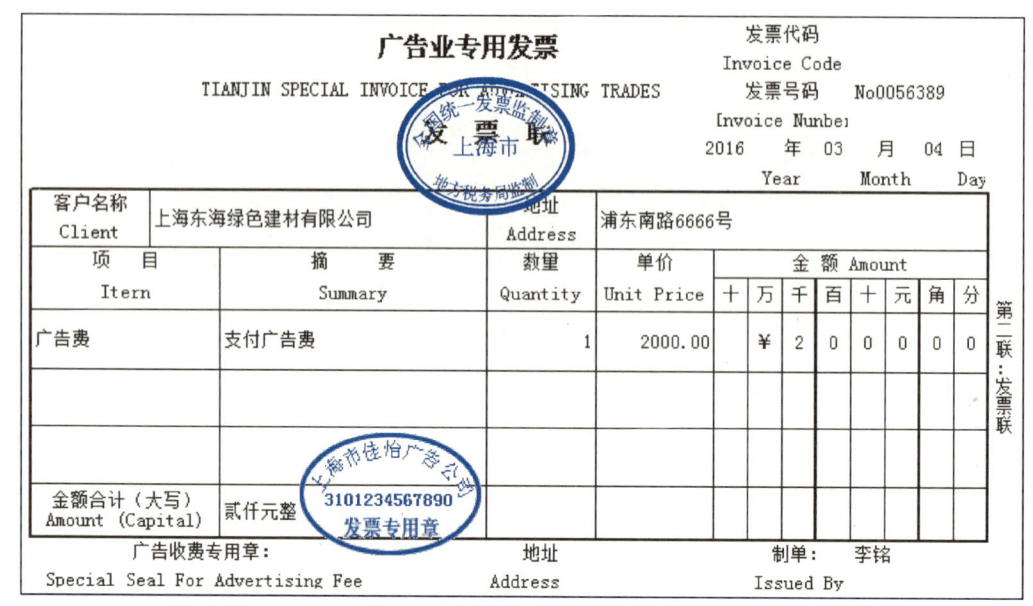

图 3-2-10　广告业专用发票

图 3-2-11　转账支票

（2）光标放到第二行，在"科目名称"右下角栏单击 按钮，屏幕弹出"科目参照"对话框，选择"100201"，按回车键，屏幕弹出"结算方式"辅助项窗口，根据资料分别输入结算方式和票号，单击【确定】按钮，光标放在"贷方金额"栏上，键入"="按钮（即贷方金额＝借方金额），全部输入完毕，单击【保存】按钮，系统弹出"凭证已成功保存！"信息提示框，单击【确定】按钮。如图 3-2-12 所示。

第二步，单击"重注册"，"操作员"输入"A2003"，"密码"为空，"账套"选中"［666］(default)上海东海绿色建材有限公司"，"操作日期"修改为"2016-03-04"，单击【登录】按钮。

（1）执行"业务工作"→"财务会计"→"总账"→"凭证"→"出纳签字"，打开"出纳签字"对话框，单击【确定】按钮，屏幕弹出"出纳签字列表"。如图 3-2-13 所示。

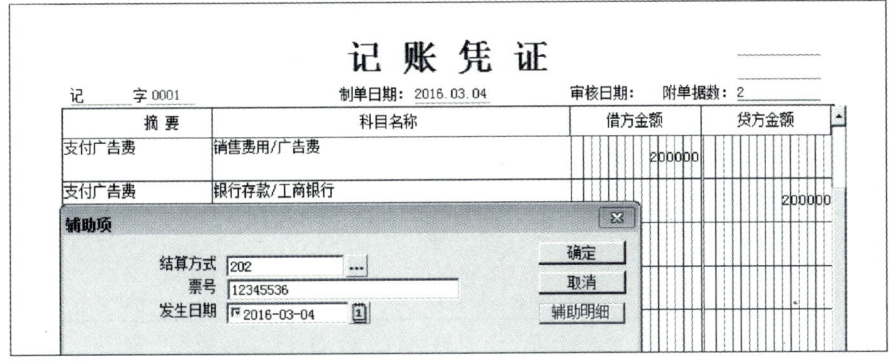

图 3-2-12 “结算方式”辅助项窗口

凭证共 1张 已签字 0张 未签字 1张

制单日期	凭证编号	摘要	借方金额合计	贷方金额合计	制单人	签字人
2016-03-04	记 - 0001	支付招待费	2,000.00	2,000.00	陈欢	

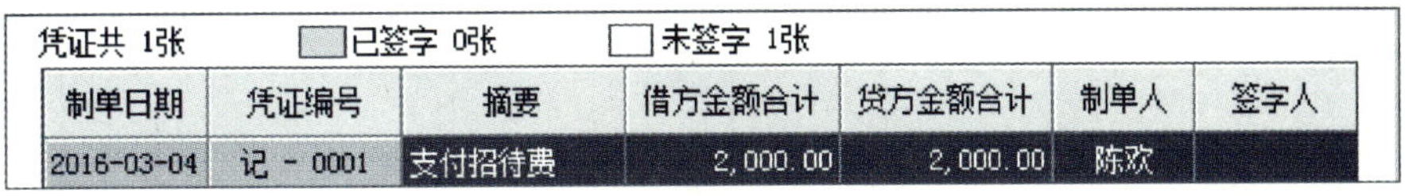

图 3-2-13 “凭证签字”对话框

(2) 双击“出纳签字列表”，打开“出纳签字”对话框，单击签字按钮，关闭当前窗口。

第三步，单击“重注册”，“操作员”输入“A2001”，“密码”为空，“账套”选中“[666](default)上海东海绿色建材有限公司”，“操作日期”修改为“2016-03-04”，单击【登录】按钮。

(1) 执行“财务会计→“总账”→ “凭证”→ “审核凭证”，打开“凭证审核”对话框，单击【确定】按钮，屏幕弹出“凭证审核列表”。

(2) 双击“凭证审核列表”，打开“凭证审核”对话框，单击审核按钮，关闭当前窗口。如图 3-2-14 所示。

凭证共 1张 已审核 1 张 未审核 0 张

制单日期	凭证编号	摘要	借方金额合计	贷方金额合计	制单人	审核人
2016-03-04	记 - 0001	支付广告费	2,000.00	2,000.00	陈欢	周宏

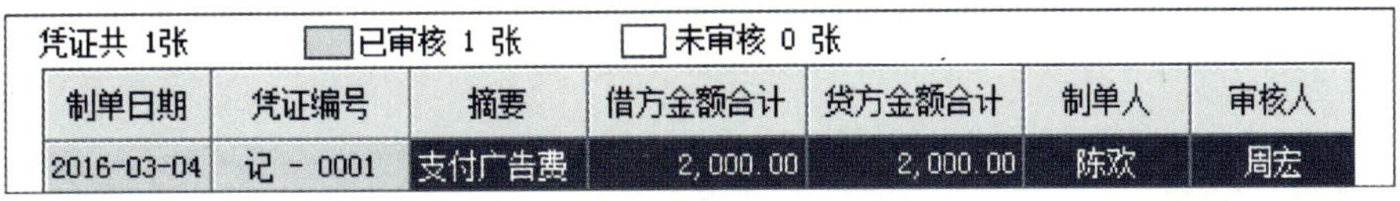

图 3-2-14 “凭证审核”对话框

(3) 执行“记账”，打开“记账”对话框，单击“全选”→“记账”，单击【确定】按钮，屏幕弹出“总账”对话框“记账完毕”，单击【确定】按钮。如图 3-2-15 所示。

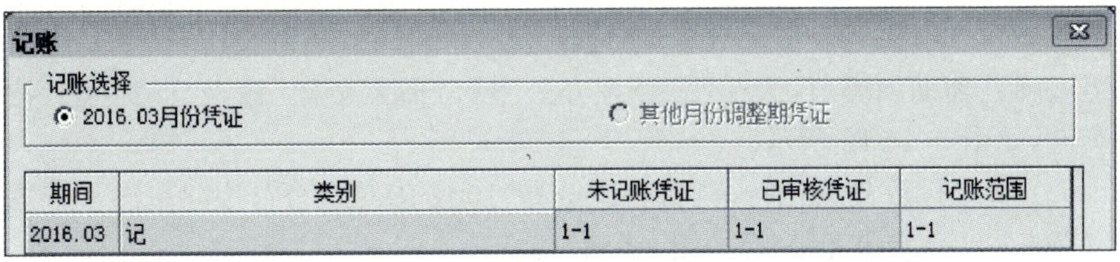

图 3-2-15 “记账”窗口

业务二：用现金支付总经理办公室的招待费

2016年3月5日，上海东海绿色建材有限公司总经理办公室招待客户，以现金支付招待费共计562元。如图3-2-16和图3-2-17所示。

上海市 服务业统一发票					
发票联					
客户名称：上海东海绿色建材有限公司		2016 年 03 月 05 日		发票代码： 发票号码：3293515	
项目	摘要	单位	数量	单价	金额
业务招待费	餐饮费				562.00
合计（大写）伍佰陆拾贰元整				￥562.00	
收款： （手填无效）		经办：		发票专用章收款单位（盖章） 税控码：	

图3-2-16　服务业发票

上海东海绿色建材有限公司内部付款凭证			
2016年 03月 05日			编号：01
领款人：李玲			
付款用途：餐饮			现金付讫
金额：人民币（大写）伍佰陆拾贰元整			
主管领导：舒俊稳	财务会计：周宏	出纳：张宏冰	领款人签字：李玲

图3-2-17　付款凭证

【操作提示】

第一步，单击"重注册"，以"A2002"会计主管身份登录系统，选择"［666］(default)上海东海绿色建材有限公司"，"操作日期"修改为"2016-03-05"，单击【登录】按钮。

（1）执行"财务会计"→"总账"→"凭证"，单击【增加】按钮，摘要输入"报销餐饮费"，在科目名称栏单击【参照】按钮，选择"550206"业务招待费，屏幕弹出"部门"辅助项窗口，选择"总经理办公室"，"借方金额"输入"562.00"，按回车键，如图3-2-18所示。

（2）将光标放到第二行，科目名称选择"1001 库存现金"，按回车键，"贷方金额"输入"＝"，单击【保存】按钮→【确定】按钮。

第二步，单击"重注册"，以"A2003"出纳人员身份登录进行出纳签字。

执行"总账"→"凭证"→"出纳签字"，打开"出纳签字"对话框，点击"签字"。

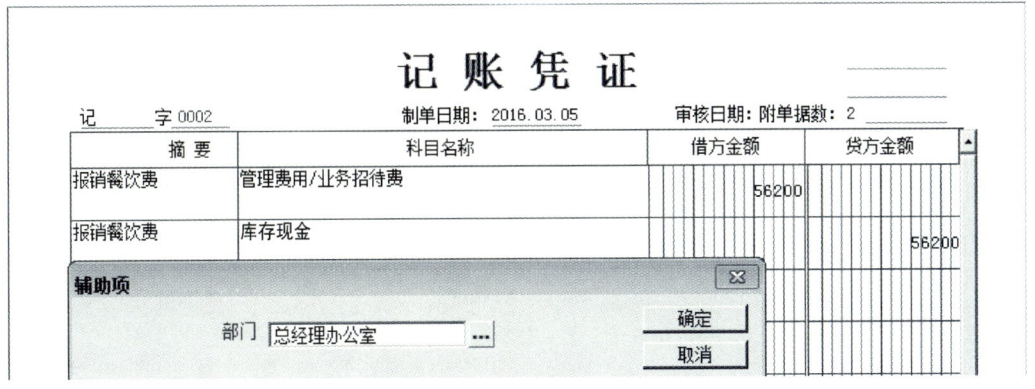

图 3-2-18　输入"部门"辅助项窗口

第三步，单击"重注册"，以"A2001"财务主管人员身份登录进行审核和记账。

（1）执行"总账"→"凭证"→"审核凭证"，打开"审核凭证"对话框，点击"审核"。

（2）执行"总账"→"凭证"→"记账"，打开"记账"对话框，点击"全选"→"记账"。

业务三：缴纳上一季度税费

2016 年 3 月 8 日，以工行存款缴纳企业上一季度各项税费（合并制单，结算方式为其他）。如图 3-2-19 和图 3-2-20 所示。

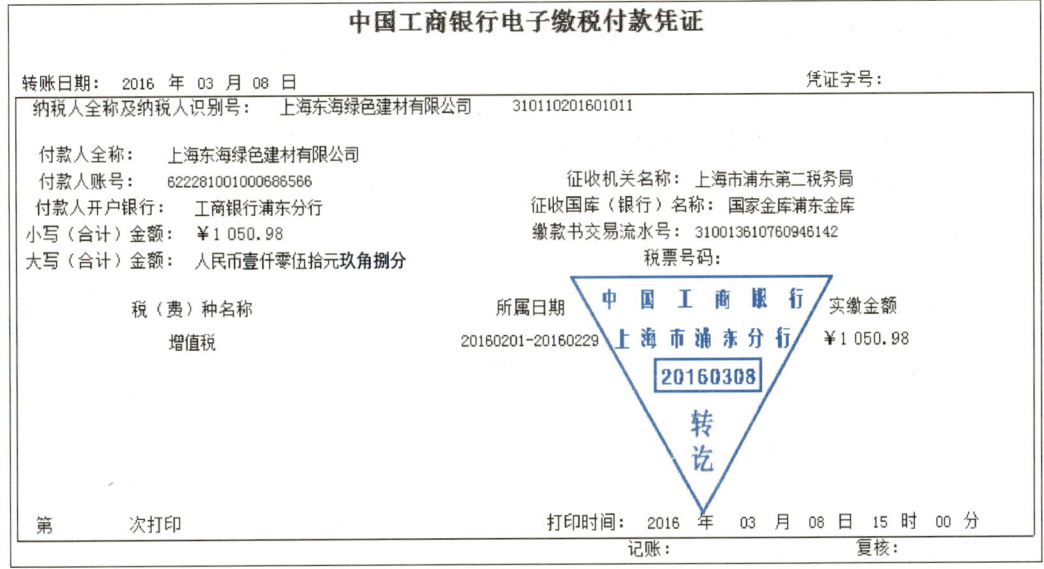

图 3-2-19　电子缴税付款凭证

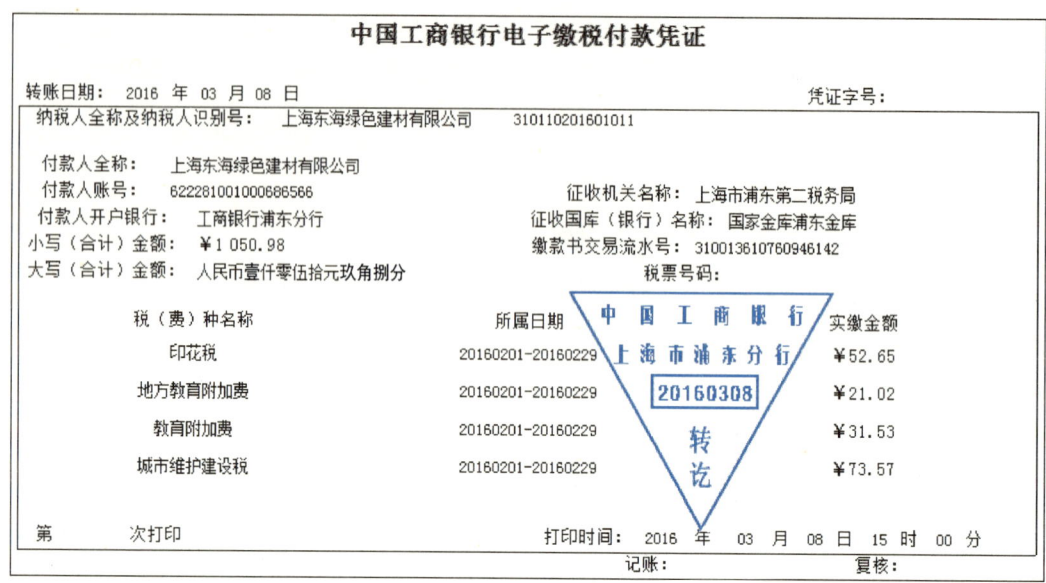

图 3-2-20　电子缴税付款凭证

【操作提示】

第一步,单击"重注册",以"A2002"会计主管身份登录系统,选择"[666](default)上海东海绿色建材有限公司","操作日期"修改为"2016-03-08",单击【登录】按钮。

执行"财务会计"→"总账"→"凭证",单击【增加】按钮,摘要输入"缴付增值税",按要求制单(结算方式选择"其他"),如图 3-2-21 所示。

摘要	科目名称	借方金额	贷方金额
缴付增值税	应交税费——未交增值税		105098
缴付增值税	管理费用——印花税		5265
缴付增值税	应交税费——应交城市维护建设税		7357
缴付增值税	应交税费——应交教育费附加		3153
缴付增值税	应交税费——应交地方教育费附加		2102
合计		122975	122975

记字 0003 - 0001/0002　制单日期:2016.03.08　审核日期:　附单据数:2

图 3-2-21　"缴付增值税"凭证

第二步,单击"重注册",以"A2003"出纳人员身份登录进行出纳签字。

执行"总账"→"凭证"→"出纳签字",打开"出纳签字"对话框→点击"签字"。

第三步,单击"重注册",以"A2001"财务主管人员身份登录进行审核和记账。

(1) 执行"总账"→"凭证"→"审核凭证",打开"审核凭证"对话框,点击"审核"。

(2) 执行"总账"→"凭证"→"记账",打开"记账"对话框,点击"全选"→"记账"。

业务四:销售部李亦非由于出差,需要提前向公司借款

2016年3月9日,销售部李亦非出差借支现金1 000元,如图3-2-22所示。

借款单			
	日期：2016年03月09日		NO 2160309
借款人：	李亦非	所属部门：	销售部
借款用途：	出差		
借款数额：	人民币（大写）壹仟元整	小写：	￥1 000.00
部门负责人审批：	舒俊稳	借款人（签章）：	李亦非
财务部审核：	周宏		
单位负责人批示：	同意	签字：	舒俊稳
核销记录：			

图 3-2-22 借款单

【操作提示】

第一步,单击"重注册",以"A2002"会计主管身份登录系统,选择"[666](default)上海东海绿色建材有限公司","操作日期"修改为"2016-03-09",单击【登录】按钮。

(1) 执行"财务会计"→"总账"→"凭证",单击【增加】,摘要输入"预借差旅费",按回车键,在科目名称栏单击【参照】按钮,选择"113301 其他应收款/个人应收款",屏幕弹出"部门"辅助项窗口,选择"销售部","个人"选择"李亦非",单击【确定】按钮,"借方金额"输入"1 000.00",按回车键。

(2) 依次设置科目名称金额,如图3-2-23所示。

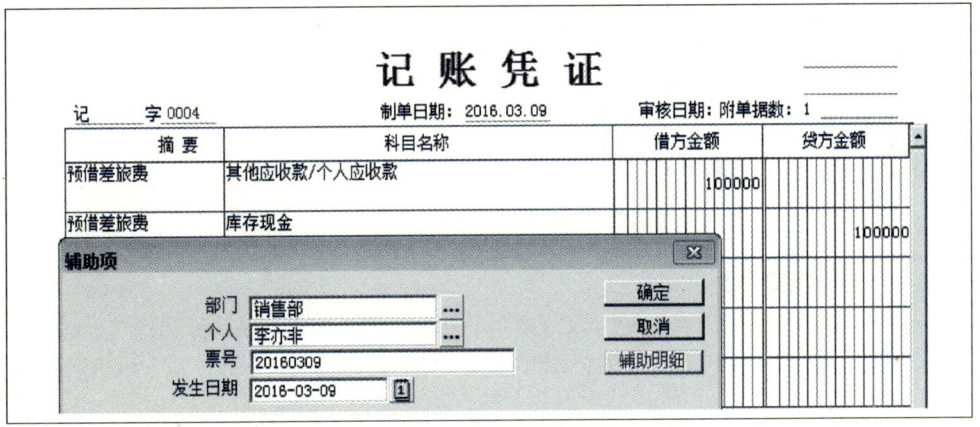

图 3-2-23 输入"其他应收款"辅助项窗口

第二步,单击"重注册",以"A2003"出纳人员身份登录进行出纳签字。
执行"总账"→"凭证"→"出纳签字",打开"出纳签字"对话框,点击"签字"。
第三步,单击"重注册",以"A2001"财务主管人员身份登录进行审核和记账。
(1) 执行"总账"→"凭证"→"审核凭证",打开"审核凭证"对话框,点击"审核"。
(2) 执行"总账"→"凭证"→"记账",打开"记账"对话框,点击"全选"→"记账"。

业务五:上海东海绿色建材有限公司修理生产设备

2016年3月10日,支票支付生产设备修理费用2 020元,如图3-2-24和图3-2-25所示。

图3-2-24 服务业统一发票

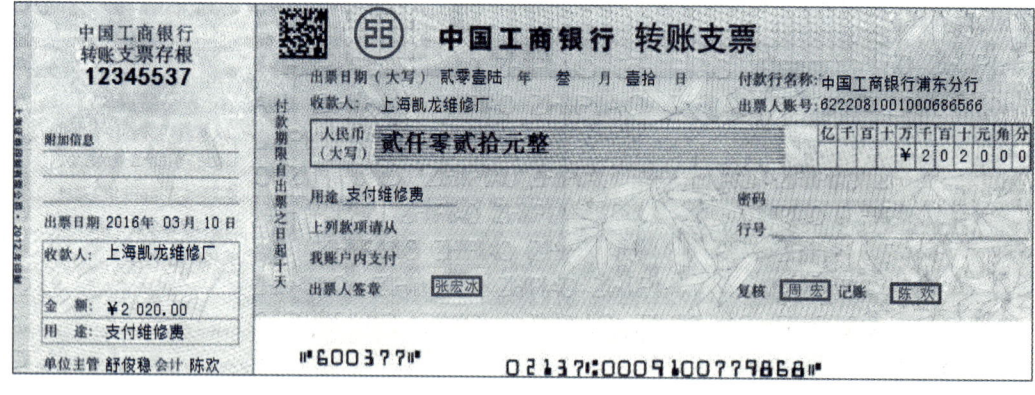

图3-2-25 转账支票

【操作提示】

第一步,单击"重注册",以"A2002"会计主管身份登录系统,选择"[666](default)上海东海绿色建材有限公司","操作日期"修改为"2016-03-10",单击【登录】按钮。

依次设置科目名称金额,如图 3-2-26 所示。

记 账 凭 证

记 字 0005　　制单日期:2016.03.10　　审核日期:　　附单据数:2

摘 要	科目名称	借方金额	贷方金额
维修费	制造费用/修理费	202000	
维修费	银行存款/工商银行		202000
票号 202-12345537			
日期 2016.03.10　数量 单价	合 计	202000	202000

图 3-2-26　"维修费"凭证

第二步,单击"重注册",以"A2003"出纳人员身份登录进行出纳签字。

执行"总账"→"凭证"→"出纳签字",打开"出纳签字"对话框,点击"签字"。

第三步,单击"重注册",以"A2001"财务主管人员身份登录进行审核和记账。

(1) 执行"总账"→"凭证"→"审核凭证",打开"审核凭证"对话框,点击"审核"。

(2) 执行"总账"→"凭证"→"记账",打开"记账"对话框,点击"全选"→"记账"。

业务六:销售部李亦非报销差旅费并退回多余款项。

2016 年 3 月 11 日,销售部李亦非出差回来报销差旅费(合并制单),如图 3-2-27 和图 3-2-28 所示。

【操作提示】

第一步,单击"重注册",以"A2002"会计主管身份登录系统,选择"[666](default)上海东海绿色建材有限公司","操作日期"修改为"2016-03-11",单击【登录】按钮。

差旅费报销单

姓名:李亦非　　部门:销售部　　日期:2016年03月11日　　出差事由:出差

出发地		到达地		公出补助			车船飞机费	卧铺	住宿费	市内车费	邮电费	其他	合计
月	日	地点	月	日	地点	天数	标准	金额					
03	9	上海	03	09	宁波	3	100	300.00	120.00		390.00	50.00		860.00
03	11	宁波	03	11	上海				120.00					120.00
								300.00	240.00		390.00	50.00		

总计人民币(大写):人民币玖佰捌拾元整

预支 ¥1000.00　核销　　退补 ¥20.00

主管:周宏　　部门:销售部　　报销人:李亦非　　审核人:陈欢

图 3-2-27　差旅费报销单

收　据　　　　　　NO 00001

入账日期： 2016 年 03 月 11 日

交款单位　李亦非　　　　　　收款方式　现金

人民币（大写）贰拾元整　　　　　¥ 20.00

收款事由　出差退回　　　现金付讫

2016 年 03 月 11 日

图 3-2-28　收据

依次设置科目名称金额，如图 3-2-29 所示。

记 账 凭 证

记　字 0006　　制单日期：2016.03.11　　审核日期：附单据数：2

摘要	科目名称	借方金额	贷方金额
报销差旅费	销售费用/差旅费	98000	
报销差旅费	库存现金		2000
报销差旅费	其他应收款/个人应收款		100000

图 3-2-29　"报销差旅费"凭证

第二步，单击"重注册"，以"A2003"出纳人员身份登录进行出纳签字。

执行"总账"→"凭证"→"出纳签字"，打开"出纳签字"对话框，点击"签字"。

第三步，单击"重注册"，以"A2001"财务主管人员身份登录进行审核和记账。

（1）执行"总账"→"凭证"→"审核凭证"。打开"审核凭证"对话框，点击"审核"。

（2）执行"总账"→"凭证"→"记账"，打开"记账"对话框，点击"全选"→"记账"。

业务七：财务部领用存款利息

2016 年 3 月 21 日，取得银行存款利息收入（结算方式选择"其他"），如图 3-2-30 所示。

【操作提示】

第一步，单击"重注册"，以"A2002"会计主管身份登录系统，选择"[666]"(default)上海东海绿色建材有限公司"，"操作日期"修改为"2016-03-21"，单击【登录】按钮。

依次设置科目名称金额，如图 3-2-31 所示。

第二步，单击"重注册"，以"A2003"出纳人员身份登录进行签字。

执行"总账"→"凭证"→"出纳签字"，打开"出纳签字"对话框，点击"签字"。

计付存款利息清单 (收款通知)

名称：　　　　　　　　2016 年 03 月 21 日

账　号	6222281001000686566			
单位名称	上海东海绿色建材有限公司			
起息日	结息日	积数	利息（%）	利息金额
2016-02-21	2015-03-21			￥1 010.15
摘　要	存款利息			

图 3-2-30　存款利息清单

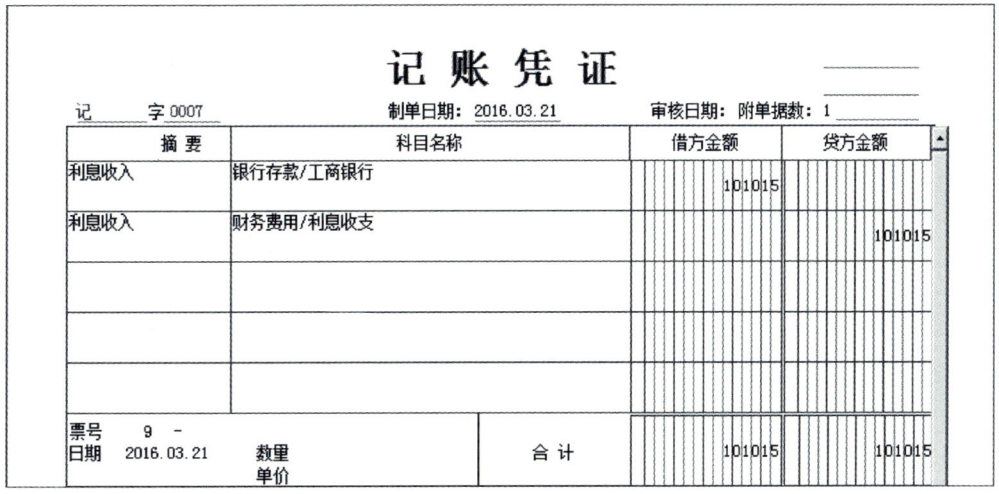

图 3-2-31　"利息收入"凭证

第三步，单击"重注册"，以"A2001"财务主管人员身份登录进行审核和记账。

（1）执行"总账"→"凭证"→"审核凭证"，打开"审核凭证"对话框，点击"审核"。

（2）执行"总账"→"凭证"→"记账"，打开"记账"对话框，点击"全选"→"记账"。

（三）查询业务的处理

第一步，单击"重注册"，"操作员"输入"A2001"，"密码"为空，"账套"选中"[666](default)上海东海绿色建材有限公司"，"操作日期"修改为"2016-03-31"，单击【登录】按钮。

（1）执行"业务工作"→"财务会计"→"总账"→"出纳"→"现金日记账"，打开"现金日记账"对话框，"科目"选择"1001"，"按月查"时间调整为"2016.03"，单击【确定】按钮，单击【输出】按钮，选择"C:\WORK"，文件名输入"2016年3月份现金日记账"，单击【保存】按钮。

(2)打开"请输入表/工作单名"对话框,输入"2016年3月份现金日记账",单击【确认】按钮,弹出"输出到文件"对话框→"输出到文件顺利完成"→单击【确定】按钮→【关闭】按钮。如图3-2-32所示。

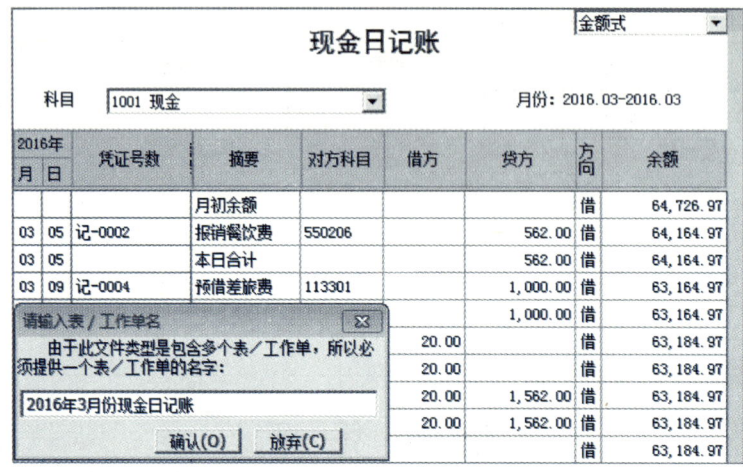

图3-2-32 "现金日记账"对话框

(3)同理查询银行日记账。

第二步,备份账套,保存路径为"C:\666账套\666凭证审核记账"。

第3节 固定资产管理

一、固定资产管理的介绍

微课:固定资产
全寿命管理

固定资产系统主要提供资产管理、折旧计算、统计分析等功能。其中资产管理主要包括原始设备的管理、新增资产的管理、资产减少的处理、资产变动的管理等,并提供资产评估及计提固定资产减值准备功能,支持折旧方法的变更;按月自动计算折旧,生成折旧分配凭证,同时输出有关的报表和账簿。固定资产核算系统可以用于固定资产总值、累计折旧数据的动态管理,协助设备管理部门做好固定资产实体的各项指标的管理和分析工作。固定资产的操作主要包括以下内容:

(1)初始设置:根据用户的具体情况建立一个合适的固定资产账套的过程。

(2)卡片设置:固定资产卡片是固定资产系统最为重要的管理工具,卡片信息是固定资产系统最重要的数据文件。

(3)折旧管理:自动计提折旧形成折旧清单和折旧分配表,按分配表自动制作记账凭证,并传递到总账系统。在对折旧进行分配时可以在单位和部门之间进行分配。

(4) 月末对账结账：月末按照系统初始设置的财务系统接口，自动与财务系统进行对账，并根据对账结果和初始设置决定是否结账。

(5) 账表查询：通过"我的账表"对系统所能提供的全部账表进行管理，资产管理部门可随时查询分析表、统计表、账簿和折旧表等。

固定资产主要功能菜单包括设置、卡片、处理、账表和维护五个部分，如图3-3-1所示。

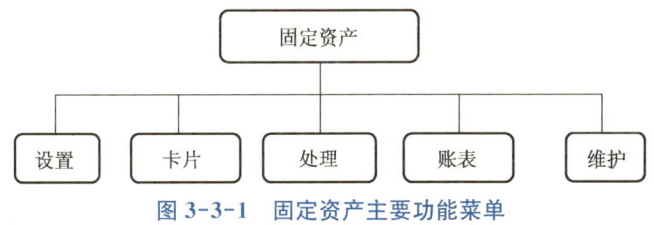

图 3-3-1　固定资产主要功能菜单

（一）固定资产设置的介绍

建立固定资产账套的主要内容是账套参数设置。

1. 账套参数设置

账套参数主要包括基本信息、折旧信息、编码方式、与财务接口、其他设置五个方面的内容。

(1) 基本信息：固定资产系统的基本信息主要包括账套名称、使用单位、本位币币种、账套主管、是否计提折旧、账套启用月份等信息。

(2) 折旧信息：折旧信息主要是确定与折旧相关的参数、包括选择本账套主要的折旧方法、选择折旧汇总分配周期和选择在固定资产使用到最后一个月时是否将剩余折旧全部提足。

(3) 编码方式：固定资产类别编码可以参照国家的标准分类，也可以自己设置。固定资产的编码可以选择手工编码或自动编码。

(4) 与财务接口：选择是否与账务系统进行对账，确定对账科目以及确定对账不平的情况下是否允许固定资产月末结账。

(5) 其他设置略。

2. 部门对应折旧科目设置

固定资产计提折旧后，必须把折旧分配到相关成本费用中。固定资产的折旧分配与使用部门密切相关，所以需要给每一个使用部门设置一个正常折旧科目。

3. 固定资产类别设置

固定资产类别设置的主要目的是建立固定资产分类体系，为及时准确地进行固定资产核算和统计管理提供依据。

4. 固定资产增减方式设置

固定资产增减方式包括增加方式和减少方式。增加方式主要有直接购入、投资者投入、捐赠等。减少方式主要有出售、盘亏、投资转出等。

5. 固定资产使用状况设置

系统预置的使用状况有使用中、未使用和不需要。其中使用中状况又分为在用、季节性停用、经营性出租和大修理停用。

6. 固定资产折旧方法定义

系统提供五种常用方法：平均年限法（一）、平均年限法（二）、工作量法、年限总和法和双倍余额递减法。

设置主要功能菜单包括选项、部门对应折旧科目、资产类别、资产组、增减方式、使用状况、折旧方法和条码信息设置八个部分。如图3-3-2所示。

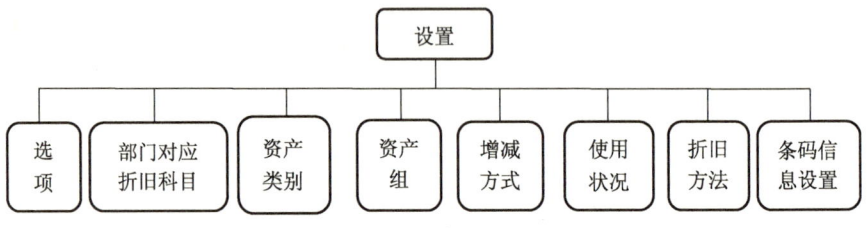

图 3-3-2　设置主要功能菜单

（二）固定资产卡片的介绍

固定资产日常管理主要涉及企业平时的固定资产卡片管理、固定资产的增减管理、各种变动处理的各类固定资产账表管理。

固定资产管理在企业中分为两个部分：一是固定资产卡片台账管理；二是固定资产的会计处理。

（1）固定资产卡片管理：卡片项目是固定资产卡片上显示的用来记录资产资料的栏目，如原值、资产名称、使用年限、折旧方法等。

（2）固定资产增减变动：固定资产增减变动是指由于构建、报废、调出等原因引起的固定资产实物在数量上、资产形态上的变化。

企业不论以何种原因发生资产减少，都要通过"资产减少"功能处理。如果当月涉及固定资产减少，则当月仍需计提折旧，资产减少处理的操作需要在本期计提完成折旧后处理。

（3）固定资产变动：固定资产变动有原值增加、原值减少、部门转移、使用状况调整、折旧方法调整、累计折旧调整、使用年限调整等。

卡片主要功能菜单包括卡片项目管理、录入原始卡片和固定资产增减变动等，如图3-3-3所示。

用友和金蝶的经典对决

（三）固定资产处理的介绍

固定资产日常管理还涉及企业平时折旧计提，在对业务处理基础上，系统提供了制单、月末结账功能。

（1）折旧处理设置：自动计提折旧形成折旧清单和折旧分配表，按分配表自动制作记账凭证，并传递到总账系统。折旧可以在单位和部门之间分配。

（2）制单设置：固定资产系统填制凭证有两种方法：在业务发生后立即制单和在期末批量制单。

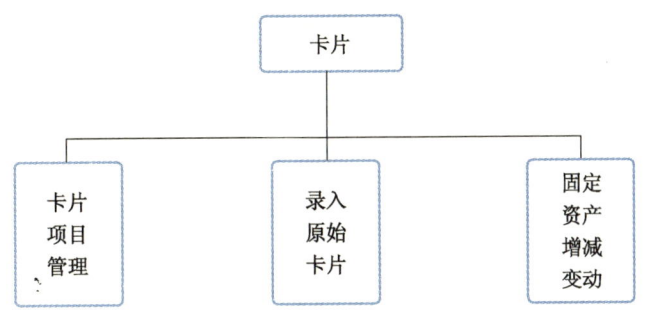

图 3-3-3　卡片主要功能菜单

(3) 对账设置:月末按照系统初始设置的账务系统接口,自动与账务系统进行对账,并根据对账结果和初始设置决定是否结账。

(4) 结账设置:在固定资产系统完成了本月全部制单后,可以进行月末结账。月末结账每月进行一次,结账后当期的数据不能修改。

如果结账后,发现有未处理的业务或者需要修改的事项,可以通过系统提供的"恢复月末结账前状态"功能进行反结账,但不能跨年度反结账。

处理主要功能菜单包括工作量输入、计提本月折旧、折旧清单、折旧分配表、对账、凭证查询、月末结账和恢复月末结账前状态八个部分,如图 3-3-4 所示。

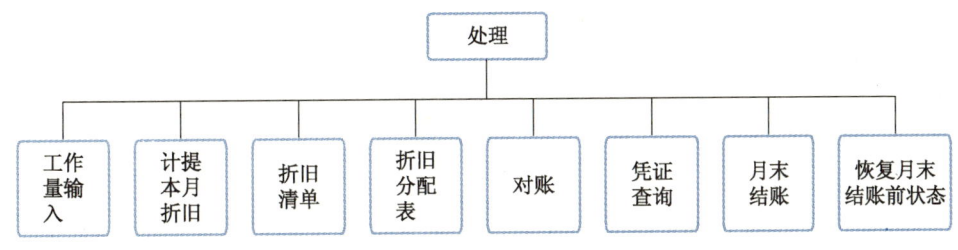

图 3-3-4　处理主要功能菜

(四) 固定资产账表的介绍

通过账表对系统所能提供的全部账表进行管理,资产管理部门可随时查询分析表、统计表、账簿和折旧表,提高资产管理效率。

(1) UFO 账夹。

(2) 分析表:分析表是由部门构成分析表、价值构成分析表、类别构成分析表、使用状况分析表四个部分组成的。

(3) 减值准备表:减值准备表是由减值准备明细表、减值准备余额、减值准备总账三个部分组成的。

(4) 统计表:统计表是由固定资产原值一览表、固定资产变动情况表、固定资产到期提示表、固定资产统计表、盘盈盘亏报告表、评估变动表、评估汇总表、役龄资产统计表、逾龄资产统计表九个部分组成的。

(5) 账簿：账簿是由部门、类别明细表、单个固定资产明细表、固定资产登记表、固定资产总账四个部分组成的。

(6) 折旧表：折旧表是由部门折旧计提汇总表、固定资产及累计折旧表（一）、固定资产及累计折旧表（二）、固定资产折旧计算明细表、固定资产折旧清单表五个部分组成的。

账表主要功能菜单包括自定义账夹、分析表、减值准备表、统计表、账簿和折旧表六个部分，如图3-3-5所示。

云计算

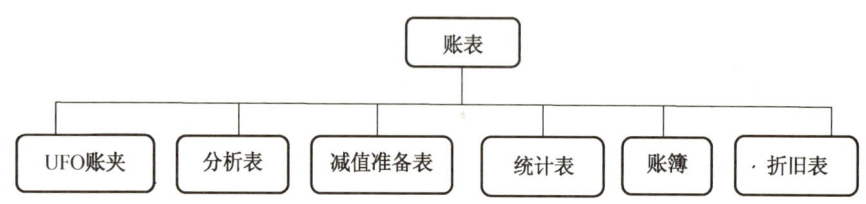

图 3-3-5 账表主要功能菜单

（五）维护的介绍

相关内容略。

二、实训资料

上海东海绿色建材有限公司已经购买了用友 ERP-U8 V10.1 软件，并于 2016 年 3 月 1 日第一次使用该固定资产系统，现根据自身具体情况进行固定资产初始化设置，即建立一个适合企业自身特点的固定资产模块，由会计主管（A2002）进行操作。

（一）固定资产设置

1. 登录

以"A2002"会计主管身份登录"666"账套，登录时间为 2016 年 3 月 1 日。固定资产参数设置如表 3-3-1 所示。

表 3-3-1

固定资产参数设置

控制参数	参 数 设 置
折旧信息	本账套计提折旧 折旧方法：平均年限法（一） 折旧汇总分配周期：1 个月
编码方式	资产类别编码方式：2112 固定资产编码方式： 按"类别编码＋部门编码＋序号"自动编码 卡片序号长度为 5
财务接口	与账务系统进行对账对账科目： 固定资产对账科目：固定资产（1501） 累计折旧对账科目：累计折旧（1502） 在对账不平情况下允许固定资产月末结账。

(续表)

控制参数	参数设置
补充参数	固定资产缺省入账科目:1501 累计折旧缺省入账科目:1502 进项税额缺省入账科目:21710101 固定资产清理缺省入账科目:1701

2. 完成固定资产初始设置

(1) 部门对应折旧科目如表3-3-2所示。

表3-3-2

部门对应折旧科目

部门	对应折旧科目
总经办、财务部、采购部、仓管部	管理费用/折旧费
销售部	销售费用/折旧费
生产车间	制造费用/折旧费

(2) 资产类别如表3-3-3所示。

表3-3-3

资产类别

类别编码	类别名称	使用年限	净残值率	计提属性
01	房屋及建筑物	30年	5%	正常计提
02	设备			正常计提
021	生产设备	6年	4%	正常计提
022	办公设备	5年	4%	正常计提

注:折旧方法:平均年限法(一)　卡片样式:含税卡片样式

(3) 增减方式的对应入账科目如表3-3-4所示。

表3-3-4

增减方式的对应入账科目

增加方式	对应入账科目	减少方式	对应入账科目
直接购入	银行存款——工行	出售	固定资产清理
在建工程转入	在建工程——建筑工程	报废	固定资产清理

(二) 固定资产卡片设置

以"A2002"会计主管身份完成以下操作,以"A2003"出纳主管身份完成出纳签字,以"A2001"财务主管身份完成审核。记账:

(1) 录入原始卡片。

(2) 增加固定资产。

(3) 固定资产原值增加。

(4) 固定资产转移。

具体业务凭证请参照"实训指导"。

(三) 固定资产日常业务处理

以"A2002"会计主管身份完成以下操作,以"A2003"出纳主管身份完成出纳签字,以"A2001"财务主管身份完成审核。记账:

(1) 计提固定资产本月折旧。
(2) 固定资产报废。

（四）固定资产账表查询处理

以"A2002"会计主管身份完成以下操作：

(1) 查询类别构成分析表，并保存到"C:\WORK"，文件名为"东海绿色建材 3 月份类别构成分析表"。

(2) 查询"固定资产变动情况表"，并保存到"C:\WORK"，文件名为"东海绿色建材 3 月份固定资产变动情况表"。

(3) 查询"固定资产登记簿"，并保存到"C:\WORK"，文件名为"东海绿色建材 3 月份固定资产登记簿"。

(4) 查询"固定资产折旧清单表"，并保存到"C:\WORK"，文件名为"东海绿色建材 3 月份固定资产折旧清单表"。

(5) 备份账套，保存路径为"C:\666 账套\666 固定资产管理"。

三、实训指导

（一）固定资产设置

1. 引入"666 账套\666 凭证审核记账"账套

单击"重注册"，以"A2002"会计主管身份登录系统，密码为空，然后选择"[666](default)上海东海绿色建材有限公司"，"操作日期"为"2016 - 03 - 01"，单击【登录】按钮。

(1) 执行"财务会计"→"固定资产"，打开"固定资产"对话框，单击"是"，如图 3-3-6 所示。

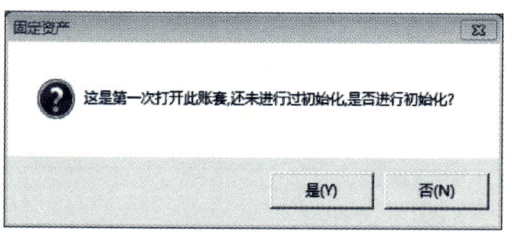

图 3-3-6 "固定资产"初始化信息提示框

(2) 单击"我同意"→"下一步"→"下一步"，在"主要折旧方法"对话框选择"平均年限法（一）"，如图 3-3-7 所示。

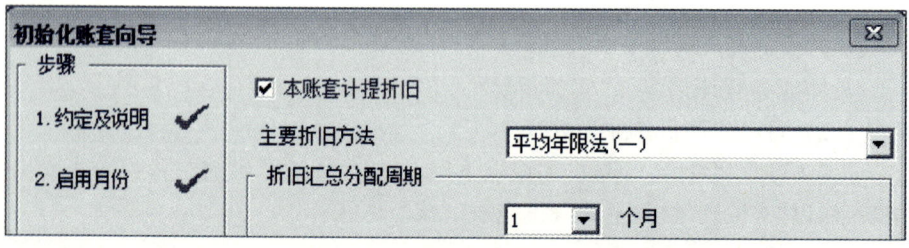

图 3-3-7 "固定资产初始化向导——折旧信息"对话框

(3) 单击"下一步","固定资产编码方式"选择"自动编码","自动编码"选中"类别编号+部门编号+序号",如图 3-3-8 所示。

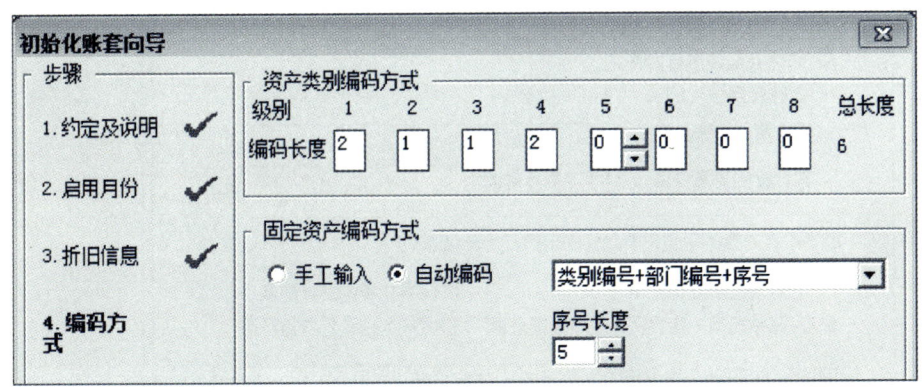

图 3-3-8 "固定资产初始化向导——编码方案"对话框

(4) 单击"下一步","固定资产对账科目"选择"1501,固定资产","累计折旧对账科目"选择"1502,累计折旧",如图 3-2-9 所示。

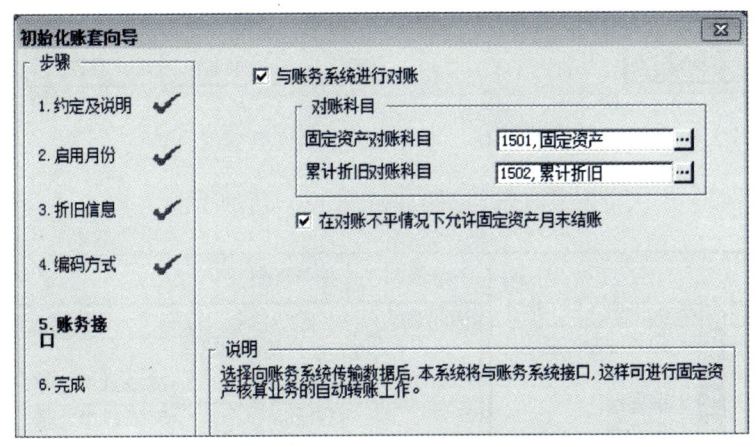

图 3-3-9 "固定资产初始化向导——财务接口"对话框

(5) 单击"下一步",单击"完成",单击"是",单击【确定】按钮。
(6) 执行"固定资产"→"设置",打开"选项"对话框,单击"与财务系统接口"→"编辑"→"与财务系统接口","固定资产缺省对账科目"输入"1501,固定资产","累计折旧缺省对账科目"输入"1502,累计折旧"→单击【确定】按钮。如图 3-3-10 所示。

2. 设置部门对应折旧科目

(1) 执行"财务会计"→"固定资产"→"设置"→"部门对应折旧科目",打开"部门对应折旧科目"对话框,选中"总经理办公室",单击"修改","折旧科目"对话框选择"管理费用/折旧费",按回车键。

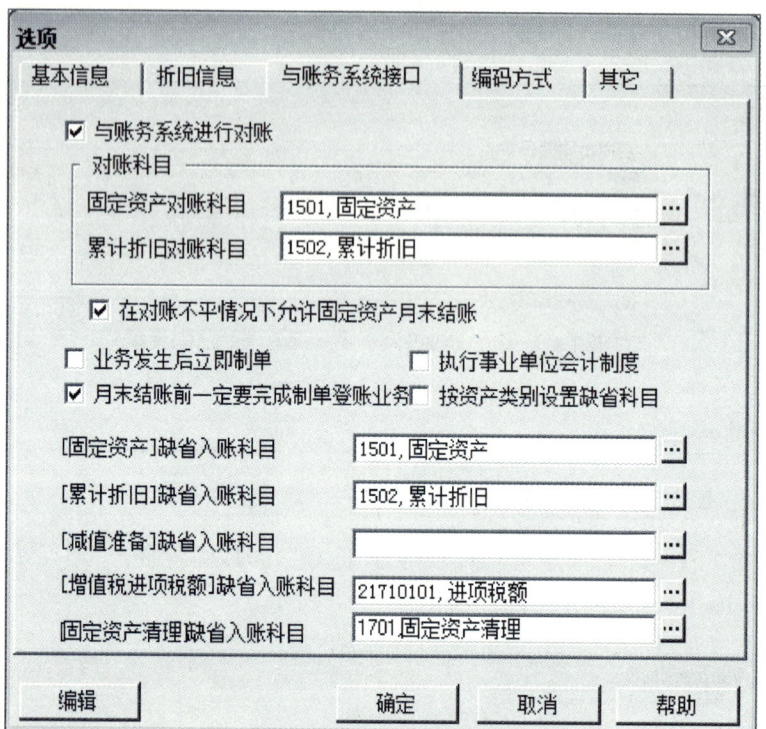

图 3-3-10 "固定资产选项设置"窗口

(2) 依次设置其他部门折旧,如图 3-3-11 所示。

图 3-3-11 "固定资产部门折旧设置"窗口

3. 设置资产类别

(1) 执行"固定资产"→"设置"→"资产类别",打开"资产类别"对话框,单击【增加】按钮,"类别名称"输入"房屋及建筑物","使用年限"输入"30",净残值率输入"5","计提属性"选中"正常计提","折旧方法"选中"平均年限法(一)","卡片样式"选中"含税卡片样式",单击【保存】按钮。

(2) 依次设置其他资产类别,如图 3-3-12 所示。

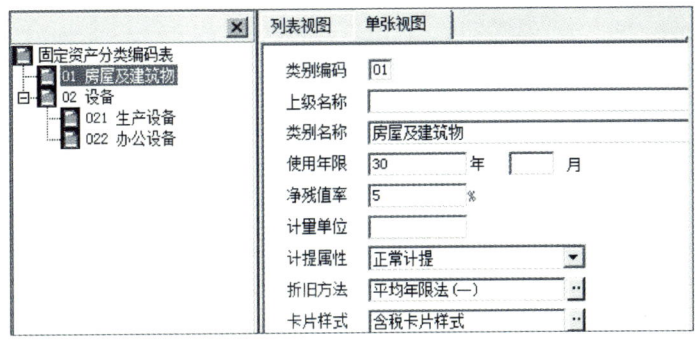

图 3-3-12 "固定资产分类编码表"窗口

4. 设置增减方式的对应入账科目

（1）执行"固定资产"→"设置"→"增减方式"，打开"增减方式"对话框，选中"直接购入"的"对应入账科目"，单击"修改"，"对应入账科目"输入"100201"，按回车键。

（2）依次设置其他增减方式，如图 3-3-13 所示。

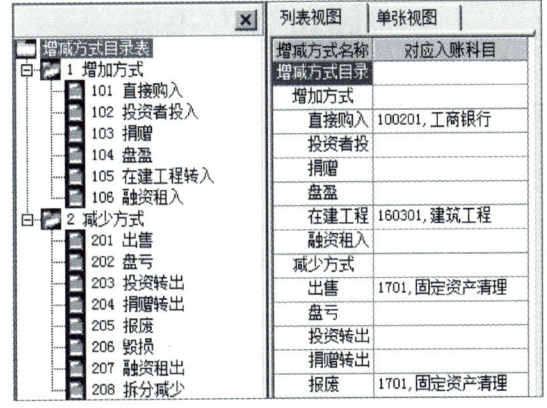

图 3-3-13 "增减方式目录表"窗口

（二）固定资产卡片设置

业务一：录入固定资产原始卡片

固定资产基本资料如表 3-3-5 所示。

表 3-3-5　　　　　　　　　　固定资产基本资料

类别	名称	所属部门	使用年限	开始使用时间	原值	累计折旧	折旧方法	净残值率	对应折旧科目
生产设备	生产线	生产车间	6 年	2015-04-01	280 000.00	37 240.00	平均年限法（一）	4%	制造费用——折旧费
办公设备	笔记本电脑	财务部	5 年	2015-02-01	12 000.00	2 200.00	平均年限法（一）	3%	管理费用——折旧费

(续表)

类别	名称	所属部门	使用年限	开始使用时间	原值	累计折旧	折旧方法	净残值率	对应折旧科目
房屋及建筑物	办公楼	多部门	30年	2015-02-01	800 000.00	24 960.00	平均年限法（一）	5%	管理费用——折旧费
办公设备	台式电脑	财务部	5年	2015-02-01	12 000.00	2 200.00	平均年限法（一）	4%	管理费用——折旧费

注：使用状况均为"在用"；增加方式：直接购入。
办公大楼的多部门使用比例：总经理办公室30%，采购部40%，财务部30%。

【操作提示】

（1）执行"固定资产"→"卡片"→"录入原始卡片"，打开"固定资产类别档案"对话框，选中"生产设备"，单击【确定】按钮，打开"固定资产卡片"对话框，根据表3-3-5输入或选择相应固定资产原始资料，输入完毕单击【保存】按钮，如图3-3-14所示。

固定资产卡片

卡片编号	00001			日期	2016-03-01
固定资产编号	021600001	固定资产名称			生产线
类别编号	021	类别名称	生产设备	资产组名称	
规格型号		使用部门			生产车间
增加方式	直接购入	存放地点			
使用状况	在用	使用年限（月）	72	折旧方法	平均年限法（一）
开始使用日期	2015-04-01	已计提月份	10	币种	人民币
原值	280 000.00	净残值率	4%	净残值	11 200.00
累计折旧	37 240.00	月折旧率	0.0133	本月计提折旧额	3 724.00
净值	242 760.00	对应折旧科目	410503,折旧费	项目	
增值税	0.00	价税合计	280 000.00		
录入人	陈欢			录入日期	2016-03-01

图3-3-14 "固定资产原始卡片录入"窗口

（2）依次输入其他固定资产卡片（多个使用部门），如图3-3-15所示。

序号	使用部门	使用比例%	对应折旧科目	项目大类	对应项目	部门编码
1	总经理办公室	30.0000	550203,折旧费			1
2	采购部	40.0000	550203,折旧费			4
3	财务部	30.0000	550203,折旧费			2

使用部门有效数量范围：2 ~ 999个

图3-3-15 "使用部门——多部门"对话框

业务二：增加固定资产

2016年3月16日，向上海机械厂购入新型空气砖挤压机一台，已投入使用，货款电汇支付，如图3-3-16至图3-3-18所示。

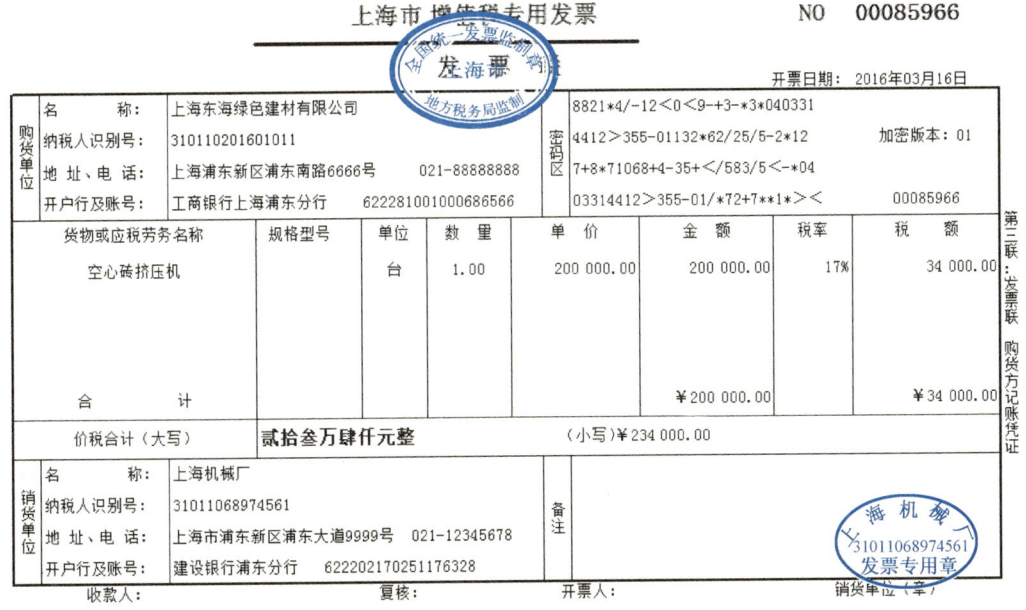

图 3-3-16　增值税专用发票

固定资产交接单				
固定资产类别：生产设备				
固定资产项目名称	空心砖挤压机	型号及规格	建设单位	上海市东海机械制造厂	取得来源	直接购入
原值	200000.00	其中：安装费		预计残值		预计清理费	
建造日期	2014.10.02	验收日期	2015.03.16	开始使用日期	2015.03.16	预计使用年限	6年
年折旧额		年折旧率		月折旧额		月折旧率	
投入日期	2015.03.16	投入时已使用年限		尚能使用年限		投入时已提折旧额	
接受部门：生产车间		部门负责人：刘海涛		交付单位：上海市东海机械制造厂		交付负责人：李晶	

注：折旧方法：平均年限法（一），净残值率5%。

图 3-3-17　固定资产交接单

【操作提示】

第一步，以"A2002"会计主管身份登录系统，登录时间为2016年3月16日。

（1）执行"固定资产"→"卡片"→"资产增加"，打开"固定资产类别档案"对话框，选中"生产设备"，单击【确定】按钮，打开"固定资产卡片"对话框，根据表3-3-5输入或选择相应固定资产资料，输入完毕，单击【保存】按钮，如图3-3-19所示。

（2）执行"固定资产"→"处理"→"批量制单"，打开"查询条件选择"下的"批量制单"对话框，"业务类型"勾选"新增资产"，单击【确定】按钮。

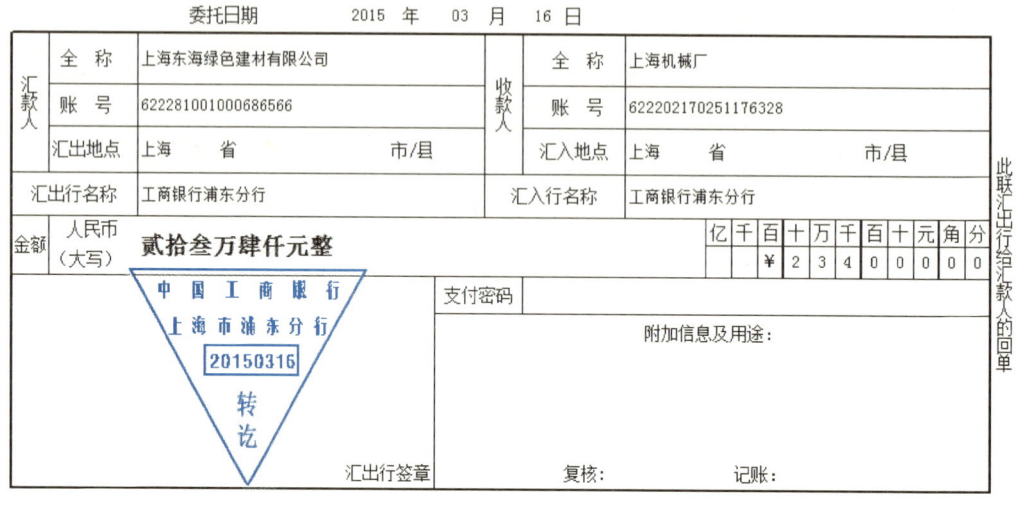

图 3-3-18 电子凭证(回单)

图 3-3-19 "固定资产卡片新增"窗口

(3) 打开"制单选择",双击"选择",单击"制单设置"对话框,单击【凭证】按钮。如图 3-3-20 所示。

图 3-3-20 "制单选择"对话框

(4)"审核日期附单据数"输入"3",鼠标移动到"票号"修改辅助项,"结算方式"选中"3","票号"输入"23466789",单击【确定】按钮→【保存】按钮→【关闭】按钮,如图 3-3-21 所示。

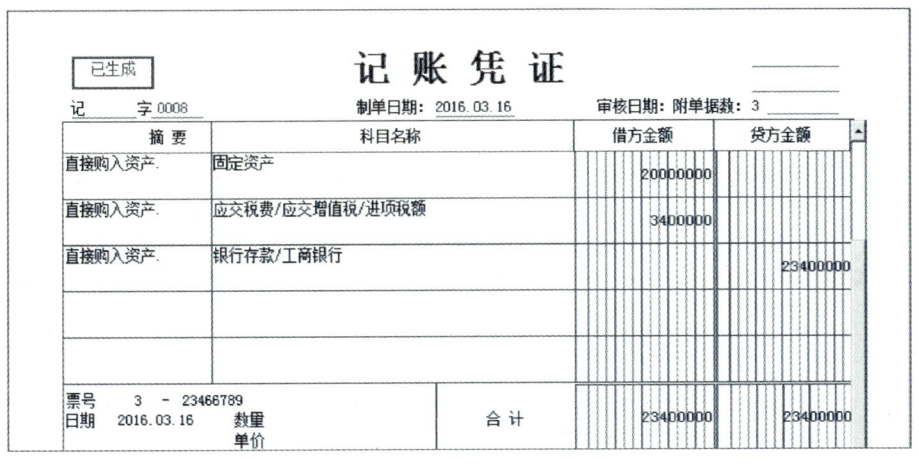

图 3-3-21 "资产增加"凭证

第二步,单击"重注册",以"A2003"出纳人员身份登录进行签字。

执行"总账"→"凭证"→"出纳签字",打开"出纳签字"对话框,点击"签字"。

第三步,单击"重注册",以"A2001"财务主管人员身份登录进行审核和记账。

(1)执行"财务会计"→"总账"→"凭证"→"批处理"→"成批审核凭证"。

(2)执行"记账"→打开"记账"对话框,单击"全选"→"记账"。

业务三:固定资产原值增加

2016 年 3 月 21 日,开出工商银行转账支票一张,购买设备,安装在生产线上,变动原因添置调试设备,如图 3-3-22 所示。

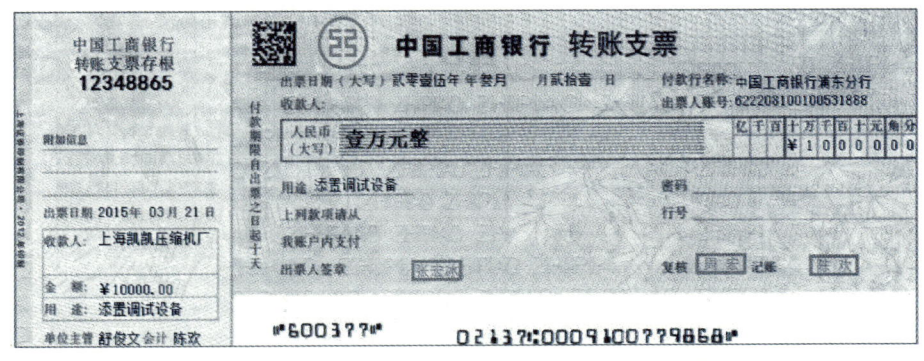

图 3-3-22 转账支票

【操作提示】

第一步,单击"重注册",以"A2002"会计主管身份登录系统,登录时间为 2016 年 3 月 21 日。

（1）执行"固定资产"→"卡片"→"变动单"→"原值增加"，打开"固定资产变动单"对话框，单击"卡片编号"选中"生产线"，"增加金额"输入"10 000.00"，"变动原因"输入"添置调试设备"，单击【保存】按钮，如图 3-3-23 所示。

图 3-3-23 "原值增加——变动单"窗口

（2）执行"处理"→"批量制单"，打开"查询条件选择"下的"批量制单"对话框→"业务类型"勾选"原值增加"，单击【确定】按钮。

（3）打开"制单选择"，双击"选择"，单击"制单设置"对话框，第二行修改"100201"辅助项，单击【保存】按钮，单击【关闭】按钮。如图 3-3-24 所示。

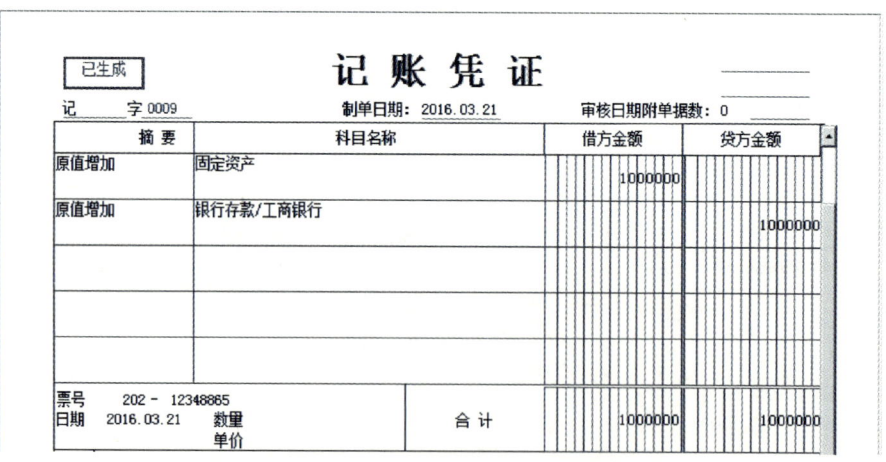

图 3-3-24 "原值增加"凭证

第二步，单击"重注册"，以"A2003"出纳人员身份登录进行签字。

执行"总账"→"凭证"→"出纳签字"，打开身份"出纳签字"对话框，单击"签字"。

第三步，单击"重注册"，以"A2001"财务主管人员身份登录进行审核和记账。

(1) 执行"财务会计"→"总账"→"凭证"→"审核凭证"。
(2) 点击"记账",打开"记账"对话框,单击"全选",单击"记账"。

业务四:固定资产转移

2016年3月31日,财务部笔记本电脑转移到采购部使用,变动原因为工作需要。

【操作提示】

单击"重注册",以"A2002"会计主管身份登录。执行"固定资产"→"卡片"→"变动单"→"部门转移",打开"固定资产变动单"对话框,单击"卡片编号",选中"笔记本电脑",单击"变动后部门",选中"采购部"。"变动原因"输入"工作需要",单击【保存】按钮,屏幕显示"数据保存成功!请检查资产对应科目是否正确!"信息提示框,单击【确定】按钮。如图3-3-25所示。

固定资产变动单
— 部门转移 —

变动单编号	00002	变动日期	2016-03-31
卡片编号	00002	资产编号	02200001	开始使用日期	2015-02-01
资产名称		笔记本电脑	规格型号	
变动前部门		财务部	变动后部门	采购部
存放地点			新存放地点	
变动原因				工作需要
			经手人	陈欢

图3-3-25 "部门转移——固定资产变动单变动单"

(三)固定资产日常业务处理

业务五:计提固定资产本月折旧

【操作提示】

第一步,执行"固定资产"→"处理"→"计提本月折旧",屏幕显示"是否要查看折旧清单",单击【是】按钮,如图3-2-26所示。

第二步,屏幕显示"本操作将计提本月折旧,并花费一定时间,是否要继续?",单击【是】按钮,单击【退出】按钮。

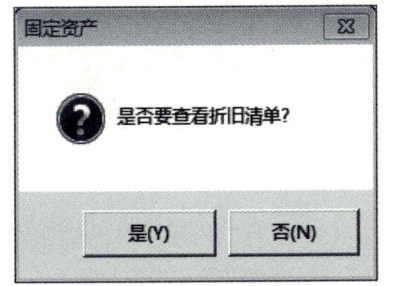

图3-3-26 "固定资产"折旧信息提示框

第三步,单击【凭证】按钮,凭证"字"修改为"记",单击【保存】按钮,单击【关闭】按钮,如图3-2-27所示。

第四步,单击"重注册",以"A2001"财务主管身份登录进行审核和记账。

(1) 在"业务工作"选项卡中,执行"财务会计"→"总账"→"凭证"→"审核凭证"。

图 3-2-27 "生成折旧费用分配"凭证

(2) 单击"记账",打开"记账"对话框,单击"全选",单击"记账"。

业务六:固定资产报废

2016年3月31日,财务部报废一台台式电脑。

【操作提示】

第一步,单击"重注册",以"A2002"会计主管身份登录系统。

(1) 执行"固定资产"→"卡片"→"资产减少",打开"资产减少"对话框,"卡片编号"对话框选中"台式电脑",单击【增加】按钮,"减少方式"对话框选中"报废",单击【确定】按钮。屏幕显示"所选卡片减少已经成功",单击【确定】按钮。如图3-3-28所示。

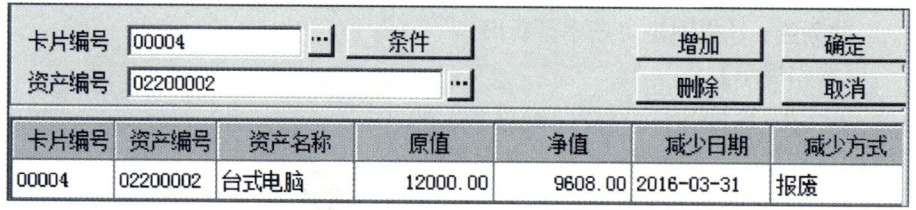

图 3-3-28 "选择资产减少方式"窗口

(2) 执行"处理"→"批量制单",打开"查询条件选择——批量制单"对话框,"业务类型"勾选"减少资产",单击【确定】按钮。

(3) 打开"制单选择",双击"选择",单击"制单设置",单击【凭证】按钮,凭证"字"修改为"记",单击【保存】按钮,单击【关闭】按钮,如图3-3-29和图3-3-30所示。

第二步,单击"重注册",以"A2001"财务主管身份登录进行审核和记账。

(1) 在"业务工作"选项卡中,执行"财务会计"→"总账"→"凭证"→"审核凭证"。

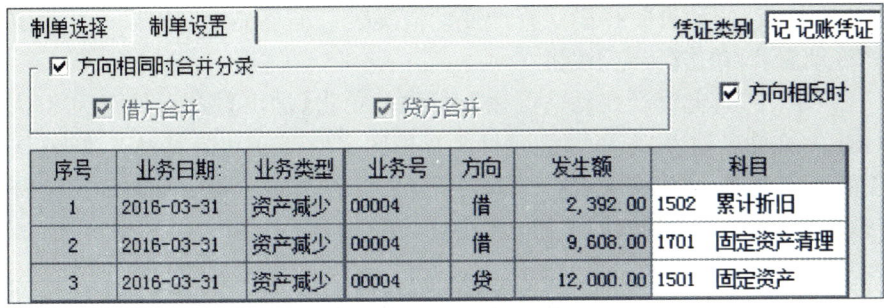

图 3-3-29 "资产减少"窗口

图 3-3-30 "资产减少"凭证

(2) 单击"记账",打开"记账"对话框,单击"全选",单击"记账"。

(四) 固定资产账表查询处理

业务七:固定资产查询

【操作提示】

第一步,单击"重注册",以"A2002"会计主管身份登录系统。

(1) 执行"固定资产"→"账表"→"我的账表"→"分析表"→"类别构成分析表",屏幕显示"条件——[类别]成分析表"→单击【确定】按钮。

(2) 打开"类别构成分析表"对话框,单击【输出】按钮,另存为"C:\WORK",文件名输入"东海绿色建材 3 月份类别构成分析表",单击【保存】按钮,屏幕显示"请输入表/工作单名",输入"东海绿色建材 3 月份类别构成分析表",单击【确认】按钮。如图 3-3-31 所示。

类别构成分析表

使用单位:上海东海绿色建材有限公司　　　　　　期间:2016.03

资产类别	数量	计量单位	期末原值	占类别百分比%	占总值百分比%
房屋及建筑物(01)	1		800,000.00	100.00	61.44
设备(02)	3		502,000.00	100.00	38.56
生产设备(021)	2		490,000.00	97.61	37.63
办公设备(022)	1		12,000.00	2.39	0.92
合计	4		1,302,000.00	100.00	100.00

图 3-3-31 "类别构成分析表"窗口

（3）执行"统计表"→"固定资产变动情况表"，屏幕显示"条件——[固定资产变动表]"，单击【确定】按钮。

（4）打开"固定资产变动情况表"对话框，单击【输出】按钮，另存为"C:\WORK"，文件名输入"东海绿色建材3月份固定资产变动情况表"，单击【保存】按钮，屏幕显示"请输入表/工作单名"，输入"东海绿色建材3月份固定资产变动情况表"，单击【确认】按钮，如图3-3-32所示。

固定资产变动情况表

统计方式:资产类别　　　　　　　　　　　　　　期间:2016.03---2016.03
资产类别:　　　　　　使用部门:　　　　　　类别级次:1---1

项目	原值				累计折旧			
	期初余额	本年增加	本年减少	期末余额	期初余额	本年增加	本年减少	期末余额
房屋及建筑物	800,000.00			800,000.00	24,960.00	2,080.00		27,040.00
设备(02)	304,000.00	210,000.00	12,000.00	502,000.00	41,640.00	4,110.40	2,392.00	43,358.40
合计	1,104,000.00	210,000.00	12,000.00	1,302,000.00	66,600.00	6,190.40	2,392.00	70,398.40

图3-3-32　"固定资产变动情况表"窗口

（5）执行"账簿"→"固定资产登记簿"，屏幕显示"条件——[固定资产登记簿]"，单击【确定】按钮。

（6）打开"固定资产变动情况表"对话框，单击【保存】按钮，单击【输出】按钮，另存为"C:\WORK"，文件名输入"上海东海绿色建材有限公司3月份固定资产登记簿"，单击【保存】按钮，屏幕显示"请输入表/工作单名"，输入"上海东海绿色建材有限公司3月份固定资产登记簿"，单击【确认】按钮，如图3-3-33所示。

固定资产登记簿

使用单位:上海东海绿色建材有限公司　　　　期间:2016.03---2016.03
资产类别:　　　　　　　　　　　　使用部门:

日期	资产编号	业务单号	凭证号	摘要	资产名称	使用部门	原值			数量
							借方	贷方	余额	
2016-03-01	021600001	00001		录入原始卡片	生产线	生产车间	280,000.00		280,000.00	1.00
2016-03-01	022200001	00002		录入原始卡片	笔记本电脑	财务部	12,000.00		292,000.00	2.00
2016-03-01	01100001	00003		录入原始卡片	办公楼	总经理办公室	800,000.00		1,092,000.00	3.00
2016-03-01	022200002	00004		录入原始卡片	台式电脑	财务部	12,000.00		1,104,000.00	4.00
2016-03-16	021600002	00005	记-8	新增固定资产	空心砖挤压机	生产车间	200,000.00		1,304,000.00	5.00
2016-03-21	021600001	00001	记-10	原值增加	生产线	生产车间	10,000.00		1,314,000.00	5.00
2016-03-31	022200002	00004	记-12	资产减少	台式电脑	财务部		12,000.00	1,302,000.00	4.00
				本期合计			1,314,000.00	12,000.00	1,302,000.00	4.00

图3-3-33　"固定资产登记簿"窗口

（7）执行"折旧表"→"固定资产折旧清单表"，屏幕显示"条件——[固定资产折旧清单表]"，单击【确定】按钮。

（8）打开"固定资产折旧清单表"对话框，单击【保存】按钮，单击【输出】按钮，另存为"C:\WORK"，文件名输入"东海绿色建材3月份固定资产折旧清单表"，单击【保存】按钮，屏幕显示"请输入表/工作单名"，输入"东海绿色建材3月份固定资产折旧清单表"，单击【确认】按钮，如图3-3-34所示。

固定资产折旧清单表

使用单位:上海东海绿色建材有限公司　　期间: 2016.03

资产类别:　　使用部门:

卡片编号	资产编号	资产名称	原值	计提原值	本月计提折旧额	本年折旧	累计折旧	净值
00001	021600001	生产线	290,000.00	280,000.00	3,724.00	3,724.00	40,964.00	249,036.00
00002	022200001	笔记本电脑	12,000.00	12,000.00	194.40	194.40	2,394.40	9,605.60
00003	01100001	办公楼	800,000.00	800,000.00	2,080.00	2,080.00	27,040.00	772,960.00
00004	022200002	台式电脑	12,000.00	12,000.00	192.00	192.00	2,392.00	9,608.00
00005	021600002	空心砖挤压机	200,000.00					200,000.00
合计			1,314,000.00	1,104,000.00	6,190.40	6,190.40	72,790.40	1,241,209.60

图 3-3-34 “固定资产折旧清单表”窗口

第二步,备份账套,保存路径为“C:\666 账套 \666 固定资产管理”。

第4节　人力资源

一、人力资源系统的介绍

薪酬管理系统的任务是以职工个人的薪酬原始的数据为基础,计算应发工资、扣款小计和实发工资等,编制工资结算单;按部门和人员类别进行汇总,进行个人所得税计算;提供多种方式的查询、打印薪资发放表、各种汇总表及个人工资条;进行工资费用分配与计提,并实现自动转账处理。

(1) 工资类别管理:薪资系统提供处理多个工资类别的功能。

(2) 人员档案管理:可以设置人员的基础信息并对人员变动进行调整,系统同时还提供了设置人员附加信息的功能。

(3) 薪资数据管理:根据不同企业的需要设计工资项目和计算公式;管理所有人员的工资数据,并对平时发生的工资变动进行调整;自动计算个人所得税,结合工资发放形式进行扣零处理或向银行传输工资数据;自动计算、汇总工资数据;自动完成工资分摊、计提、转账业务。

(4) 薪资报表管理:提供多层次、多角度的工资数据查询。

由公司承担并缴纳的养老保险、医疗保险、失业保险、工伤保险、生育保险、住房公积金分别按 20%、10%、1%、1%、0.8%、12%的比例计算。

职工个人承担并缴纳的养老保险、医疗保险、失业保险、住房公积金分别按 8%、2%、0.2%、12%的比例计算。

薪资管理主要功能菜单包括设置、业务处理、统计分析和维护四个部分,如图 3-4-1 所示。

(一) 人力资源设置的介绍

任何一个子系统的使用都需要进行相应的初始化,薪资管理系统初始化设置是使用薪资管理系统的前提条件。基础数据的设置要根据公司工资核算内容和具体要求进行。首先要建立工资账套,其次要设置工资项目、工资类别并对工资类别进行初始化。

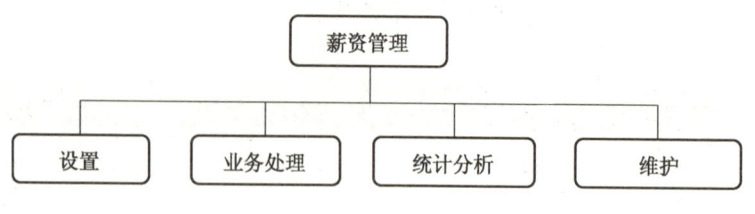

图 3-4-1　薪资管理主要功能菜单

1. 工资账套建立的主要内容

其主要内容包括参数设置、扣税设置、扣零设置及人员编码设置。

（1）参数设置：包括工资类别个数、币别名称以及是否核算计提工资的设置。

（2）扣税设置：确认"是否从工资中代扣个人所得税"，选择此项代表工资核算时系统会根据输入的税率自动计算个人所得税额，并产生"代扣税"工资项目。

（3）扣零设置：单位采用现金形式发放工资时，可选择是否扣零。若选择扣零，系统在计算工资时将依据所选择的扣零类型将零头扣下，并在以后积累成整数时自动补上。

（4）人员编码设置：人员编码与公共平台的人员编码保持一致。

2. 工资项目设置的主要内容

其主要内容包括工资项目、定义工资计算公式、选项设置、人员档案设置。

（1）工资项目设置：应按照本企业工资制度的规定进行设置。系统有预置的工资项目，企业可以根据需求增加或减少工资项目。

（2）定义工资计算公式：定义工资计算公式有两个前提：人员档案设置完成、工资项目设置完成。系统提供了三种公式设置方法：一是在公式定义文本框中直接输入公式。二是根据"公式设置"选项卡中列表框提供的内容选择设置。三是根据"函数公式向导"输入公式。

微课：用人成本与到手工资

（3）选项设置：工资参数与核算内容不符，可以在选项设置中进行工资参数调整。

（4）人员档案设置：用于登记工资发放人员的姓名、职工编码、部门、人员类别等信息，处理人工的增减变动等；选择是否计税，是否中方人员，选择代发工资银行名称和银行账号；选择进入公司"进入日期"等。

设置是由发放次数管理、人员附加信息设置、工资项目设置、人员档案和选项五个部分组成的，如图 3-4-2 所示。

（二）人力资源业务处理的介绍

每个月企业都需要通过工资系统对本月所有职工的应发工资、实发工资等进行计算并采用合理的方式发放工资，根据工资计提各种费用，在需要的情况下代扣个人所得税。此外，还应对企业的工资费用进行合理分配并编制凭证传递到总账系统中。

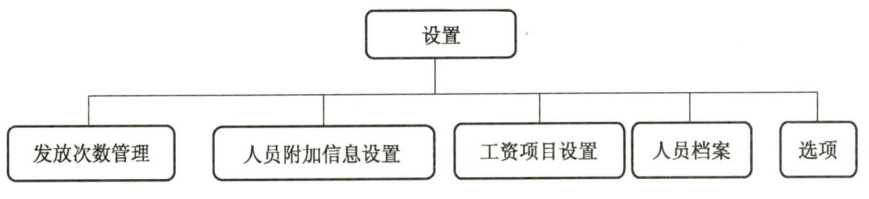

图 3-4-2　设置主要功能菜单

（1）工资数据编辑：工资数据一般可以分为两种，即固定数据和变动数据。固定数据比较稳定，它包括基本工资、岗位工资等。变动数据则需要在每次发放工资前依据实际情况进行调整，如奖金、请假天数、个人所得税、养老金和保险等。

（2）工资分钱清单：企业以现金形式发放工资，出纳银行提取现金时，按面值统计提取现金的数量，方便准确分配给员工，避免出现现金拆解不开的情况。薪资管理系统提供了满足上述要求的"工资分钱清单"功能。

（3）个人所得税的计算：执行"扣缴所得税"功能，可以完成个人所得税的计算、查询和输出。

（4）银行代发：由银行发放企业职工个人工资。企业应定期向银行传输工资数据，都需要按银行要求重新设置输出格式。

（5）工资分摊设置：对当月发生的工资费用进行工资总额的计算，分配及各种经费的计提，并制作转账凭证，供财务核算系统记账使用等工作。工资分摊主要包括工资分摊设置和分摊、计提生成转账凭证。

（6）凭证处理：薪资管理系统生成并传输到总账系统的凭证，在总账系统必须审核和记账。这些凭证在薪资管理系统"凭证查询"功能实现查询、删除和冲销。

业务处理主要功能菜单包括工资变动、工资分钱清单、扣缴所得税、银行代发、工资分摊、月末处理和反结账六个部分，如图 3-4-3 所示。

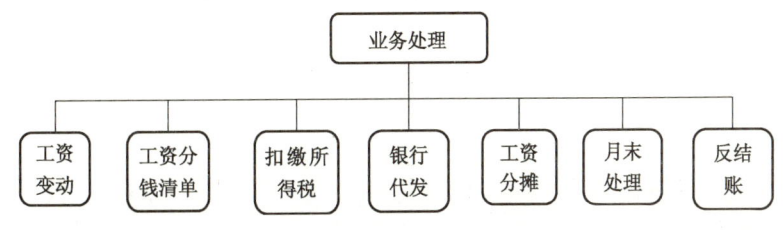

图 3-4-3　业务处理主要功能菜单

（三）人力资源统计分析的介绍

薪资管理系统的使用和总账系统的使用一样，都需要进行期末业务处理。工资业务处理完成后，相关工资报表数据同时生成，薪资管理系统可以查询的报表如下：

（1）工资表：用于本月工资的发放和统计，主要功能是完成查询和打印各种工资表的工作。工资表包括工资发放签名表、工资发放条、工资卡、部门工资汇总表、人员类别汇总表、部门条件汇总表、条件统计表、条件明细表等。

（2）工资分析表：是以工资数据为基础，对部门、人员类别的工资数据进行分析和比较，产生各种分析表，供决策人员使用。工资分析表包括工资项目分析表（按部门）、员工工资汇总表（按月）、分类统计表（按项目）、分类统计表（按部门）、分类统计表（按月）等。

（3）我的账表：是对工资系统所有的报表进行管理。如果对报表的格式不满意可以利用"我的账表"中的"修改表""重建表"功能进行调整。

统计分析表主要功能菜单包括账表和凭证查询两个部分，如图 3-4-4 所示。

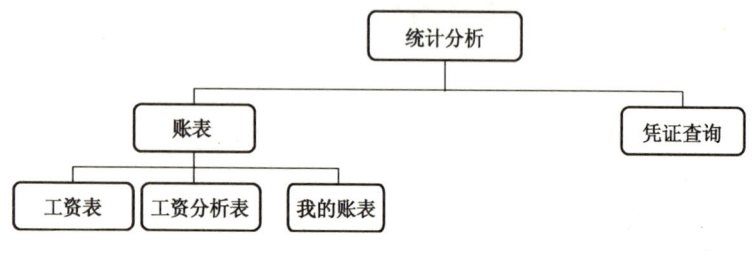

图 3-4-4　统计分析主要功能菜单

（四）人力资源维护的介绍

略。

二、实训资料

（一）人力资源设置

以"A2002"会计主管身份完成以下操作：

（1）初始化设置。

工资类别：单个工资类别；币别：人民币；不核算计件工资；从工资中代扣个人所得税，不扣零。

（2）设置"A2002"操作员的数据权限为"工资权限"。

（3）批增人员档案。

（4）增加工资项目并进行公式设置，如表 3-4-1 所示。

表 3-4-1　工资项目资料

工资项目名称	类型	长度	小数	增减项	公式设置
基本工资	数字	8	2	增项	
岗位工资	数字	8	2	增项	
交补	数字	8	2	增项	销售部、采购部100，其他部门70
应发合计	数字	8	2	增项	
事假天数	数字	8	0	其他	
事假扣款	数字	8	2	减项	事假天数×25
病假天数	数字	8	0	其他	
病假扣款	数字	8	2	减项	病假天数×15
应付工资	数字	8	2	其他	基本工资＋岗位工资＋交补－事假扣款－病假扣款

(续表)

工资项目名称	类型	长度	小数	增减项	公式设置
五险一金计提基数	数字	8	2	其他	基本工资+岗位工资
代扣三险一金	数字	8	2	减项	"五险一金"计提基数×0.222
计税基数	数字	8	2	其他	应付工资-代扣"三险一金"

(二) 人力资源日常业务处理

以"A2002"会计主管身份完成以下操作,以"A2003"出纳主管身份完成出纳签字,以"A2001"财务主管身份完成审核、记账。2016年3月31日,进行工资变动处理,计提工资,同时转账发放本月工资,并处理代扣税(合并科目相同、辅助项目相同的分录)。

1. 工资汇总表

工资汇总表如表3-4-2所示。

表3-4-2　　　　　　　　　　工资汇总表

人员编号	人员姓名	行政部门	基本工资	岗位工资	事假天数	病假天数
A1001	舒俊稳	总经办	3 750.00	1 000.00		
A2001	周宏	财务部	5 000.00	2 000.00	2	1
A2002	陈欢	财务部	3 500.00	1 500.00		
A2003	张宏冰	财务部	2 500.00	1 000.00		1
A3001	李亦非	销售部	4 000.00	1 500.0		2
A4001	张浩强	采购部	4 500.00	2 000.00		2
A5001	李静	仓管部	2 200.00	1 000.00		
A6001	刘海涛	生产车间	3 500.00	1 500.00		2
A6002	夏雪	生产车间	2 000.00	1 000.00		

2. 设置工资分摊

工资分摊资料分别如表3-4-3至表3-4-7所示。

表3-4-3　　　　　　　　　　发放工资分摊

发放工资分摊部门		实发合计100%	
		借方科目	贷方科目
总经办、采购部 财务部、仓管部	管理人员	应付职工薪酬——工资	100201 银行存款 ——工行
销售部	销售人员	应付职工薪酬——工资	
生产车间	车间管理人员	应付职工薪酬——工资	
生产车间	生产人员	应付职工薪酬——工资	

表3-4-4　　　　　　　　　　计提工资

计提工资分摊部门		应付工资×100%	
		借方科目	贷方科目
总经办、采购部 财务部、仓管部	管理人员	管理费用——工资	应付职工薪酬——工资
销售部	销售人员	销售费用——工资	应付职工薪酬——工资
生产车间	车间管理人员	制造费用——工资	应付职工薪酬——工资
生产车间	生产人员	生产成本——基本生产成本	应付职工薪酬——工资

注:生产人员的借方项目大类:产品成本,借方项目:直接人工。

表 3-4-5

代扣"三险一金"

代扣"三险一金"分摊部门		五险一金计提基数×22.2%	
		借方科目	贷方科目
总经办、采购部 财务部、仓管部	管理人员	应付职工薪酬——工资	其他应付款——代扣"三险一金"
销售部	销售人员	应付职工薪酬——工资	
生产车间	车间管理人员	应付职工薪酬——工资	
生产车间	生产人员	应付职工薪酬——工资	

表 3-4-6

代扣个人所得税

代扣个人所得税分摊部门		工资代扣税×100%	
		借方科目	贷方科目
总经办、采购部 财务部、仓管部	管理人员	应付职工薪酬——工资	应交税费——应交个人所得税
销售部	销售人员	应付职工薪酬——工资	
生产车间	车间管理人员	应付职工薪酬——工资	
生产车间	生产人员	应付职工薪酬——工资	

表 3-4-7

代扣"五险一金"

代扣"三险一金"分摊部门		"五险一金"计提基数×44.8%	
		借方科目	贷方科目
总经办、采购部 财务部、仓管部	管理人员	管理费用——"五险一金"	应付职工薪酬——"五险一金"
销售部	销售人员	销售费用——"五险一金"	
生产车间	车间管理人员	制造费用——"五险一金"	
生产车间	生产人员	生产成本——基本生产成本	

注：生产人员的借方项目大类：产品成本，借方项目：直接人工。

进行工资分摊设置、生成凭证、出纳签字、审核和记账。

（三）统计分析处理

第一，以"A2002"会计主管身份登录查询上海东海绿色建材有限公司"工资发放条"，保存路径为"C:\WORK"，文件夹名为"上海东海 3 月份工资发放条"。

第二，备份账套，保存路径为"C:\666 账套\666 工资管理"。

三、实训指导

（一）人力资源设置

引入"666 账套\固定资产管理"账套。

(1)单击"重注册","操作员"输入"A2002",密码为空,选择"[666](default)上海东海绿色建材有限公司","操作日期"修改为"2016-03-31",单击【确定】按钮。

其一,执行"业务工作"→"人力资源"→"薪资管理",打开"建立工资表"对话框,单击"参数设置"→"单个"→【下一步】按钮,如图3-4-5所示。

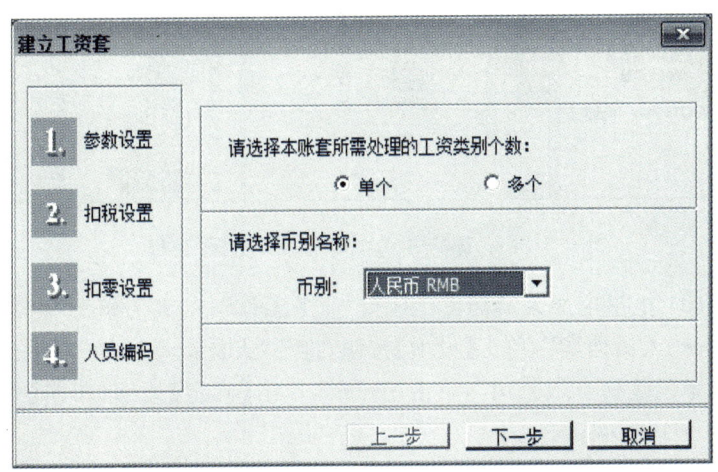

图3-4-5 "建立工资套——参数设置"窗口

其二,单击"扣税设置",勾选"是否从工资中代扣个人所得税",单击【下一步】按钮。

屏幕显示"扣零设置"对话框,单击【下一步】按钮,如图3-4-6所示。

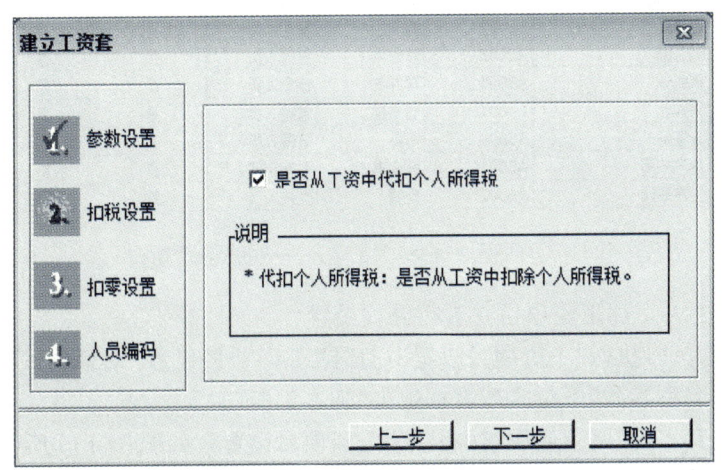

图3-4-6 "建立工资套——扣税设置"窗口

屏幕显示"本系统要求您对员工进行统一编号,人员编号同公共平台的人员编码保持一致。"对话框,单击【完成】按钮。

(2)选择"系统服务"→"权限"→"数据权限分配",选中"陈欢",单击"修改","业务对象"对话框选中"工资权限",勾选"工资类别主管"→单击【保存】按钮,如图3-4-7所示。

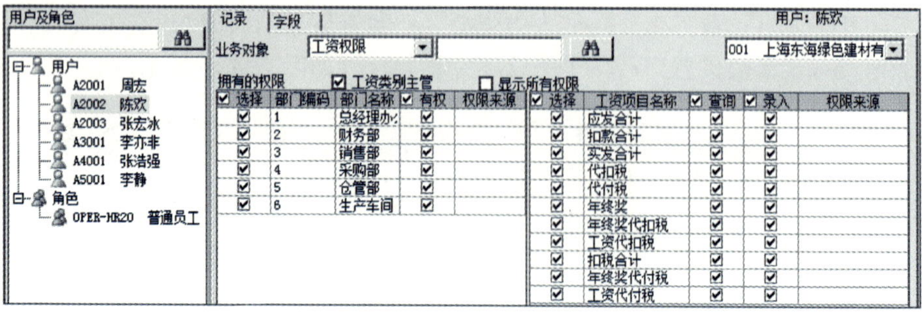

图 3-4-7 "数据权限分配"窗口

(3) 批量增加人员档案。执行"业务工作"→"人力资源"→"薪资管理"→设置→"人员档案",单击【批增】按钮,打开"人员批量增加"对话框,选中"上海东海绿色建材有限公司",单击"查询",单击【确定】按钮,单击【关闭】按钮,如图3-4-8所示。

人员档案

总人数:9

选择	薪资部门名称	人员编号	人员姓名	人员类别	中方人员	是否计税	工资停发
	总经理办公室	A1001	舒俊稳	管理人员	是	是	否
	财务部	A2001	周宏	管理人员	是	是	否
	财务部	A2002	陈欢	管理人员	是	是	否
	财务部	A2003	张宏冰	管理人员	是	是	否
	销售部	A3001	李亦非	销售人员	是	是	否
	采购部	A4001	张浩强	管理人员	是	是	否
	仓管部	A5001	李静	管理人员	是	是	否
	生产车间	A6001	刘海清	车间管理人员	是	是	否
	生产车间	A6002	夏雪	生产人员	是	是	否

图 3-4-8 "工资——人员档案"窗口

(4) 增加工资项目并进行公式设置。

其一,执行"工资项目设置",打开"工资项目设置"对话框,单击【增加】按钮,"名称参照"下拉式列表框选中"基本工资"。

其二,按要求依次增加其他"工资项目设置",如图3-4-9所示。

其三,单击"公式设置",打开"工资项目"窗口,单击【增加】按钮,"工资项目"选中"交补","函数参照"选中"iff","交补公式定义"按要求设置(相关内容可在下边各文本框中选中)。每输入一个公式,单击【公式确认】按钮,如图3-4-10所示。

其四,按要求依次设置其他"公式设置",全部输入完毕,单击【确定】按钮。

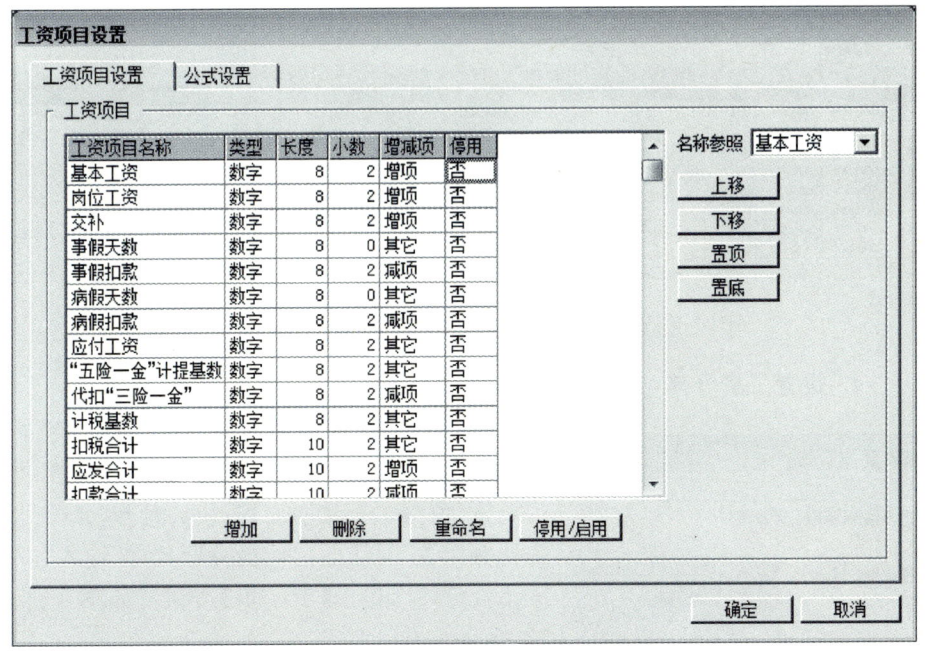

图 3-4-9 "工资项目设置"窗口

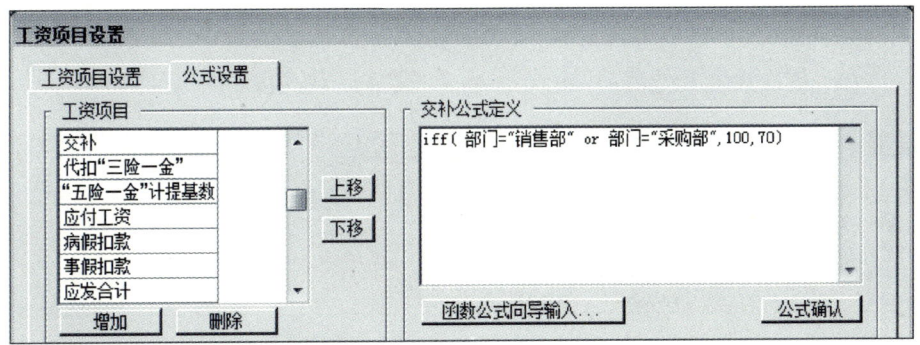

图 3-4-10 "工资项目设置——公式设置"窗口

(二)人力资源日常业务处理

单击"重注册","操作员"输入"A2002",密码为空,选择"[666](default)上海东海绿色建材有限公司","操作日期"修改为"2016-03-31",单击【确定】按钮。

(1)执行"人力资源"→"薪资管理"→"业务处理"→"工资变动",打开"工资变动"窗口。

(2)依据表3-4-2输入"基本工资""岗位工资""事假天数""病假天数",输入完毕单击【计算】按钮,单击【汇总】按钮,如图3-4-11所示。

							工资变动					
过滤器	所有项目					定位器						
姓名	基本工资	岗位工资	交补	事假天数	事假扣款	病假天数	病假扣款	应付工资	扣社三险一金	扣税合计	应发合计	扣款合计	实发合计	代扣税
舒俊艳	3,750.00	1,000.00	70.00					4,820.00	1,054.50	7.97	4,820.00	1,062.47	3,757.53	7.97
周宏	5,000.00	2,000.00	70.00	2	50.00	1	15.00	7,005.00	1,554.00	90.10	7,070.00	1,709.10	5,360.90	90.10
陈欢	3,500.00	1,500.00	70.00					5,070.00	1,110.00	13.80	5,070.00	1,123.80	3,946.20	13.80
张宏冰	2,500.00	1,000.00	70.00			1	15.00	3,555.00	777.00		3,570.00	792.00	2,778.00	
李亦菲	4,000.00	1,500.00	100.00			2	30.00	5,570.00	1,221.00	25.47	5,600.00	1,276.47	4,323.53	25.47
张洛格	4,500.00	2,000.00	100.00			2	30.00	6,570.00	1,443.00	57.70	6,600.00	1,530.70	5,069.30	57.70
李静	2,200.00	1,000.00	70.00					3,270.00	710.40		3,270.00	710.40	2,559.60	
刘海涛	3,500.00	1,500.00	70.00			2	30.00	5,040.00	1,110.00	12.90	5,070.00	1,152.90	3,917.10	12.90
贾雷	2,000.00	1,000.00	70.00					3,070.00	666.00		3,070.00	666.00	2,404.00	
	30,950.00	12,500.00	690.00	2	50.00	8	120.00	43,970.00	9,645.90	207.94	44,140.00	10,023.84	34,116.16	207.94

图 3-4-11 "工资变动"窗口

1. 设置工资分摊

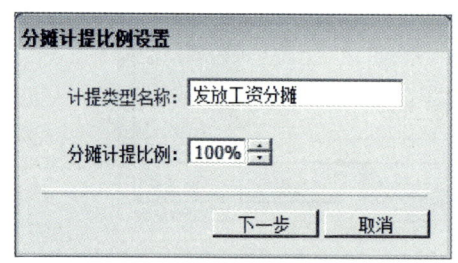

图 3-4-12 "分摊计提比例设置——发放工资分摊"对话框

（1）执行"工资分摊"，打开"工资分摊"对话框，单击【工资分摊设置】按钮，打开"分摊类型设置"窗口，单击【增加】按钮。打开"分摊计提比例设置"对话框，"计提类型名称"输入"发放工资分摊"，单击【下一步】按钮。如图 3-4-12 所示。

（2）打开"分摊构成设置"对话框，"部门"分别选中"总经理办公室、采购部、财务部、仓管部"，"人员类别"选中"管理人员"，"借方科目"输入"215101"，"贷方科目"输入"100201"。

（3）依次设置其他部门，输入完毕，单击【完成】按钮，如图 3-4-13 所示。

分摊构成设置						
部门名称	人员类别	工资项目	借方科目	借方项目大类	借方项目	贷方科目
总经理办公室,财务部,采购部,仓管部	管理人员	实发合计	215101			100201
销售部	销售人员	实发合计	215101			100201
生产车间	车间管理人员	实发合计	215101			100201
生产车间	生产人员	实发合计	215101			100201

图 3-4-13 "分摊构成设置——发放工资分摊"设置

（4）返回"分摊类型设置"，按要求分别增加"计提工资""代扣'三险一金'""代扣个人所得税""代扣'五险一金'"，如图 3-4-14 所示。

分摊构成设置						
部门名称	人员类别	工资项目	借方科目	借方项目大类	借方项目	贷方科目
总经理办公室,财务部,采购部,仓管部	管理人员	应付工资	550201			215101
销售部	销售人员	应付工资	550401			215101
生产车间	车间管理人员	应付工资	410501			215101
生产车间	生产人员	应付工资	410101	产品成本	直接人工	215101

图 3-4-14 "分摊构成设置——计提工资"设置

代扣"三险一金"如图 3-4-15 和图 3-4-16 所示。

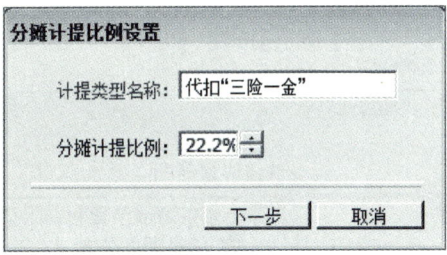

图 3-4-15 "分摊计提比例设置——代扣'三险一金'"对话框

部门名称	人员类别	工资项目	借方科目	借方项目大类	借方项目	贷方科目
总经理办公室,财务部,采购部,仓管部	管理人员	五险一金计提基数	215101			218101
销售部	销售人员	五险一金计提基数	215101			218101
生产车间	车间管理人员	五险一金计提基数	215101			218101
生产车间	生产人员	五险一金计提基数	215101			218101

图 3-4-16 "分摊构成设置——代扣'三险一金'"窗口

代扣个人所得税如图 3-4-17 所示。

部门名称	人员类别	工资项目	借方科目	借方项目大类	借方项目	贷方科目
总经理办公室,财务部,采购部,仓管部	管理人员	工资代扣税	215101			217112
销售部	销售人员	工资代扣税	215101			217112
生产车间	车间管理人员	工资代扣税	215101			217112
生产车间	生产人员	工资代扣税	215101			217112

图 3-4-17 "分摊构成设置——代扣个人所得税"窗口

计提"五险一金"如图 3-4-18 和图 3-4-19 所示。

图 3-4-18 "分摊计提比例设置——计提'五险一金'"对话框

部门名称	人员类别	工资项目	借方科目	借方项目大类	借方项目	贷方科目
总经理办公室,财务部,采购部,仓管部	管理人员	"五险一金"计提基数	550204			215102
销售部	销售人员	"五险一金"计提基数	550404			215102
生产车间	车间管理人员	"五险一金"计提基数	410504			215102
生产车间	生产人员	"五险一金"计提基数	410101	产品成本	直接人工	215102

图 3-4-19 "分摊构成设置——计提'五险一金'"窗口

2. 工资分摊并生成凭证

（1）执行"工资分摊"→"计提费用类型"，"选择核算部门"全部选中，勾选"明细到工资项目"，单击【确定】按钮，如图 3-4-20 所示。

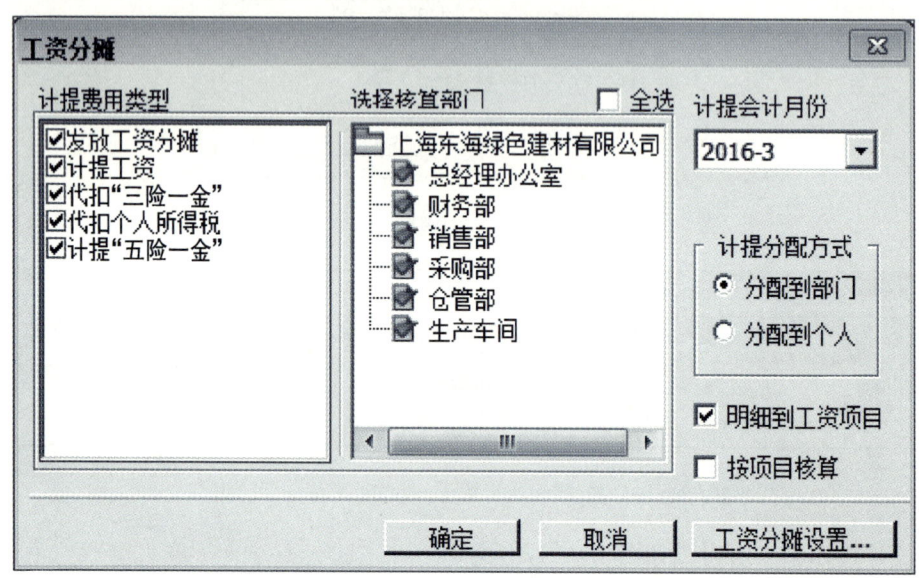

图 3-4-20 "工资分摊"对话框

（2）打开"工资分摊明细"，勾选"合并科目相同、辅助项相同的分录"，类型选中"发放工资分摊"，单击【制单】按钮，如图 3-4-21 所示。

发放工资分摊一览表

☐ 合并科目相同、辅助项相同的分录

类型 发放工资分摊　　　　　　　　　　　计提会计月份　3月

部门名称	人员类别	实发合计		
		分配金额	借方科目	贷方科目
总经理办公室	管理人员	3757.53	215101	100201
财务部		12085.10	215101	100201
销售部	销售人员	4323.53	215101	100201
采购部	管理人员	5069.30	215101	100201
仓管部		2559.60	215101	100201
生产车间	车间管理人员	3917.10	215101	100201
	生产人员	2404.00	215101	100201

图 3-4-21 "工资分摊明细——发放工资分摊"对话框

（3）打开"填制凭证"，"凭证字"修改"记"，单击【保存】按钮，单击【关闭】

按钮,如图 3-4-22 所示。

图 3-4-22 "发放工资分摊"凭证

（4）依次选中"计提工资""代扣'三险一金'""代扣个人所得税""计提'五险一金'"。

（5）返回"工资分摊明细",勾选"合并科目相同、辅助项相同的分录",单击【制单】按钮。光标放在第三行,"项目名称"修改"直接人工",如图 3-4-23 所示。

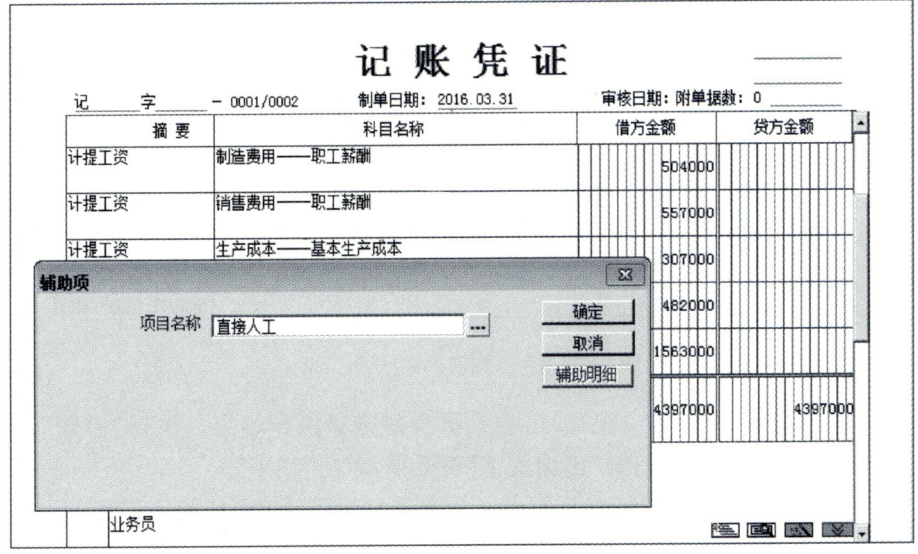

图 3-4-23 "计提工资"凭证

图 3-4-25 "代扣个人所得税"凭证

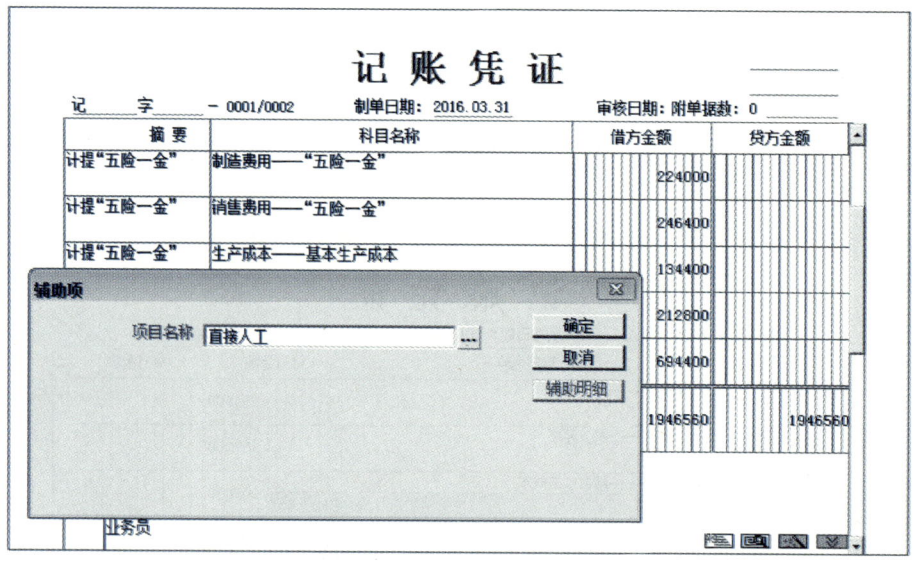

图 3-4-26 "代扣'五险一金'"凭证

单击"重注册",以"A2003"出纳人员身份登录进行签字。执行"总账"→"凭证"→"出纳签字",打开"出纳签字"对话框,单击"签字"。

单击"重注册",以"A2001"财务主管人员身份登录进行审核和记账。

(1) 执行"财务会计"→"总账"→"凭证"→"审核凭证"→"成批审核凭证"。

(2) 执行"记账"→"全选"→"记账",单击【确定】按钮。

(三) 统计分析的处理

(1) 单击"重注册","操作员"输入"A2002",密码为空,选择"[666](default)上海东海绿色建材有限公司","操作日期"修改为"2016-03-31",单击【确定】按钮。

(2) 执行"统计分析"→"账表"→"工资表",屏幕显示"工资表"界面,选中"工资发放条",单击【查看】按钮。

(3) 屏幕显示"选择分析部门",全部选中,单击【确定】按钮,如图 3-4-27 所示。

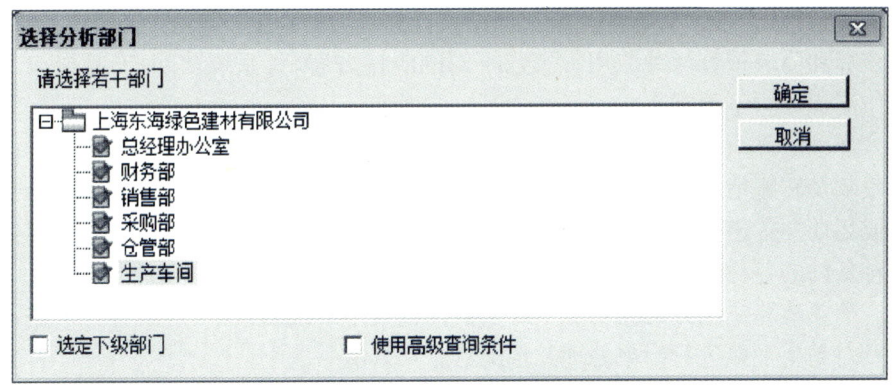

图 3-4-27 "选择分析部门"对话框

（4）打开"工资发放条",单击"输出",另存为"C:\WORK",文件名输入"上海东海3月份工资发放条",单击【保存】按钮,屏幕显示"请输入表/工作单名",输入"上海东海3月份工资发放条",单击【确认】按钮,如图3-4-28所示。

人员编号	姓名	应发合计	扣款合计	实发合计	代扣税	基本工资	岗位工资	交补	事假天数	事假扣款	病假天数	病假扣款	应付工资
A1001	舒俊稳	4,820.00	1,062.47	3,757.53	7.97	3,750.00	1,000.00	70.00					4,820.00
A2001	周宏	7,070.00	1,709.10	5,360.90	90.10	4,000.00	2,000.00	70.00	2	50.00	1	15.00	7,005.00
A2002	陈欢	5,070.00	1,123.80	3,946.20	13.80	3,500.00	1,500.00	70.00					5,070.00
A2003	张宏冰	3,570.00	792.00	2,778.00		2,500.00	1,000.00	70.00			1	15.00	3,555.00
A3001	李亦非	5,600.00	1,276.47	4,323.53	25.47	4,000.00	1,500.00	100.00			2	30.00	5,570.00
A4001	张洁强	6,600.00	1,530.70	5,069.30	57.70	4,500.00	2,000.00	100.00			2	30.00	6,570.00
A5001	李静	3,270.00	710.40	2,559.60		2,200.00	1,000.00	70.00					3,270.00
A6001	刘海涛	5,070.00	1,152.90	3,917.10	12.90	3,500.00	1,500.00	70.00			2	30.00	5,040.00
A6002	夏雪	3,070.00	666.00	2,404.00		2,000.00	1,000.00	70.00					3,070.00
合计		44,140.00	10,023.84	34,116.16	207.94	30,950.00	12,500.00	690.00	2	50.00	8	120.00	43,970.00

图 3-4-28 "工资发放条"窗口

（5）备份账套,保存路径为"C:\666账套\666工资管理"。

第5节 应收款管理系统

一、应收款管理的介绍

☞ 应收款管理系统主要实现企业与客户之间业务往来账款的核算与管理。在应收款管理系统中,以销售发票、费用单、其他应收单等原始数据为依据,记录销售业务及其他业务所形成的往来款项,处理应收款项的收回、坏账及转账等情况,提供票据处理的功能,实现对应收款的管理。在用友 ERP-U8

V10.1软件中,根据对客户往来款项的核算和管理的程度不同,系统提供了详细核算和简单核算两种应用方案。不同的应用方案,其系统功能、产品接口、操作流程等均不相同。

详细核算应用方案的功能主要包括记录应收款项的形式、处理应收项目的收款及转账情况、对应收票据进行记录和管理、随应收项目的处理过程自动生成凭证并传递给总账系统、对外币业务及汇兑损益进行处理,以及提供针对多种条件的各种查询和分析。

简单核算应用方案的功能主要包括接收销售系统的发票、对其进行审核,以及对销售发票进行制单处理并传递给总账系统。

应收款管理主要功能菜单包括设置、应收单据处理、收款单据处理、选择收款、核销处理、票据管理、转账、坏账处理、汇兑损益、制单处理、单据处理、账表管理、其他处理和期末处理,如图3-5-1所示。

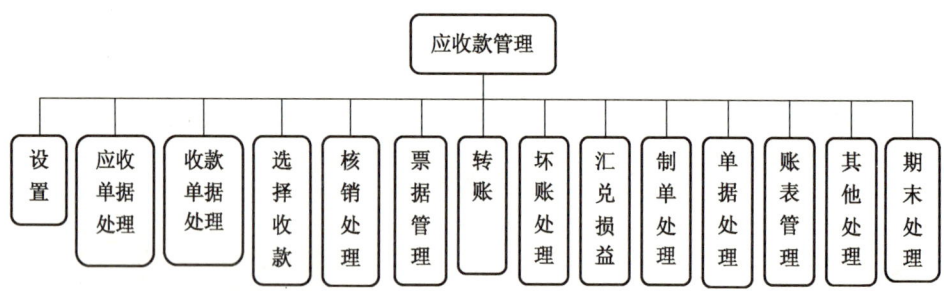

图3-5-1　应收款管理主要功能菜单

（一）初始设置的介绍

初始化设置是使用应收管理系统的前提条件,是手工记账和计算机记账的交接过程,直接关系到应收款管理的使用和业务控制点。在启动应收款管理系统后,进行正常应收业务处理前,根据企业核算要求和实际业务情况进行相关的设置。

1. 选项的设置

（1）单据审核日期依据。系统提供两种确认单据审核的依据,即单据日期和业务日期。如果选择单据日期,则在单据处理功能中进行单据审核时,自动将单据的审核日期记为该单据的单据日期。如果选择业务日期,则在单据处理功能中进行单据审核时,自动将单据的审核日期记账为当前业务日期。

（2）汇兑损益方式。系统为用户提供两种汇兑损益方式,即外币余额结清时计算和月末处理两种方式。

（3）坏账处理方式。系统为用户提供多种坏账处理方式:应收账款余额百分比法、销售收入百分比法、账龄分析法、直接转销法。

应收账款余额百分比法、销售收入百分比法和账龄分析法这三种处理方法需要在初始设置中录入坏账准备期初余额和计提比例或账龄区间等,并在坏账处理中进行后续处理。

直接转销法是指当坏账发生时,直接在坏账发生处将应收账款转为费用。

2. 期初余额设置

将上期末处理完成的单据都录入到应收款管理系统,以便于以后核销处理。这样既保证了数据的连续性又保证了数据完整性。

3. 初始设置

初始设置的作用是建立应收款管理的基础数据,确定使用哪些单据处理应收业务以及需要进行账龄管理的账龄区间。

（1）基本科目设置:在核算应收款项经常用到的科目。

（2）控制科目设置:如果企业在核算客户赊销欠款时,针对不同的客户分别设置了不同的应收账款科目和预收账款科目,可以先在选项中选择设置依据,然后在此处进行设置。

云计算的变革

（3）产品科目设置:不同的存货分别设置不同的销售收入科目、应交销项税科目和销售退回科目,则可以先在账套参数中选择设置依据,然后在此处进行设置。

（4）结算方式科目设置:为每种结算方式设置一个默认科目。对于现结的发票、收付款单,系统依据单据上的结算方式查找对应的结算科目,系统制单时自动带出。

4. 坏账准备设置

应收款管理系统可以根据方式的应收业务情况,提供自动计提坏账准备金的功能。根据应收款管理系统选项中选取的坏账方式不同,相应的坏账准备设置也不同。

5. 账龄区间设置

为了对应收账款进行账龄分析,评估客户信誉,并按一定比例估计坏账损失,应设置账龄区间。账龄区间设置包括账期内账龄区间设置和逾期账龄区间设置。

（1）账期内账龄区间设置是指用户定义账期内应收账款或收款时间间隔的功能,进行账期内应收账款或收款的账龄查询和账龄分析。

（2）逾期账龄区间设置是指用户定义逾期应收账款或收款时间间隔的功能,进行逾期应收账款或收款的账龄查询和账龄分析。

设置主要功能菜单包括初始设置、期初余额和选项三个部分,如图3-5-2所示。

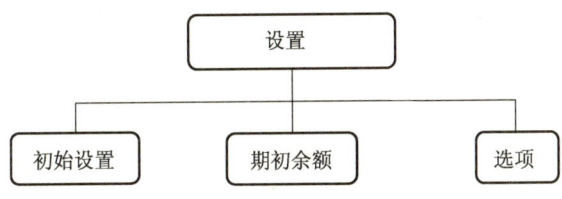

图3-5-2 设置主要功能菜单

(二)应收单据处理

日常业务主要完成企业日常的应收款入账、收款业务录入、收款业务核算、应收并账、汇兑损益以及坏账处理,及时记录应收、收款业务的发生,为查询和分析往来业务提供完整性、正确性的资料。销售发票与应收单是应收款管理系统日常核算的原始单据。

1. 应收单据录入

应收单据录入是指录入销售业务中的各类发票,以及销售业务之外的应收单,是应收款管理系统处理的起点。

2. 应收单据审核

应收单据既可以在单据录入完成后直接审核,也可以在"应收单据处理"下的"应收单据审核"进行审核。

应收单据处理主要功能菜单包括应收单据录入和应收单据审核两个部分,如图3-5-3所示。

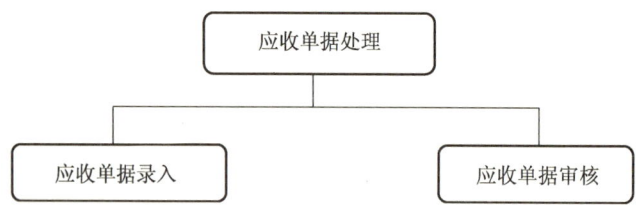

图3-5-3 应收单据处理主要功能菜单

(三)收款单据处理

收款单据处理主要是对结算单据进行管理,包括收款单、付款单的录入和审核,以及单张结算单的核销。应收款管理系统的收款单用来记录企业收到的客户款项,应收款管理系统的付款单用来记录企业发生销售退货时,企业开具的退回给客户的款项。

1. 收款单据录入

收款单据录入是将已收到的客户款项或退回客户的款项,录入到应收款管理系统,包括收款单与付款单(即红字收款单)的录入。

2. 收款单据审核

收款单据审核主要完成收付款单的自动审核、批量审核功能。

收款单据处理主要功能菜单包括收款单据录入和收款单据审核两个部分,如图3-5-4所示。

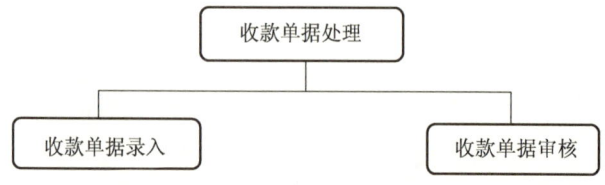

图3-5-4 收款单据处理主要功能菜单

二、实训资料

以"A1001"账套主管身份登录"666"账套,登录时间为 2016 年 3 月 1 日,完成以下操作:

(1) 系统参数设置:自动计算现金折扣;设置坏账处理方式:应收账款余额百分比法;单据审核后不立即制单;方向相反的分录合并;核销生成凭证。(其余默认)

(2) 基本科目(如表 3-5-1 所示)设置。

表 3-5-1

基本科目

科目名称	科目代码	科目名称	科目代码
应收科目(本币)	1131	预收科目(本币)	212201
商业承兑科目(本币)	1111	现金折旧科目(本币)	550304
银行承兑科目(本币)	1111	票据利息科目(本币)	1122
销售收入科目(本币)	5101	税金科目(本币)	21710106
销售退回科目(本币)	5101		

(3) 结算方式科目(如表 3-5-2 所示)设置。

表 3-5-2

结算方式	币种	科目
现金结算	人民币	1001 库存现金
转账支票	人民币	100201 银行存款——工行
电汇结算	人民币	100201 银行存款——工行
外币结算	美元	100202 银行存款——中行
托收承付	人民币	100201 银行存款——工行

(4) 坏账比例为 0.05%。

(5) 期初余额(如表 3-5-3 和表 3-5-4 所示)设置。

表 3-5-3

应收账款——销售专用发票

单据日期	客户	币种	货物	数量	无税单价	价税合计	发票号
2016-2-25	安信公司	人民币	空心砖	500 块	8	4 680 元	XS060225

表 3-5-4

应收票据——银行承兑汇票

票据编号	签收日期	到期日期	开票单位	利率	票据面值	结算方式	承兑银行
123456	2016-1-30	2016-6-30	开元公司	8%	28 000 元	转账支票	工行

三、实训指导

引入"C:\666 账套\666 凭证审核记账"账套。

1. 登录

单击"重注册","操作员"输入"A1001",密码为空,"账套"选中"[666](default)上海东海绿色建材有限公司","操作日期"修改为"2016-03-01",单击【确定】按钮。

2. 应收款管理系统初始设置

(1) 执行"财务会计"→"应收款管理"→"设置"→"选项",打开"账套参数设置"对话框,单击"编辑"→"常规",勾选"自动计算现金折扣","坏账处理"对话框选择"应收余额百分比",单击"凭证",按要求设置,单击【确定】按钮(其余默认),如图 3-5-5 和图 3-5-6 所示。

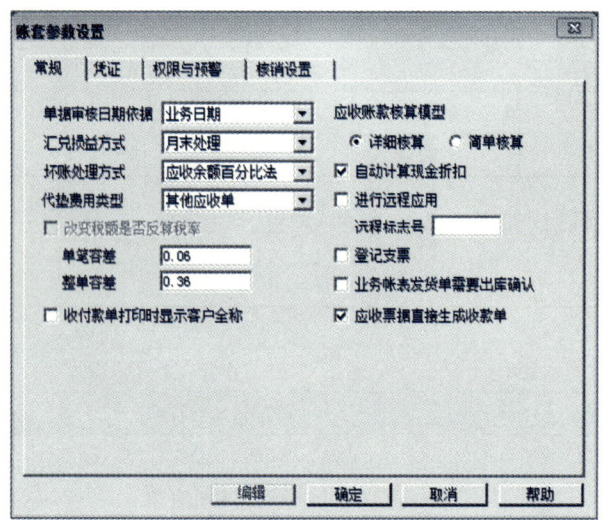

图 3-5-5 "账套参数设置——坏账处理方式"窗口

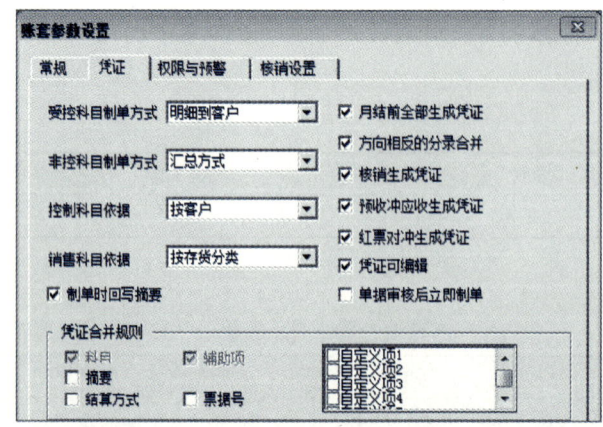

图 3-5-6 "账套参数设置——凭证"窗口

3. 基本科目设置

（1）执行"财务会计"→"应收款管理账"→"设置"→"初始设置"，打开"初始设置"对话框，单击【增加】按钮，"基本科目种类"选择"应收科目"，"科目"选择"1131"，"币种"选择"人民币"。

（2）依次增加其他"基本科目种类"，如图 3-5-7 所示。

基础科目种类	科目	币种
应收科目	1131	人民币
商业承兑科目	1111	人民币
银行承兑科目	1111	人民币
销售收入科目	5101	人民币
销售退回科目	5101	人民币
现金折扣科目	550304	人民币
预收科目	212201	人民币
税金科目	21710106	人民币

图 3-5-7 "应收科目——基本科目设置"窗口

4. 结算方式科目设置

（1）单击"结算方式科目设置"，"结算方式"选择"1 现金结算"，"币种"选择"人民币"，"科目"输入"1001"。

（2）依次设置其他结算方式，如图 3-5-8 所示。

结算方式	币种	本单位账号	科目
1 现金结算	人民币		1001
202 转账支票	人民币		100201
3 电汇结算	人民币		100201
5 外币结算	美元		100202
6 托收承付	人民币		100201

图 3-5-8 "结算方式"窗口

5. 坏账提取比例设置

设置坏账提取比例 0.5%，如图 3-5-9 所示。

图 3-5-9 "坏账准备设置"窗口

6. 应收账款——销售专用发票设置

（1）执行"财务会计"→"应收款管理"→"设置"→"期初余额"，打开"期

图3-5-10 "应收账款——销售专用发票"窗口

初余额——查询"对话框,单击【确定】按钮,打开"期初余额明细表"对话框,单击【增加】按钮,打开"单据类别"对话框,"单据名称"选择"销售发票","单据类型"选择"销售专用发票",方向"正向",单击【确定】按钮,如图3-5-10所示。

(2)打开"销售专用发票"对话框,单击【增加】按钮,"开票日期"修改为"2016-02-25","发票号"输入"XS050225","客户名称"选择"安信公司","销售部门"选择"销售部"。

(3)"货物名称"选择"空心砖","数量"输入"500.00","无税单价"输入"8.00",单击【保存】按钮,单击【关闭】按钮,如图3-5-11所示。

图3-5-11 "期初销售发票"窗口

7. 应收票据——银行承兑汇票

(1)单击【增加】按钮,"单据名称"选择"应收票据","单据类型"选择"银行承兑汇票",单击【确定】按钮,如图3-5-12所示。

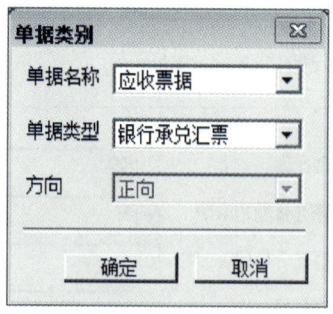

图3-5-12 "应收票据——银行承兑汇票"窗口

(2)打开"期初票据"对话框,单击【增加】按钮,按要求设置,单击【保存】按钮,如图3-5-13所示。

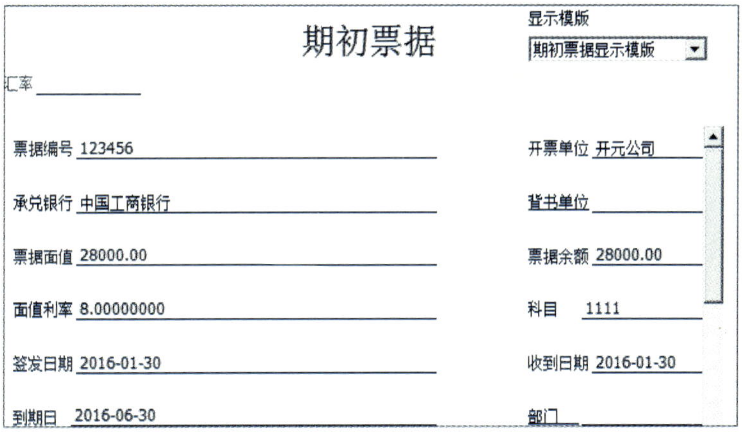

图 3-5-13 "期初票据"窗口

第 6 节 应付款管理系统

一、应付款管理系统的介绍

☞ 应付款管理系统主要实现企业与供应商之间业务往来账款的核算与管理。以采购发票、其他应付单等原始数据为依据,记录采购业务及其他业务所形成的往来款项,处理应付款项的支出和转账等情况,提供票据处理的功能,实现对应付款的管理。在用友 ERP-U8 V10.1 软件中,根据对客户往来款项的核算和管理的程度不同,系统提供了"详细核算"和"简单核算"两种应用方案。不同的应用方案,其系统功能、产品接口、操作流程等均不相同。

应付款管理主要功能菜单包括设置、应付单据处理、选择付款、付款单据处理、核销处理、票据管理、转账、汇兑损益、制单处理、单据查询、账表管理、其他处理和期末处理,如图 3-6-1 所示。

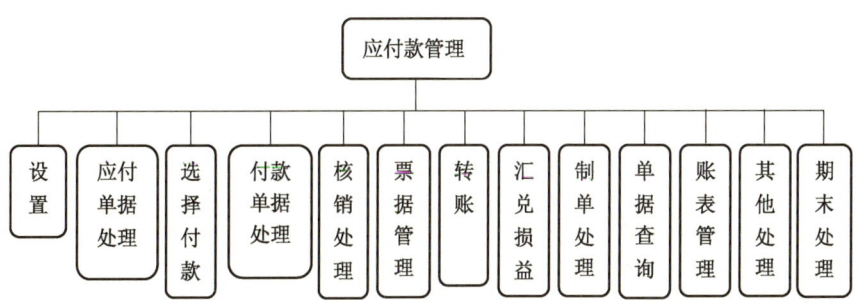

图 3-6-1 应付款管理主要功能菜单

（一）初始设置

1. 选项的设置

（1）在常规设置中系统提供单据审核日期依据、汇兑损益方式、应付账款核算方案、自动计算现金折扣等设置。

（2）凭证的设置。

受控科目制单方式：提供了两种制单方式，分别是明细到供应商和明细到单据。

非控科目制单方式：提供了三种制单方式，分别是明细到供应商、明细到单据和汇总制单。

控制科目依据：按供应商分类、供应商、地区分类、采购类型、存货分类和存货。

采购科目依据：按存货分类、存货、供应商分类、供应商和采购类型。

2. 期初余额

将上期末处理完全的单据都录入应付管理系统，以便于以后核销处理。这样既保证了数据的连续性，又保证了数据完整性。

3. 初始设置

初始设置包括基本科目设置、控制科目设置、产品科目设置、结算方式科目设置、账期内账龄区间设置、逾期账龄区间设置、报警级别设置、单据类型设置、中间币种设置。

设置主要功能菜单包括初始设置、期初余额和选项三个部分，如图3-6-2所示。

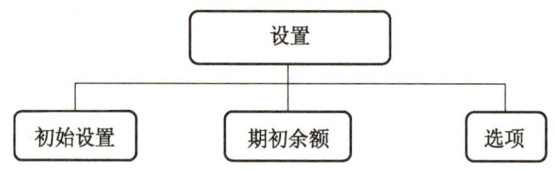

图3-6-2 设置主要功能菜单

（二）应付单据处理

日常业务主要完成企业日常的应付款入账、付款业务录入、付款业务核算、应付并账、汇兑损益以及坏账处理，及时记录应付、付款业务的发生，为查询和分析往来业务提供完整性、正确性的资料。采购发票与应付单是应付款管理系统日常核算的原始单据。

1. 应付单据录入

应付单据录入是指录入采购业务中的各类发票，以及采购业务之外的应付单据，是应付款管理系统处理的起点。

2. 应付单据审核

应付单据既可以在单据录入完成后直接审核也可以在应付款管理系统的"应付单据处理"下的"应收单据审核"进行审核。

应付单据处理主要功能菜单包括应付单据录入和应付单据审核两个部分,如图 3-6-3 所示。

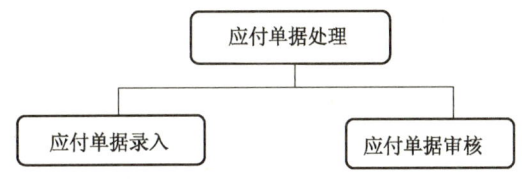

图 3-6-3　应付单据处理主要功能菜单

(三) 付款单据处理

付款单据处理主要是对结算单据进行管理,包括付款单、收款单的录入和审核。应付款管理系统的付款单用来记录企业所支付的款项,应付款管理系统的收款单用来记录企业发生采购退货时,企业收到的供应商退款。

1. 付款单据录入

付款单据录入是已支付的供应商款项依据和供应商退回的款项录入到应付款管理系统,包括付款单与收款单(即红字付款单)的录入。

2. 付款单据审核

付款单据审核主要完成收付款单的自动审核、批量审核功能。只有审核后的单据才允许进行核销、制单处理。

付款单据处理主要功能菜单包括付款单据录入和付款单据审核两个部分,如图 3-6-4 所示。

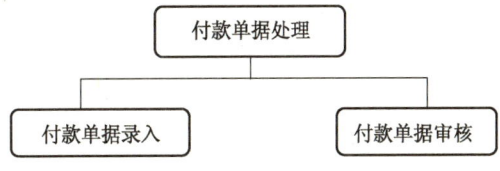

图 3-6-4　付款单据处理主要功能菜单

二、实训资料

1. 应付款管理初始设置

系统参数设置:自动计算现金折扣;受控科目制单方式:明细到单据、单据审核后不立即制单;方向相反的分录合并;核销生成凭证(其余默认)。

2. 基本科目设置

基本科目设置如表 3-6-1 所示。

表 3-6-1　　　　　　　　　　基本科目

科目名称	科目代码	科目名称	科目代码
应付科目(本币)	212101	预付科目(本币)	1132
现金折旧科目(本币)	550304	税金科目(本币)	21710101

3. 结算方式科目设置

结算方式科目如表 3-6-2 所示。

表 3-6-2

结算方式科目

结算方式	币种	科　　目
转账支票结算	人民币	100201 银行存款——工行
电汇结算	人民币	100201 银行存款——工行
商业汇票结算	人民币	100201 银行存款——工行

4. 期初余额设置

期初余额如表 3-6-3 所示。

表 3-6-3

应付票据——商业承兑汇票

票据编号	签发日期	收票单位	利率	票据面值	科目	币种	到期日
1001	2016-1-30	兴和公司	8.00%	115 000	应付票据	人民币	2016-4-30

5. 备份账套

备份账套,保存路径为"C:\666 账套\666 应收应付款初始设置"。

三、实训指导

1. 应付款管理初始设置

执行"财务会计"→"应付款管理"→"设置"→"选项",打开"账套参数设置"对话框,单击"编辑",分别单击"常规""凭证",按要求设置,单击【确定】按钮(其余默认),如图 3-6-5 所示。

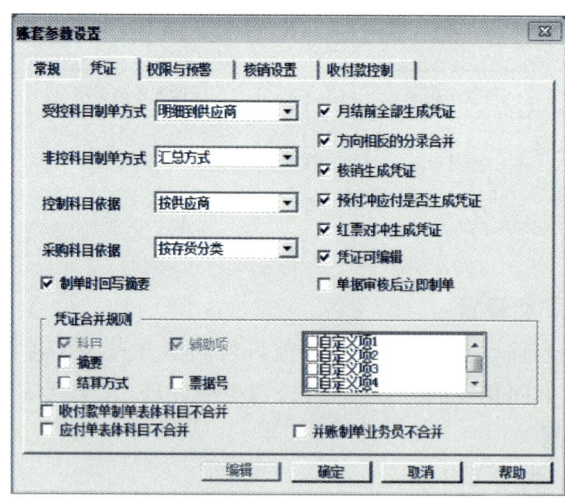

图 3-6-5 "账套参数设置——凭证"窗口

2. 基本科目设置

(1) 执行"财务会计"→"应付款管理账"→"设置"→"初始设置",打开"初始设置"对话框,单击【增加】按钮,"应付科目(本币)"本币选择"212101"。

(2) 依次设置其他科目,如图3-6-6所示。

基础科目种类	科目	币种
应付科目	212101	人民币
现金折扣科目	550304	人民币
预付科目	1132	人民币
税金科目	21710101	人民币

图3-6-6 "应付科目——基本科目设置"

3. 结算方式科目设置

(1) 单击"结算方式科目设置","结算方式"选择"202 转账支票结算","币种"选择"人民币","科目"输入"100201"。

(2) 依次设置其他结算方式,如图3-6-7所示。

结算方式	币 种	本单位账号	科 目
202 转账支票	人民币		100201
3 电汇结算	人民币		100201
4 商业汇票结算	人民币		100201

图3-6-7 "结算方式"窗口

4. 期初余额

(1) 执行"财务会计"→"应付款管理账"→"设置"→"期初余额",打开"期初余额——查询"对话框,单击【增加】按钮→打开"期初余额明细表"对话框,单击【增加】按钮,打开"单据类别"对话框,"单据名称"选择"应付票据","单据类型"选择"商业承兑汇票",单击【确定】按钮。

(2) 打开"期初票据"对话框,单击【增加】按钮,按要求设置,单击【保存】按钮,如图3-6-8所示。

单据类型	单据编号	单据日期	供应商	币种	方向	原币金额	原币余额	本币金额	本币余额
商业承兑汇票	1001	2016-01-30	兴和公司	人民币	贷	115,000.00	115,000.00	115,000.00	115,000.00

本币合计:贷 115,000.00

图3-6-8 "期初票据——期初余额"窗口

温馨提醒

(1) 在日常业务中,可对期初发票、应付单、预付款、票据进行后续的核销及转账处理。

(2) 如果应付科目、预付科目按不同的供应商或供应商分类分别进行设置,则可在"控制科目"中进行设置,在此可以不设置。

(3) 在进入应付款管理系统之前应在建立账套时启用应付款系统,或者在企业应用平台中启用应付款系统。应付款系统的启用会计期间必须大于或等于账套的启用期间。

基本训练

一、单项选择题

1. 在总账系统中输入凭证时可以不输入或选择输入的项目是（   ）。
   A. 凭证类别   B. 凭证日期   C. 附件张数   D. 凭证摘要
2. 在总账系统中，删除凭证的必要条件是（   ）。
   A. 未审核   B. 未记账
   C. 已打上作废标记   D. 未结账
3. 总账期初数据不平衡引起的直接后果是（   ）。
   A. 不能填制凭证   B. 不能审核凭证
   C. 不能对凭证记账   D. 其他模块无法启用
4. 固定资产系统传递到账务系统中的凭证（   ）。
   A. 在账务处理系统中不可以修改   B. 在账务处理系统可以审核
   C. 在固定资产系统可以修改   D. 以上都对
5. 发生固定资产相关业务，一般包括（   ）。
   A. 固定资产增加   B. 固定资产减少   C. 固定资产变动   D. 以上都对
6. 在固定资产系统中，计提折旧操作的规定是（   ）。
   A. 只能做一次   B. 只能做两次
   C. 次数无限制   D. 在选项中可以控制计提折旧的次数
7. 一般生产车间职工工资应计入（   ）。
   A. 期间费用   B. 管理费用   C. 产品成本   D. 制造费用
8. 一般管理部门职工工资应计入（   ）。
   A. 期间费用   B. 管理费用   C. 产品成本   D. 制造费用
9. 如果奖金的计算公式为"奖金＝iff(人员类别＝"企业管理人员"and 部门＝"总经理办公室"，800,iff(人员类别＝"车间管理人员",500,450))"，如果某职工属于一般职工，则他的奖金为（   ）。
   A. 800 元   B. 500 元   C. 450 元   D. 0

二、多项选择题

1. 输入记账凭证过程中，对于（   ）必须提示。
   A. 与已输入凭证的编号重复   B. 与已输入凭证的编号不连续
   C. 没有输入金额   D. 科目不存在
2. 通用账务系统一般允许输入（   ）记账凭证。
   A. 一借一贷   B. 一借多贷   C. 一贷多借   D. 多借多贷
3. 下列关于作废凭证的说法中，错误的有（   ）。
   A. 作废凭证参与记账
   B. 作废凭证可以修改，不能审核
   C. 整理凭证断号也包括作废凭证的凭证号

D. 账簿查询时不能查询作废凭证数据
4. 固定资产卡片记录固定资产的详细信息一般包括( )等。
   A. 固定资产编号 B. 原值   C. 累计折旧   D. 使用年限
5. 固定资产管理模块中日常处理工作主要包括( )。
   A. 建立增加固定资产卡片   B. 填制固定资产变动单
   C. 计提折旧   D. 输入减少注册卡片
6. 固定资产卡片记录固定资产的详细信息一般包括( )等。
   A. 折旧方法   B. 名称   C. 使用部门   D. 卡片样式
7. 工资项目设置包括( )。
   A. 工资项目名称 B. 工资项目类型   C. 数据长度   D. 所在部门
8. 工资系统的初始设置包括( )。
   A. 新建账套   B. 设置工资类别   C. 计算公式   D. 计提类型

三、判断题
1. 在账务系统中,可根据需要随时更改已定义并使用的会计科目辅助账设置。( )
2. 已输入计算机的原始凭证和记账凭证等会计数据未经审核可以登账。( )
3. 记账后凭证不能参与整理凭证断号。( )
4. 如果固定资产管理系统传递到总账凭证中记账凭证出现错误,可以在总账系统中进行修改。( )
5. 在固定资产系统中,为部门指定折旧科目的目的是,为生成折旧分配分录提供依据。( )
6. 固定资产管理不可以自定义卡片项目样式。( )
7. 工资分摊的结果可以自动生成凭证传递到总账系统。( )
8. 工资可以按部门大类进行分摊计提分配。( )

一、实验准备
引入"C:\777 账套\777 基础档案"账套,操作员为"C1001",日期 2016 年 1 月 1 日。

二、实验内容
业务一:财务会计

(一) 应收系统模块设置参数

1. 应收款核销方式:按单据;坏账处理方式:应收余额百分比;核销生成凭证;其他参数为系统默认。
2. 基本科目设置:应收科目为1131,预收科目为2122,销售收入科目为5101,应缴增值税科目为21710106。
3. 结算方式科目设置:现金对应1001,其他结算方式均对应100201。
4. 坏账准备设置:提取比例为 0.7%,坏账准备期初余额为 600.00,"坏账准备"科目为1141,对方科目为5702。

5. 根据表1信息,在应收账款或应付账款模块中录入明细数据,并在总账期初余额中进行引入。

(1) 应收账款(1122)期初余额如表1所示。

表1

应收账款

日期	客户名称	存货名称	数量	含税单价	销售部门
2015-11-20	江苏常熟汽模市场	大众320模型	150	730.00	销售一部
2015-12-28	上海求是汽模公司	路虎发现模型	100	1 250.00	销售一部

销售专用发票(注意单价是否含税)。

(二) 在应付款管理系统设置参数

1. 应付款核销方式:按单据;核销生成凭证;其他参数为系统默认。

2. 基本科目设置:应付科目为212101,预付科目为1132,采购科目为1243,应交增值税科目为21710101。

3. 应付账款(220201)期初余额如表2所示。

表2

应付账款

日期	供应商名称	存货名称	发票类型	数量	原币单价	业务员
2015-12-05	宁波维康科技	宝马520模型	采购专用发票	100	280.00	赵丹
2015-11-16	昆山建达科技	长城C50模型	采购专用发票	150	310.00	林灵

(三) 总账设置

1. 总账选项:制单序时不控制,其余默认。

2. 期初余额如表3所示。

表3

期初余额

科目名称	方向	期初余额
库存现金	借	37 000.00
银行存款	借	2 589 860.00
工行存款	借	2 589 860.00
应收账款	借	234 500.00
坏账准备	贷	600.00
原材料	借	290 900.00
库存商品	借	859 300.00
长期股权投资	借	76 205.00
其他股权投资	借	76 205.00
固定资产	借	167 600.00
累计折旧	贷	46 270.00
应付账款	贷	87 165.00
一般应付账款	贷	87 165.00
长期借款	贷	121 330.00
实收资本	贷	4 000 000.00

(四) 总账日常业务处理("C2002"填制凭证、"C2003"出纳签字、"C2001"审核、记账)

1. 2016-01-03,管理部支付公司在专业杂志上投放广告的广告费4 500元,用工行存款支付,现金支票票号 1356。

2. 2016-01-04,销售二部何昆报销差旅费 2 860 元,现金支付。

3. 2016-01-10,管理部报销业务招待费 315 元,现金付讫。

4. 2016-01-10,报销办公费,其中管理部 890 元,财务部 560 元,采购部 720 元,现金付讫。

业务二:固定资产

(一)业务控制参数

1. 启用月份:2016 年 01 月 01 日;固定资产类别编码方式为 2-1-1-2,固定资产编码方式按"类别编码+序号"自动编码;当(月初已计提月份=可使用月份-1)时,要求将剩余折旧全部提足。

2. 用平均年限法二按月计提折旧;卡片序号长度为 5;要求与总账系统进行对账,固定资产对账科目:"1501 固定资产";累计折旧对账科目"1502 累计折旧";

3. 对账不平衡的情况下允许月末结账。

(二)固定资产初始设置

1. 资产类别(如表 4 所示)

表 4

资产类别

编码	类别名称	计提属性	折旧方法	卡片式样
01	工器具	正常计提	平均年限法(二)	通用样式
02	办公设备	正常计提	平均年限法(二)	通用样式

2. 部门及对应折旧科目(如表 5 所示)

表 5

部门及对应折旧科目

部门	对应折旧科目	部门	对应折旧科目
管理部	550202"管理费用——折旧费"	营销中心	550402"销售费用——折旧费"
采购部	550202"管理费用——折旧费"	仓管部	550202"管理费用——折旧费"
财务部	550202"管理费用——折旧费"	生产车间	410501"制造费用——折旧费"

3. 增减方式(如表 6 所示)

表 6

增减方式

增减方式目录	对应入账科目	增减方式目录	对应入账科目
增加方式:直接购入	100201"工商银行"	减少方式:报废	1701"固定资产清理"

4. 固定资产原始卡片(如表 7 所示)

表 7

固定资产原始卡片

卡片编号	固定资产名称	类别编号	所在部门	使用年限	开始使用日期	原值	12月份止累计折旧
00001	容量测试仪	01	仓管部	5	2014-05-15	65 300.00	27 700.00
00002	电磁测试仪	01	采购部	6	2015-01-19	38 700.00	6 270.00
00003	服务器	02	财务部	3	2015-06-08	42 000.00	7 560.00

(续表)

卡片编号	固定资产名称	类别编号	所在部门	使用年限	开始使用日期	原值	12月份止累计折旧
00004	联想电脑	02	管理部	4	2014-11-01	8 600.00	2 860.00
00005	一体机	02	销售二部	3	2015-07-22	13 000.00	1 880.00
合计						167 600.00	46 270.00

注:增加方式:直接购入;使用状态:在用;净残值率10%。

(三)日常业务处理("C2003"出纳签字、"C2001"审核和记账)

1. 2016-01-06,公司购买办公用品 HP 电脑一台,价格 8 300 元,以现金支票方式支付(支票号 1239),已交付财务部使用,使用年限 5 年,净残值率 10%,存放在财务部,生成固定资产新增凭证。

2. 2016-01-20,计提本月折旧,生成凭证上传到总账系统。

业务三:薪资管理

(1) 工资初始化设置:设置本单位工资类别为单个,从工资中代扣个人所得税,不扣零。

(2) 设置"C2002"操作员数据权限"工资权限"。

(3) 设置工资项目:基本工资、岗位工资、奖金、迟到次数、迟到扣款(其余默认)。

(4) 公司设置:如果迟到次数<=2 天,迟到扣款=(基本工资/30)*迟到次数*0.6。

如果迟到次数>2 天,迟到扣款=(基本工资/30)*迟到次数。

(5) 录入工资变动并进行计算,如表 8 所示。

表 8

工资资料

人员编号	姓名	部门	基本工资	岗位工资	奖金	迟到次数
C1001	许亦鑫	管理部	5 500	2 500	1 700	0
C2001	陈 冰	财务部	2 800	2 100	1 689	0
C2002	沈 样	财务部	3 100	2 240	1 740	3
C2003	凌小雨	财务部	3 290	2 310	1 200	0
C3001	铭志轩	销售一部	3 140	2 240	1 430	5
C3002	罗 利	销售二部	3 210	2 090	1 930	0
C3003	何 昆	销售二部	3 400	1 800	1 550	2
C4001	林 灵	采购部	2 900	1 960	1 852	0
C4002	赵 丹	采购部	3 500	2 100	1 290	1
C5001	高 健	仓管部	3 400	2 000	1 500	
C6001	刘 鑫	生产车间	3 500	1 800	1 200	
C6002	赵 铭	生产车间	3 200	1 500	1 800	

三、备份账套

将账套进行备份,保存路径为"C:\777账套\777工资管理"。

课后习题答案

第 4 章 供应链管理

◎ **通过本章你可以学到：**

➤ 销售管理、采购管理、库存管理和存货核算参数设置
➤ 销售管理、采购管理、库存管理和存货核算的期初数据录入
➤ 采购管理期初记账、库存管理批审和存货核算记账
➤ 采购管理订货、到货、入库、开票和结算等日常业务处理
➤ 销售管理订货流程、发货流程和开票等日常业务处理
➤ 存货核算管理中的业务核算和财务核算等日常业务处理

第1节 采购管理基础设置

一、采购管理基础设置的介绍

在用友 ERP-U8V10.1 系统中,采购管理是指通过普通采购、直运采购、受托采购等采购流程对不同的采购业务进行有效的控制和管理,以便帮助企业降低采购成本,提升企业竞争力。

采购管理过程是指计划下达、采购单生成、采购单执行、到货接收、检验入库、采购发票的收集到最后的采购结算,这是采购活动的全过程,对采购过程中物流运作的各个环节状态进行严密的跟踪、监督,实现对企业采购活动执行过程的科学管理。

采购管理系统参数的设置是指在处理日常业务之前,确定采购业务的范围、类型以及对各种采购业务的核算要求,这是采购管理系统初始化的一项重要工作。因为一旦采购管理系统进行期初记账或开始处理日常业务,有的系统参数就不能修改,有的也不能重新设置。

采购管理主要功能菜单包括设置、供应商管理、请购、采购订货、采购到货、采购入库、采购发票、采购结算、现存量查询、月末结账和报表,如图 4-1-1 所示。

电子商务背景下的采购管理

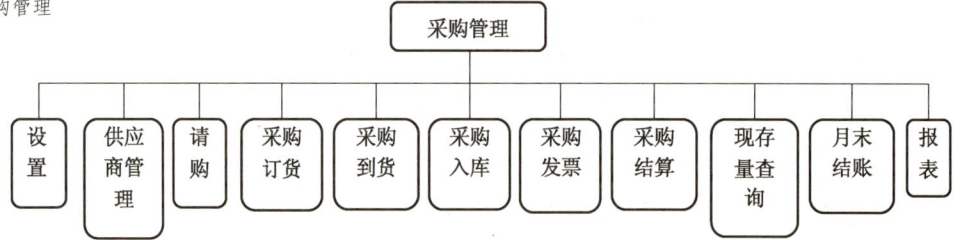

图 4-1-1 采购管理主要功能菜单

二、实验资料

以"A4001"采购主管身份完成以下操作。

1. 采购管理设置

允许超订单到货及入库,订单\到货单\发票单价,录入方式:手工录入,单据默认税率17%,其余默认。

2. 录入期初采购入库单

入库日期:2016-2-20;仓库:原材料仓库;供货单位:浙江舟山采石场;采

购类型：材料采购；入库类别：采购入库；存货编码：0101；存货名称：煤矸石；主计量单位：吨；数量：20 000；本币单价：10.00。

三、实训指导

单击"重注册"，"操作员"输入"A4001"，密码为空，选择"[666](default)上海东海绿色建材有限公司"，"操作日期"为"2016-03-01"，单击【登录】按钮。

（1）执行"业务工作"→"供应链"→"采购管理"→"设置"→"采购选项"，打开"采购选项设置"对话框，按要求设置，单击【确定】按钮，如图4-1-2所示。

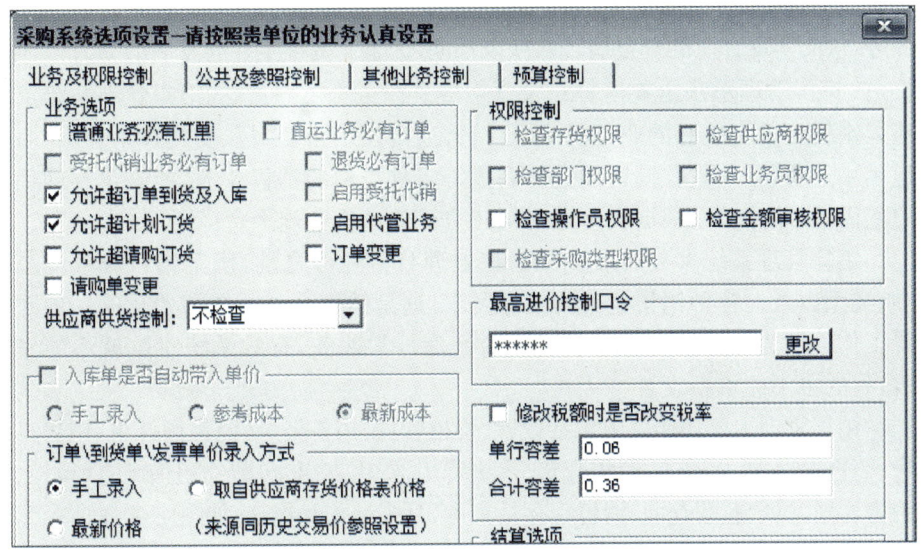

图4-1-2 "采购选项——业务及权限控制"窗口

（2）执行"供应链"→"采购管理"→"采购入库"→"采购入库单"，打开"期初采购入库单"对话框，单击【增加】按钮，"入库日期"改为"2016-02-20"，"仓库"选中"原材料库"，"供货单位"选中"浙江舟山采石场"，"入库类别"选中"采购入库"。

（3）"存货编码"选中"0101"，"数量"输入"20 000.00"，"本币单价"输入"10.00"，单击【保存】按钮，单击【关闭】按钮，如图4-1-3所示。

图4-1-3 "期初采购入库单"窗口

第2节 销售管理基础设置

一、销售管理子系统的介绍

销售是企业经营货物的中心,是企业生产经营的实现过程。销售部门在企业供应链中处于市场与企业接口的位置,其主要职能就是为客户提供产品及其服务,从而实现企业的资金周转并获取利润,为企业提供生存与发展的动力。

☞销售管理系统主要提供对企业销售业务全流程的管理。销售管理系统支持以销售订单为核心的业务模式,支持普通批发销售、零售、委托代销业务、直运销售业务、分期收款销售和销售调拨等多种类型的销售业务,能满足不同用户的需求,用户可以根据实际情况构建自己的销售管理平台。

销售管理系统参数的设置是指在处理日常业务之前,确定销售业务的范围、类型以及对各种销售业务的核算要求,这是销售管理系统初始化的一项重要工作。因为一旦销售管理系统开始处理日常业务,有的系统参数就不能修改,有的也不能重新设置。

销售管理主要功能菜单包括设置、价格管理、销售报价、销售预订单、销售订货、销售发货、发货回签、销售开票、代垫费用、费用支出、包装物租借、防伪税控、销售计划、质量追溯查询、销售现存量查询、月末结账和报表,如图4-2-1所示。

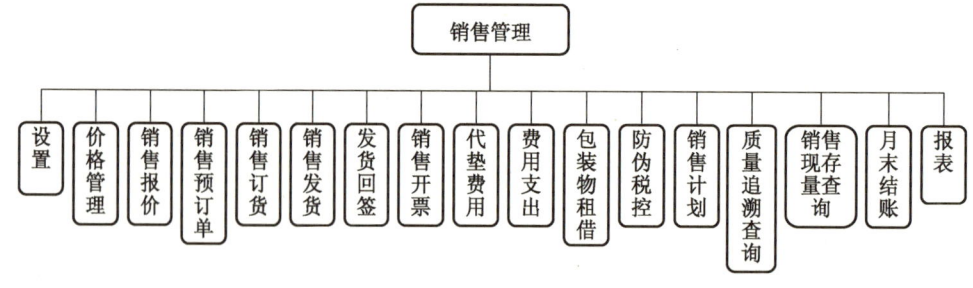

图4-2-1 销售管理主要功能菜单

二、实训资料

以"A3001"销售主管身份完成以下操作。

1. 销售管理设置

有零售日报业务;有委托代销业务;新增发货单默认:不参照单据;新增退货单默认:参照发货;新增发票默认:参照发货。

2. 发货日期

2016年2月20日;销售类型:普通销售;客户名称:浙江舟山石材有限公

司；仓库名称：产成品库；存货编号：0201；存货名称：空心砖；主计量单位：块；数量：10 000.00；无税单价：4.00；税率：17%

三、实训指导

（1）单击"重注册"，"操作员"输入"A3001"，密码为空，选择"[666]（default）上海东海绿色建材有限公司"，"操作日期"为"2016-03-01"，单击【登录】按钮。

（2）执行"业务工作"→"供应链"→"销售管理"→"设置"→"销售选项"，打开"销售选项设置"对话框，单击"业务控制"按要求设置，单击"其他控制"按要求设置，单击【确定】按钮，如图4-2-2所示。

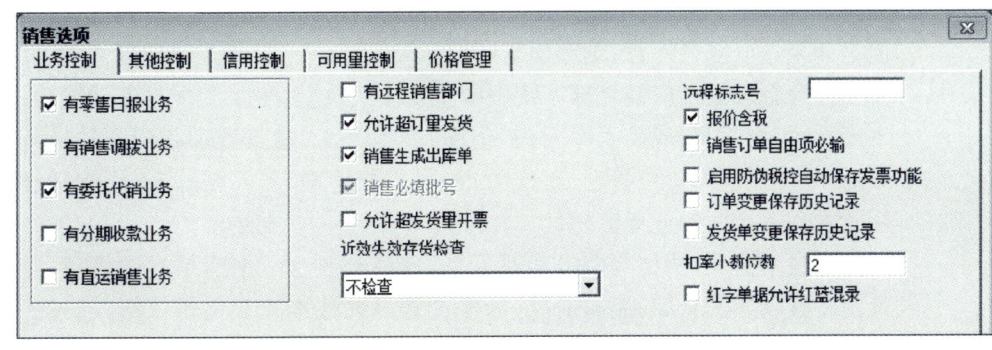

图4-2-2 "销售选项——业务控制"窗口

（3）执行"供应链"→"销售管理"→"设置"→"期初录入"→"期初发货单"，打开"期初发货单"对话框，单击【增加】按钮，"发货日期"修改为"2016-02-20"，"客户简称"选中"浙江舟山石材有限责任公司"，"部门"选中"销售部"。

（4）"仓库名称"选中"产成品库"，"存货编码"选中"0201"，"数量"输入"10 000.00"，"无税单价"输入"4.00"，单击【保存】按钮，单击【审核】按钮，如图4-2-3所示。

图4-2-3 "期初发货单"窗口

第3节　库存管理基础设置

一、库存管理子系统的介绍

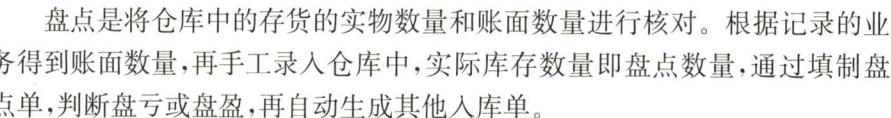库存管理是在物流过程中对商品数量和价值的管理,它接收采购部门从供应商中采购材料或商品,并且支配着生产的领料、销售的出库单等。库存管理在量化的管理基础上,以往通常认为仓库里的商品多,表明企业发达、兴隆,现在则认为零库存是最好的库存管理。库存多,占用资金多,利息负担重;但是如果过分降低库存,则会出现断档。

库存管理是供应链管理系统中的重要子系统,它主要实现以下功能:采购入库、销售出库、产成品入库、材料出库、其他入库、盘点管理和形态转换等业务需要,提供仓库货位管理、批次管理、保质期管理、出库跟踪、入库管理和可用量管理等全面的业务应用。

通过对仓库、货位等账务管理及入/出库类型、入/出库单据的管理,及时反映各种物质的仓储、流向情况,为生产管理和成本核算提供依据,通过库存分析,为管理及决策人员提供库存资金占用情况、物质积压情况、短缺/超储情况、ABC分类情况等不同的统计分析信息,通过对批号的跟踪,实现专批专管,保证质量跟踪的贯通。

盘点是将仓库中的存货的实物数量和账面数量进行核对。根据记录的业务得到账面数量,再手工录入仓库中,实际库存数量即盘点数量,通过填制盘点单,判断盘亏或盘盈,再自动生成其他入库单。

库存管理可以单独使用,也可以与采购管理、销售管理、物料需求计划、存货核算集成使用,从而发挥更强大的应用功能。

库存管理主要功能菜单包括初始设置、入库业务、出库业务、调拨业务、盘点业务、领料业务、限额领料、不合格品、货位调整、单据列表、条形码管理、其他业务处理、质量追溯查询、对账、月末结账、ROP和报表,如图4-3-1所示。

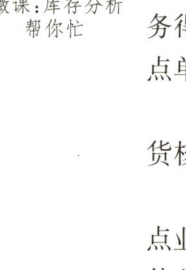
微课:库存分析帮你忙

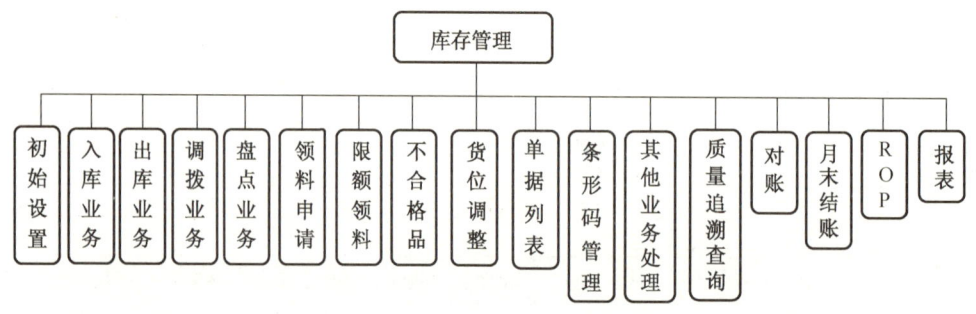

图4-3-1　库存管理主要功能菜单

二、实训资料

以"A5001"仓库主管身份完成以下操作。

1. 库存管理设置

采购入库时审核该现存量,销售出库时审核该现存量,不允许超可量出库,自动带出单价的单据采购入库单,全部出库单,其他数据默认。

2. 库存管理期初余额并审核

库存期初余额如表 4-3-1 所示。

表 4-3-1

库存期初余额

仓库名称	存货名称	数量	单价(元)	金额(元)
原材料库	煤矸石	20 400.00 吨	10.00	204 000.00
原材料库	水泥	10.00 吨	400.00	4 000.00
原材料库	粉煤灰	500.00 吨	40.00	20 000.00
产成品库	空心砖	153 985.00 块	4.00	615 940.00

三、实训指导

单击"重注册","操作员"输入"A5001",密码为空,选择"[666](default)上海东海绿色建材有限公司","操作日期"修改为"2016-03-01",单击【登录】按钮。

(1) 执行"业务工作"→"供应链"→"库存管理"→"初始设置"→"选项",打开"库存选项设置"对话框,按要求设置,单击【确定】按钮,如图 4-3-2 所示。

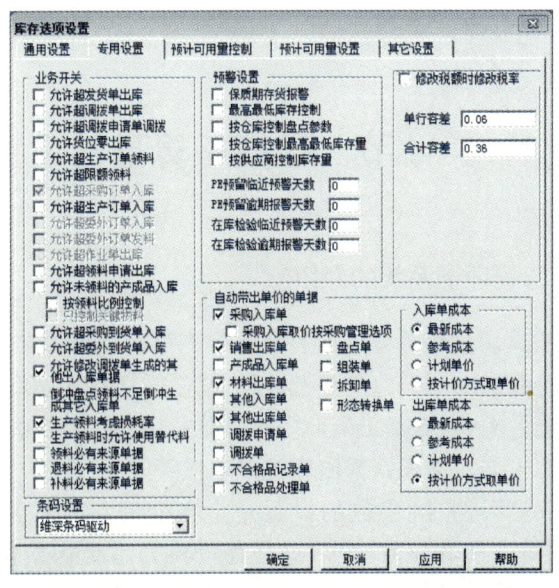

图 4-3-2 "库存选项——专用设置"窗口

(2) 执行"供应链"→"库存管理"→"初始设置"→"期初结存",打开"库存期初数据录入"对话框,单击【修改】按钮,"存货编码"选中"0101","数量"输入"20 400.00","单价"输入"10.00"。

(3) 依次输入其他库存管理期初余额,单击【保存】按钮,如图4-3-3所示。

图4-3-3 "原材料库存期初录入"窗口

(4) 右上角"仓库"下拉式对话框选中"产成品库",单击【修改】按钮,依次输入完毕,单击【保存】按钮→【关闭】按钮,如图4-3-4所示。

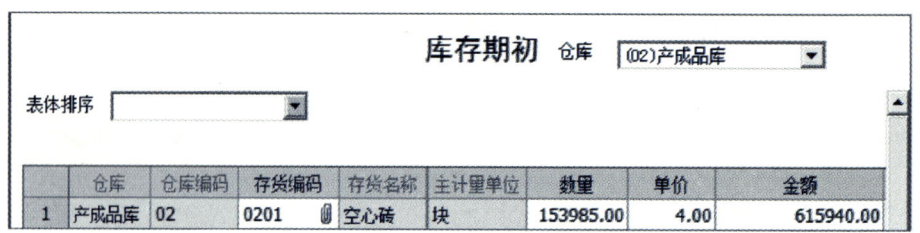

图4-3-4 "产成品库存期初录入"窗口

第4节 存货核算基础设置

一、存货管理子系统的介绍

存货核算用于核算分析所有业务中的存货耗用情况,正确计算存货购入成本,为企业提供成本核算的基础数据;动态掌握存货资金的变动,减少库存积压,加速资金周转;支持工商业多种核算方法;与采购管理或销售管理一起使用,可暂估采购入库或销售出库的成本核算。

存货核算管理系统参数的设置是指在处理存货日常业务之前,确定存货业务的核算方法和核算要求,这是存货核算系统初始化的一项重要工作。因为一旦存货核算开始处理日常业务,有的系统参数就不能修改,有的也不能重新设置。存货的核算是企业会计核算的一项重要内容,正确计算存货购入成本,反映和监督存货的收发、领退和保管情况,促进企业提高资金的使用效果。

(1) 存货科目设置：用于设置本系统中生成凭证需要的各种存货科目、差异科目、运费科目、税费科目和结算科目等。

(2) 存货对方科目设置：是指在本系统中生成凭证需要的各种存货的对应科目，即收发类别所对应的科目。

(3) 业务核算是存货核算系统的核心模块，主要进行出入库成本计算、产成品成本分配、期末处理。业务核算是由正常单据记账、发出商品记账、直运销售记账、特殊单据记账、恢复记账、暂估成本录入、结算成本处理、产成品成本处理、平均单价计算、差异率计算、期末处理、月末结账和自动计算组成的。

(4) 存货核算是日常业务处理完成后，需在"财务核算"模块中生成记账凭证，并将其自动传送至总账系统，实现财务和业务一体化。财务核算是由生成凭证、凭证列表、与总账对账、发出商品与总账对账四个部分组成的。

(5) 期初记账是指将有关期初数据记入相应的账表中，它标志着供应链管理系统各子系统的初始工作全部完成，相关的参数和期初数据不能修改和删除，且必须在全部期初数据录完之后才能进行各系统的期初记账。

存货核算主要功能菜单包括初始设置、日常业务、业务核算、财务核算、跌价准备和账表六个部分，如图 4-4-1 所示。

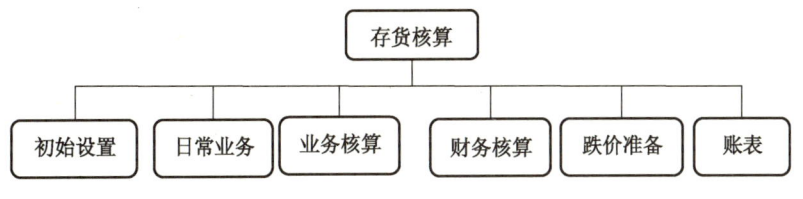

图 4-4-1　存货核算主要功能菜单

二、实训资料

以"A2002"会计主管身份完成以下操作：

第一，设置供应链期初数据。

(1) 存货管理初始设置：暂估方式，单到回冲，其余默认。

(2) 设置存货科目，如表 4-4-1 所示。

表 4-4-1

存货科目

仓库编码	仓库名称	存货科目编码
01	原材料库	1211
02	产成品库	1243

(3) 设置对方科目，如表 4-4-2 所示。

表 4-4-2

对方科目

收发类别编码	收发类别名称	对方科目编码	暂估科目编码
11	采购入库	1201	212102
12	产成品入库	410101	
21	销售出库	5401	
22	生产领用出库	410101	

（4）存货核算期初余额表，如表 4-4-3 所示。

表 4-4-3

存货期初余额　　　　　　　　　　　　　　　单位：元

仓库名称	存货名称	数量	单价	金额
原材料库	煤矸石	20 400.00	10.00	204 000.00
原材料库	水泥	10.00	400.00	4 000.00
原材料库	粉煤灰	500.00	40.00	20 000.00
产成品库	空心砖	153 985.00	4.00	615 940.00

第二，采购管理系统期初记账。

第三，库存管理系统期初审核。

第四，存货管理系统期初记账。

第五，备份账套，保存路径为"C:\666 账套\666 供应链初始设置"。

三、实训指导

1. 登录

单击"重注册"→"操作员"输入"A2002"，密码为空，选择"[666]（default）上海东海绿色建材有限公司"，"操作日期"为"2016-03-01"，单击【登录】按钮。

（1）执行"业务工作"→"供应链"→"存货核算"→"初始设置"→"选项"→"选项录入"，打开"选项录入"对话框，按要求设置，单击【确定】按钮，如图4-4-2所示。

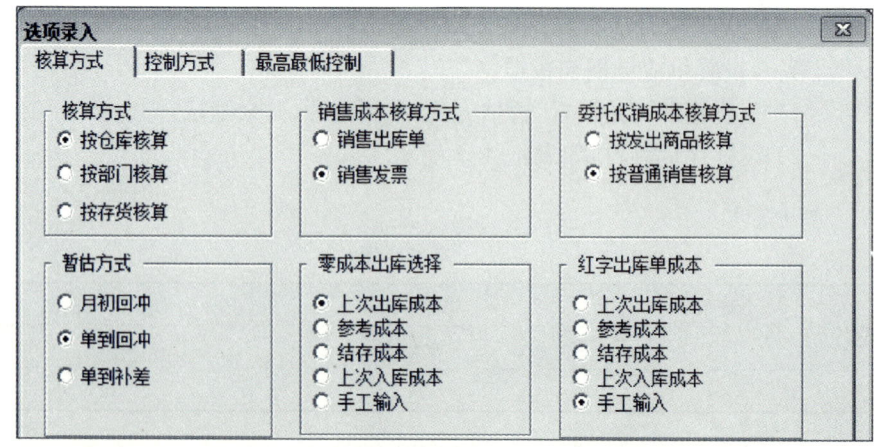

图 4-4-2　"存货核算选项-核算方式"窗口

（2）执行"供应链"→"存货核算"→"初始设置"→"科目设置"→"存货科目"，打开"存货科目"对话框，单击【增加】按钮，"仓库编码"选中"01"，"存货科目编码"输入"1211"。

（3）依次设置其他存货科目，单击【保存】按钮→【退出】按钮，如图 4-4-3 所示。

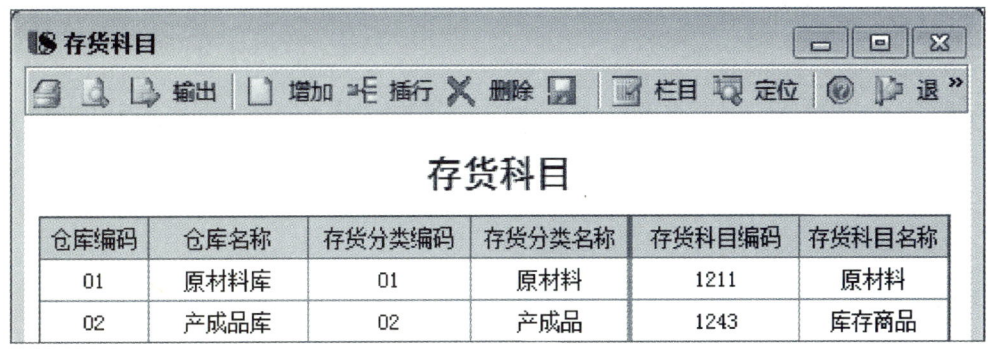

图 4-4-3 "存货科目"窗口

（4）打开"对方科目"对话框，单击【增加】按钮，"收发类别编码"选中"11"，"对方科目编码"输入"1201"，"暂估科目编码"输入"212102"。

（5）依次设置其他对方科目，单击【退出】按钮，屏幕弹出"确认是否保存退出?"，单击"是"，如图 4-4-4 所示。

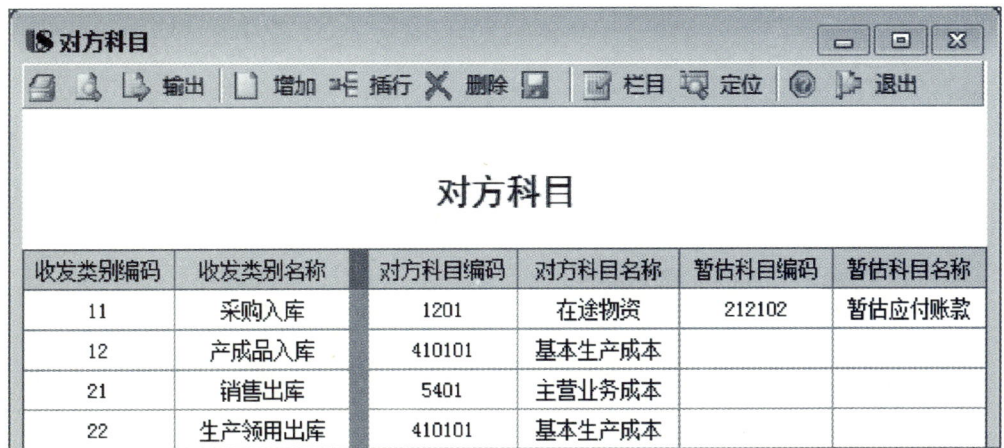

图 4-4-4 "对方科目"窗口

（6）单击"期初余额"，打开"期初余额"对话框，左上角"仓库"下拉式对话框选中"01 原材料库"，单击"取数"，如图 4-4-5 所示。

（7）左上角"仓库"下拉式对话框选中"02 产成品库"，单击"取数"，如图 4-4-6 所示。

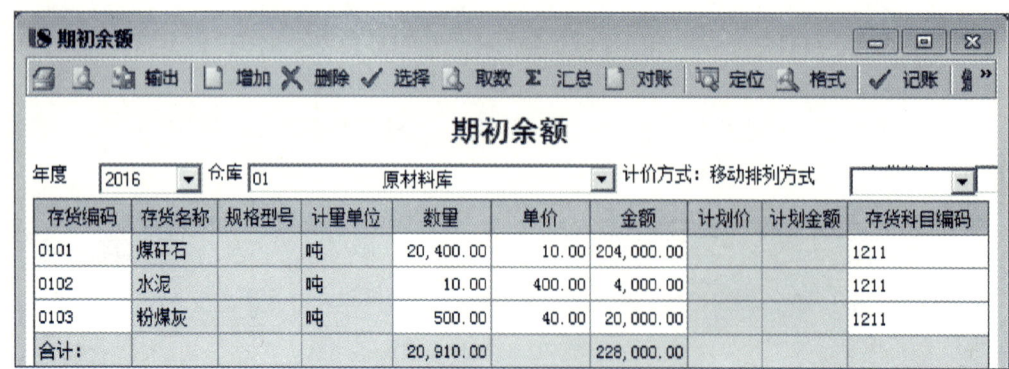

图 4-4-5 "存货核算——期初余额"对话框

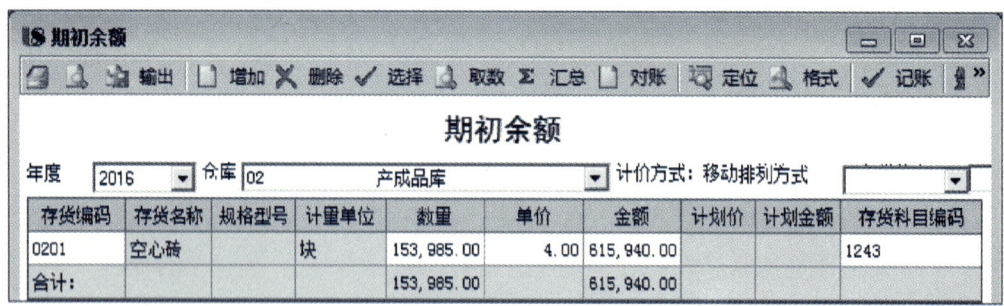

图 4-4-6 "存货核算——期初余额"对话框

2. 采购管理系统期初记账

（1）单击"重注册"，"操作员"输入"A4001"，密码为空，选择"[666](default)上海东海绿色建材有限公司"，"操作日期"为"2016-03-01"，单击【登录】按钮。

（2）执行"供应链"→"采购管理"→"设置"→"采购期初记账"，屏幕显示"期初记账"对话框，单击"记账"，屏幕显示"采购管理"对话框，单击【确定】按钮，如图 4-4-7 所示。

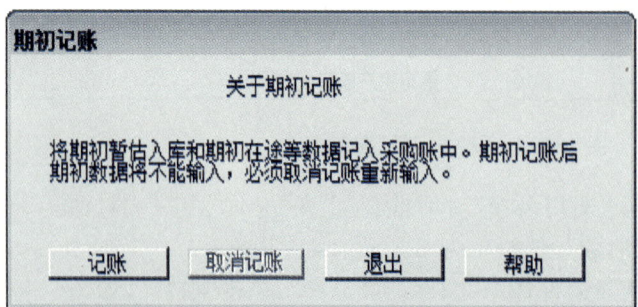 

图 4-4-7 "采购管理——期初记账"窗口

3. 库存管理系统期初记账

（1）单击"重注册"，"操作员"输入"A5001"，密码为空，选择"[666]（default）上海东海绿色建材有限公司"，"操作日期"为"2016-03-01"，单击【登录】按钮。

（2）单击"库存管理"→"初始设置"→"期初结存"，单击"批审"。

4. 存货管理系统期初记账

（1）单击"重注册"，"操作员"输入"A2002"，密码为空，选择"[666]（default）上海东海绿色建材有限公司"，"操作日期"为"2016-03-01"，单击【登录】按钮。

（2）单击"供应链"→"存货核算"→"期初数据额"→"期初余额"，打开"期初余额"对话框，左上角"仓库"下拉式对话框选中"01 原材料库"，单击"记账"，如图4-4-8所示。

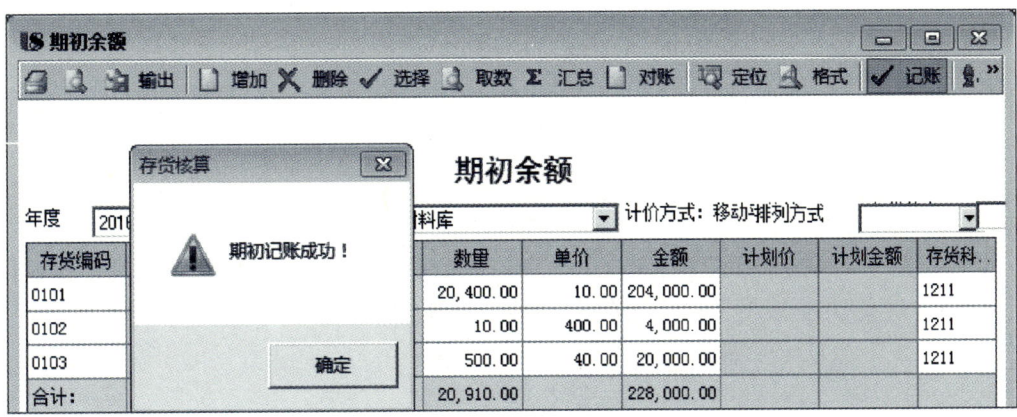

图4-4-8 "存货核算——期初记账"对话框

5. 备份账套

备份账套，保存路径为"C:\666账套\666供应链初始设置"。

> **温馨提醒**
>
> （1）单到回冲：收到发票并与原暂估入库单结算时，系统生成红字回冲单，冲掉明细账中的入库金额并生成蓝字回冲单，将正确金额汇入明细账。
>
> （2）月初回冲：月末结账时，系统自动生成红字回冲单，冲掉上月末明细账中的入库金额。
>
> （3）在供应链期初记账之前或处理日常业务之前，供应链管理的系统参数可以修改或重新设置，在期初记账或处理日常业务之后，有的参数不允许修改。

第5节　采购业务日常处理

一、采购业务日常处理的分类

采购业务按照货物与发票到达的先后顺序,可分为料单同到、料到单未到及单到料未到。

一般采购业务有以下几种情况。

1. 货到票到,无运费,款未付

操作流程如下:

(1) 采购管理:请购单→采购订单→到货单。

(2) 库存管理:采购入库单。

(3) 采购管理:采购发票(专用或普通,注意:发票号不能错)。

(4) 采购管理:采购结算→自动结算(查询选:入库单＋发票)。

(5) 存货核算:业务核算→正常单据记账→记账→财务核算→生成凭证。

会计分录如下:

借:原材料

　　贷:在途物资

(6) 应付款管理:应付单据审核→制单处理(若生成凭证后发现错误,可以在"单据查询"→"凭证查询"中进行删除凭证)。

会计分录如下:

借:在途物资

　　应交税费——应交增值税(进项税额)

　　贷:应付账款

2. 上月采购已入库,票到,立即支付

(1) 采购管理:采购发票录入(专用或普通,修改开票日期和发票号,发票号不能错,如果是根据导入生成的发票,必须注意要核对、修改相关金额)→保存→结算。

(2) 存货核算:结算成本处理,作"暂估"处理。

(3) 存货核算:生成凭证,"红字回冲单",生成冲销暂估入账的凭证。

(4) 存货核算:生成凭证,"蓝字回冲单",生成存货入账凭证。

(5) 应付款管理:应付单据审核(选中"包含已现结发票")→制单处理(现结制单)。

会计分录如下:

借:在途物资

　　应交税费——应交增值税(进项税额)

　　贷:银行存款

3. 货到票到,有运费,本月已添加了订单并审核通过,但款未付

(1) 库存管理:采购入库单+审核。

(2) 采购管理:采购发票录入(专用或普通,修改开票日期和发票号,发票号不能错)。

(3) 采购管理:采购发票→运费发票。

(4) 采购管理:采购结算→手工结算,选择按"数量"(或金额),进行"分摊"和"结算"。

(5) 存货核算:业务核算→正常单据记账→记账→财务核算→生成凭证。

(6) 应付款管理:应付单据审核→制单处理。

注意:采购订单、运费发票与采购发票之间只能通过手工结算来完成采购结算。

微课:高大上的供应链

4. 本月已添加了订单并审核通过,票到货到有合理损耗,支付部分款

(1) 库存管理:采购入库单→审核。

(2) 采购管理:采购发票录入(专用或普通,注意:发票号不能错)→现付。

(3) 采购管理:采购结算→手工结算,输入合理损耗→结算。

(4) 存货核算:业务核算→正常单据记账→记账→财务核算→生成凭证。

(5) 应付款管理:应付单据审核(选中"包含已现结发票")→制单处理。

5. 受托代销业务,收到发票结算(售出后才能结算)。

(1) 采购管理:采购结算→受托代销结算。

(2) 应付款管理:付单据审核(选中"包含已现结发票")→制单处理。

6. 受托代销业务,收到代销商品

(1) 库存管理:采购入库单+审核。

(2) 存货核算:业务核算→正常单据记账→记账→财务核算→生成凭证。

二、实训资料

业务一为支付上月浙江宁波采石场部分货款。

业务二为签订合同并支付定金。

业务三为采购材料到货、代垫运费并支付货款。

业务四为购买水、电并支付货款。

三、实训指导

业务一:支付上月浙江宁波采石场部分货款

2016年3月1日收到上月20日从浙江宁波采石场采购的煤矸石(已入库)的增值税专用发票,开出转账支票支付部分货款,如图4-5-1和图4-5-2所示。

【操作提示】

引入"666账套\666供应链初始设置"账套。

第一步,单击"重注册","操作员"输入"A4001",密码为空,选择"[666](default)上海东海绿色建材有限公司","操作日期"修改为"2016-03-01",单击【登录】按钮。

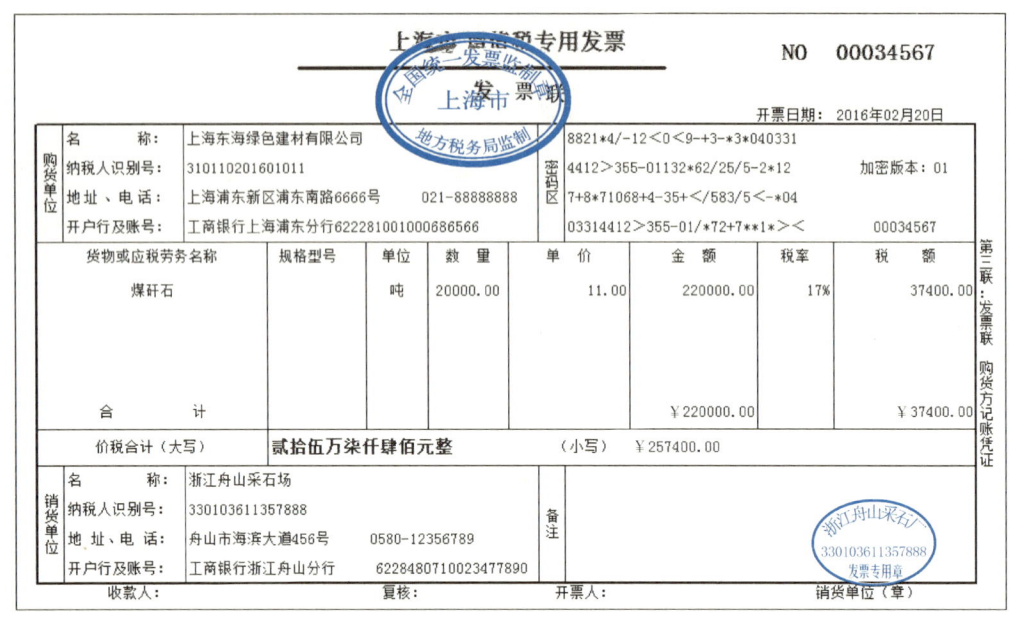

图 4-5-1 增值税专用发票

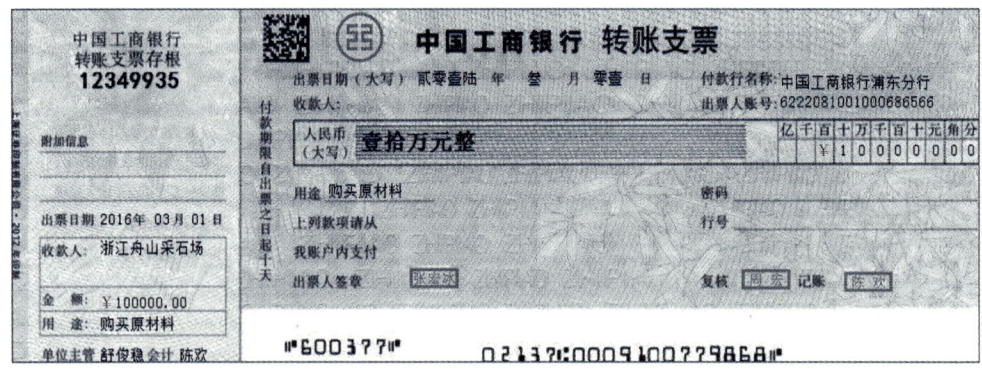

图 4-5-2 转账支票

（1）执行"业务工作"→"供应链"→"采购管理"→"采购发票"→"专用采购发票"，打开"专用发票"对话框，单击【增加】按钮，"生单"下拉式对话框选中"入库单"，如图 4-5-3 所示，屏幕显示"查询条件选择——采购入库单列表过滤"窗口，单击【确定】按钮。

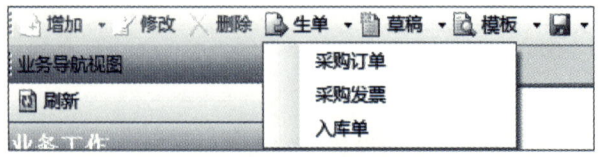

图 4-5-3 "生单——入库单"对话框

（2）打开"拷贝并执行"对话框，单击"全选"，单击【确定】按钮，如图 4-5-4 所示。

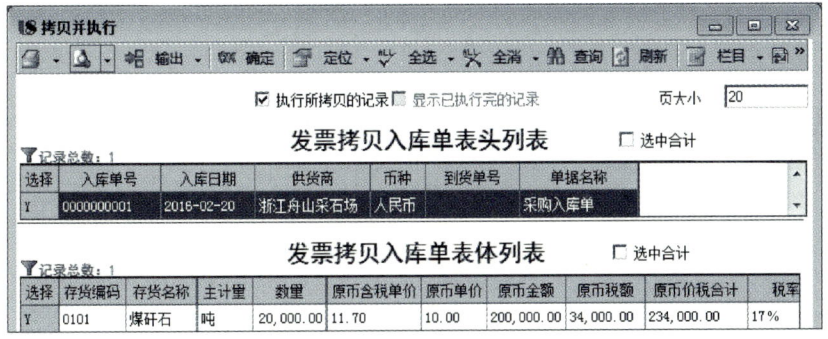

图 4-5-4 "发票拷贝入库单表头列表"窗口

(3) 返回"专用发票"对话框,"发票号"输入"00034567","原币单价"修改为"11.00",单击【保存】按钮。

(4) 单击"现付",打开"采购现付"对话框,"结算方法"选中"转账支票","原币金额"输入"100 000.00","票据号"输入"12349935",单击【确定】按钮,返回"专用发票"对话框,单击"结算",如图 4-5-5 和图 4-5-6 所示。

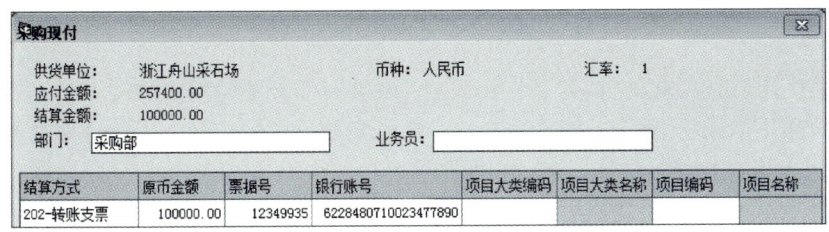

图 4-5-5 "采购现付"对话框

图 4-5-6 "完成已结算专用发票"窗口

第二步,单击"重注册","操作员"输入"A2002",密码为空,选择"[666](default)上海东海绿色建材有限公司","操作日期"修改为"2016-03-01",点击【登录】按钮。

(1) 执行"财务会计"→"应付款管理"→"应付单据处理"→"应付单据审核",打开"应付单查询条件"对话框,勾选"包含已现结发票",单击【确定】按钮。

(2) 打开"单据处理"对话框,单击"全选"→"审核",屏幕弹出"提示"窗口"本次审核选中单据[1]",单击【确定】按钮,单击【关闭】按钮,如图4-5-7所示。

应付单据列表										
记录总数:1										
选择	审核人	单据日期	单据类型	单据号	供应商名称	部门	制单人	币种	原币金额	本币金额
Y	陈欢	2016-03-01	采购专用发票	00034567	浙江舟山采石场	采购部	张浩强	人民币	257,400.00	257,400.00

图4-5-7 "应付单据列表"窗口

(3)单击"制单处理",打开"制单查询"对话框,勾选"现结制单",单击【确定】按钮,如图4-5-8所示。

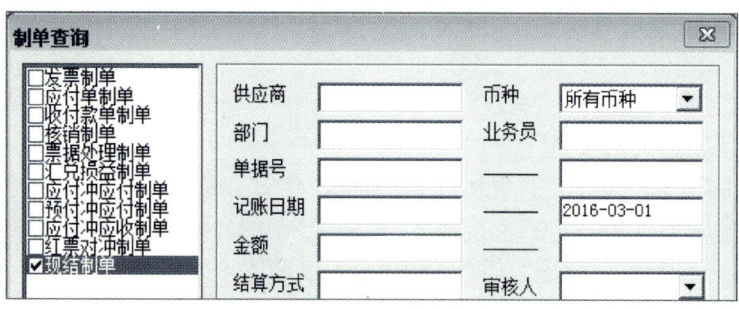

图4-5-8 "制单查询"对话框

(4)打开"制单"对话框,单击"全选"→"制单",如图4-5-9所示。

(5)打开"填制凭证"对话框,第一行"科目名称"输入"1201",单击【保存】按钮,单击【关闭】按钮,如图4-5-10所示。

图4-5-9 "现结制单"对话框

图4-5-10 "现结付款"凭证

(6) 执行"供应链"→"存货核算"→"业务核算"→"结算成本处理",屏幕弹出"暂估处理查询",选中"原材料库",单击【确定】按钮,如图 4-5-11 所示。

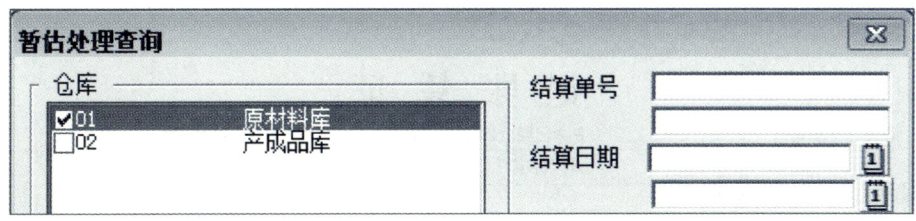

图 4-5-11 "暂估处理查询"对话框

(7) 打开"结算成本处理"对话框,单击"全选"→"暂估",屏幕显示"存货核算"窗口"暂估处理完成",单击【确定】按钮,如图 4-5-12 所示。

选择	仓库编码	仓库名称	入库日期	存货名称	计量单位	数量	暂估单价	暂估金额	结算数量	结算单价	结算金额
Y	01	原材料库	2016-02-20	煤矸石	吨	20,000.00	10.00	200,000.00	20,000.00	11.00	220,000.00

图 4-5-12 "暂估结算表"窗口

(8) 执行"财务核算"→"生成凭证",单击"选择",选中"红字回冲单""蓝字回冲单(报销)",单击【确定】按钮,如图 4-5-13 所示。

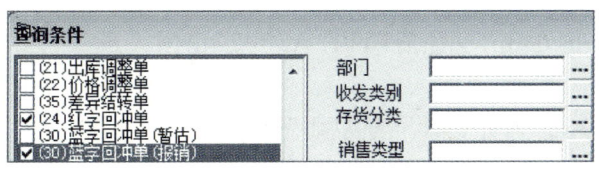

图 4-5-13 "查询条件"对话框

(9) 打开"选择单据"对话框,单击"全选",单击【确定】按钮,屏幕返回"生成凭证"对话框,单击"生成",如图 4-5-14 所示。

选择	单据类型	科目类型	科目编码	科目名称	借方金额	贷方金额	借方数量	贷方数量	存货名称
1	红字回冲单	存货	1211	原材料	-200,000.00		-20,000.00		煤矸石
		应付暂估	212102	应付账款——暂估应付款		-200,000.00		-20,000.00	煤矸石
	蓝字回冲单	存货	1211	原材料	220,000.00		20,000.00		煤矸石
		对方	1201	在途物资		220,000.00		20,000.00	煤矸石
合计					20,000.00	20,000.00			

图 4-5-14 "生成凭证"对话框

（10）打开“填制凭证”对话框，单击【保存】按钮，单击【下一张】按钮，单击【保存】按钮，单击【关闭】按钮，如图 4-5-15 和图 4-5-16 所示。

已生成

记 账 凭 证

记 字 0018　　制单日期：2016.03.01　　审核日期：　附单据数：1

摘 要	科目名称	借方金额	贷方金额
红字回冲单	原材料	20000000	
红字回冲单	应付账款 —— 暂估应付款		20000000

图 4-5-15 “红字回冲单”凭证

已生成

记 账 凭 证

记 字 0019　　制单日期：2016.03.01　　审核日期：　附单据数：1

摘 要	科目名称	借方金额	贷方金额
蓝字回冲单	原材料	22000000	
蓝字回冲单	在途物资		22000000

图 4-5-16 “蓝字回冲单”凭证

第三步，单击“重注册”，以“A2003”出纳人员身份登录系统进行出纳签字。

（1）执行“财务会计”→“总账”→“凭证”→“出纳签字”，打开“出纳签字列表”。

（2）双击“出纳签字列表”，打开“记账凭证”对话框，单击“签字”→“关闭”。

第四步，单击重注册，以“A2001”财务主管身份登录系统进行审核和记账。

（1）执行“财务会计”→“总账”→“凭证”→“审核凭证”，打开“审核凭证列表”。

（2）双击“审核凭证列表”，打开“记账凭证”对话框，“批处理”下拉式对话框选中“成批审核凭证”，点击【确定】按钮→【关闭】按钮。

（3）“记账”→“全选”→“记账”，点击【确定】按钮。

业务二：签订合同并支付定金

2016 年 3 月 3 日，采购部张浩强与上海中南水泥厂（编号 0005）签订水泥采购合同（编号 CG20160303），税号（310110198836888）当日以电汇方式支付定金给对方，如图 4-5-17 和图 4-5-18 所示。

购 销 合 同

合同编号：CG20160303

买方：上海东海绿色建材有限公司
卖方：上海中南水泥厂

为保护买卖双方的合法权益，买卖双方根据《中华人民共和国合同法》的有关规定，经双方友好协商，一致同意签订本合同，共同遵守。

一、货物的名称、数量及金额

货物名称	规格型号	计量单位	数量	单价(不含税)	金额(不含税)	税率	价税合计
水泥		吨	100.00	420.00	42 000.00	17%	49 140.00

二、合同总金额：人民币肆万玖仟壹佰肆拾元整（￥49 140.00）。

三、付款时间及付款方式：

签订合同当日，买方向卖方支付定金：人民币贰仟元整（￥2 000.00）。交货并验收合格后3日内向卖方支付剩余款项，即人民币肆仟柒佰壹拾肆元整（￥47 140.00）。

四、付款方式：电汇

交货时间与地点：交货时间为2016年3月13日，交货地点为上海东海绿色建材有限公司。

五、发运方式与运输用承担方式：由卖方发货，运输费由买方承担。

买方：上海东海绿色建材有限公司　　　卖方：上海中南水泥厂
授权代表：舒俊稳　　　　　　　　　　授权代表：万里
日期：2016年03月03日　　　　　　　日期：2016年03月03日

图 4-5-17　销售合同

银行电汇凭证（回单）　　NO. 16323567

委托日期　2016 年 03 月 03 日

汇款人	全称	上海东海绿色建材有限公司	收款人	全称	上海中南水泥厂
	账号	6220081001000686566		账号	6220021702003899897
	汇出地点	省 上海　市/县		汇入地点	省 上海　市/县
	汇出行名称	工商银行上海浦东分行		汇入行名称	建设银行浦东分行

金额	人民币(大写)	贰仟元整	亿	千	百	十	万	千	百	十	元	角	分
							￥	2	0	0	0	0	0

支付密码

附加信息及用途：

汇出行签章　　复核　　记账

图 4-5-18　银行电汇凭证

【操作提示】

第一步，单击"重注册"，"操作员"输入"A4001"，密码为空，选择"［666］

(default)上海东海绿色建材有限公司",“操作日期"修改为"2016-03-03",单击【确定】按钮。

(1)执行"业务工作"→"供应链"→"采购管理"→"采购订货"→"采购订单",打开"采购订单"对话框,单击【增加】按钮。

(2)在"采购订单"对话框,“采购类型"选中"材料采购",“订单编号"输入"CG20160303",单击"供应商"→"编辑",打开"采购供应商档案"。

(3)单击【增加】,按要求分别输入"供应商编码""供应商简称""开户银行""银行账号",单击【保存】按钮(参见购销合同、银行电汇凭证),如图4-5-19所示。

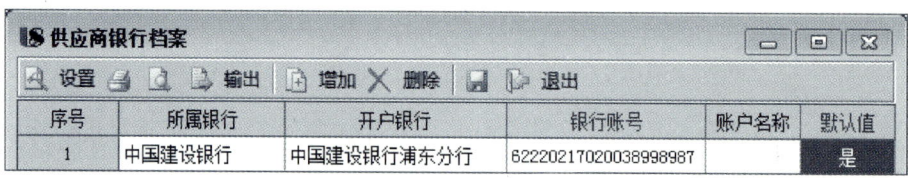

图4-5-19 "供应商银行档案"对话框

(4)返回"采购订单"对话框,“供应商"选中"上海中南水泥厂",“业务员"选中"张浩强",“存货编码"选中"0102",“数量"输入"100.00",“原币单价"输入"420.00",“计划到货日期"修改为"2016-03-13",单击【保存】按钮→【审核】按钮,如图4-5-20所示。

图4-5-20 "采购订单"窗口

第二步,单击"重注册",以"A2003"出纳人员身份登录系统。

(1)执行"业务工作"→"财务会计"→"应付款管理"→"付款单据处理"→"付款单据录入",打开"付款单"对话框,单击【增加】按钮。

(2)在"付款单"对话框中,“供应商"选中"上海中南水泥厂",“结算方式"选中"电汇结算",“金额"输入"2 000.00",“票据号"输入"16323567",“业务员"选中"张浩强",“款项类型"选中"预付款",单击【保存】按钮,如图4-5-21所示。

第三步,单击"重注册",以"A2002"会计主管身份登录系统。

（1）执行"业务工作"→"财务会计"→"应付款管理"→"付款单据处理"→"付款单据审核"，打开"付款单查询条件"对话框，单击【确定】按钮。

图 4-5-21 "付款单"窗口

（2）打开"收付款单列表"对话框→"全选"，单击【审核】按钮，屏幕弹出"提示"窗口，"本次审核选中单据[1]"，单击【确定】按钮。

（3）点击"应付款管理"→"制单处理"，屏幕显示"制单查询"窗口，勾选"收付款单制单"，点击【确定】按钮，打开"应付制单"对话框，单击"全选"→【制单】按钮，如图 4-5-22 所示。

图 4-5-22 "应付制单"对话框

（4）打开"填制凭证"对话框，单击【保存】按钮，如图 4-5-23 所示。

图 4-5-23 "付款单"凭证

第四步，单击"重注册"，以"A2003"出纳人员身份登录系统进行出纳签字。

(1) 执行"财务会计"→"总账"→"凭证"→"出纳签字"→"签字"。

第五步，单击"重注册"，以"A2001"财务主管人员身份登录系统。

(1) 执行"财务会计"→"总账"→"凭证"→"审核凭证"→"审核"。

(2) 执行"记账"→"全选"→"记账"，单击【确定】按钮。

业务三：采购材料到货、代垫运费并支付货款

2016年3月13日，本月3日订购的（合同编号CG20160303）上海中南水泥厂的100吨水泥到货，同时收到增值税发票和代垫运费发票（运费分摊到存货成本中），于当日以电汇方式向对方支付货款（使用现付功能、进行核销处理），用现金支付运费10元/千米，共20千米，如图4-5-24至图4-5-28所示。

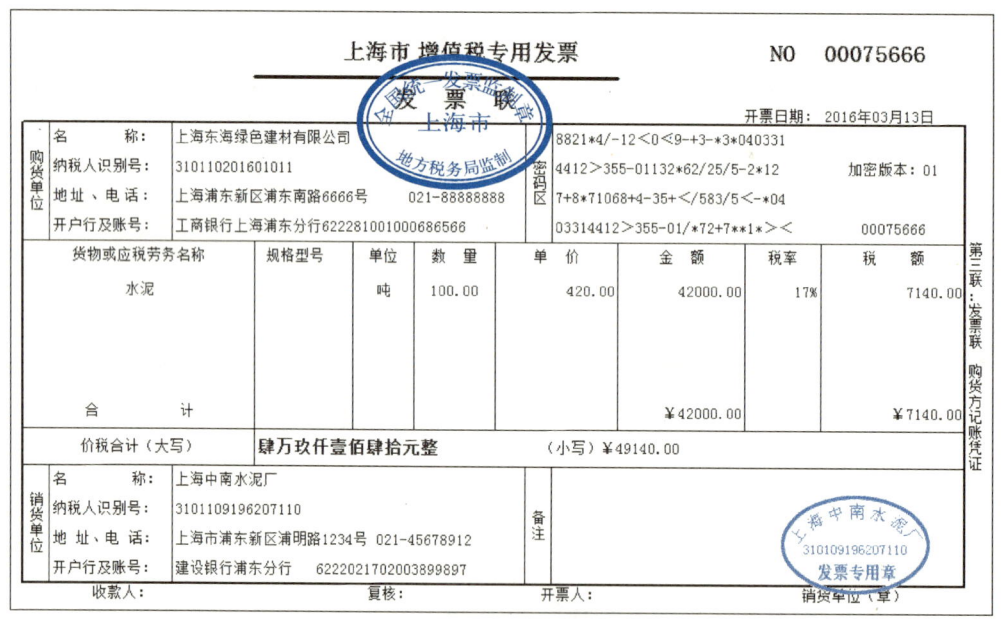

图 4-5-24 增值税专用发票

【操作提示】

第一步，单击"重注册"，"操作员"输入"A5001"，密码为空，选择"[666] (default)上海东海绿色建材有限公司"，"操作日期"修改为"2016-03-13"，单击【登录】按钮。

(1) 执行"业务工作"→"供应链"→"库存管理"→"入库业务"→"采购入库单"，打开"采购入库单"对话框，单击"生单"下拉式对话框选中"采购订单（批量）"，屏幕显示"查询条件选择——采购订单列表"窗口，"单据号"选中"CG20160303"，单击【确定】按钮。

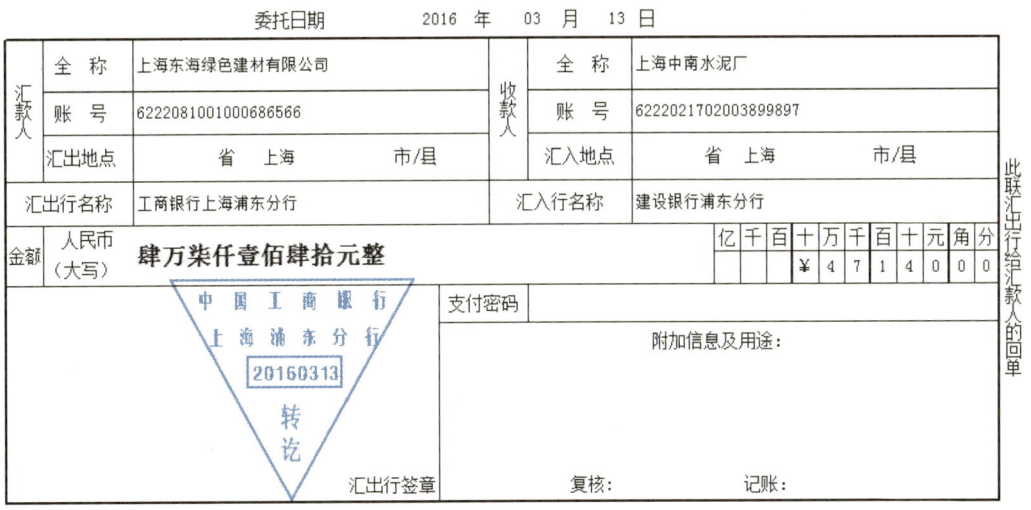

图 4-5-25　银行电汇凭证

图 4-5-26　运输业统一发票

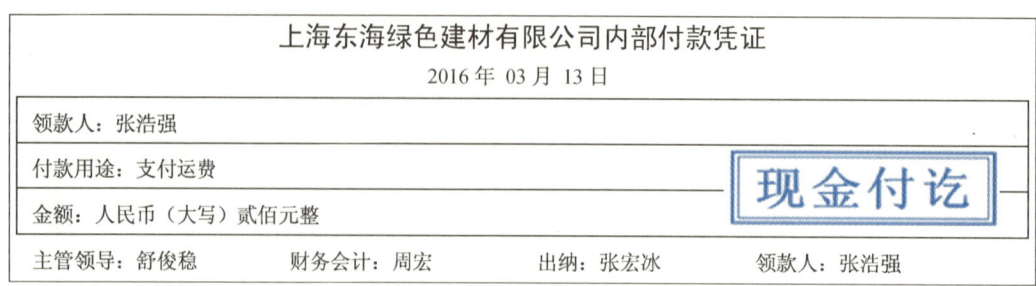

图 4-5-27 付款凭证

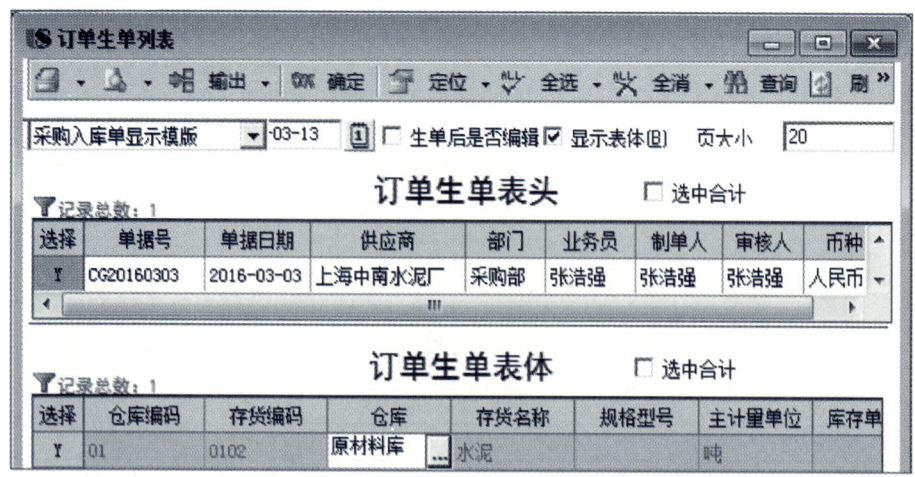

图 4-5-28 商品验收单

（2）打开"订单生单列表"对话框，单击"全选"，"仓库"选中"原材料库"，点击【确定】按钮，如图 4-5-29 所示。

图 4-5-29 "订单生单列表"对话框

（3）屏幕显示"库存管理"窗口"生单成功"，单击【确定】按钮。

(4) 返回"采购入库单"对话框,单击【审核】按钮,屏幕显示"库存管理"窗口"该凭证审核成功",单击【确定】按钮,如图 4-5-30 所示。

图 4-5-30 "采购入库单"窗口

第二步,单击"重注册",以"A4001"采购管理人员身份登录系统。

(1) 执行"供应链"→"采购管理"→"采购发票"→"专用采购发票",单击【增加】按钮,单击"生单"下拉式对话框选中"入库单",单击【确定】按钮,打开"拷贝并执行"对话框"全选",单击【确定】按钮。

(2) 返回"专用发票"对话框,"发票号"输入"0007556",单击【保存】按钮→【现付】按钮按要求输入,单击【确定】按钮,如图 4-5-31 所示。

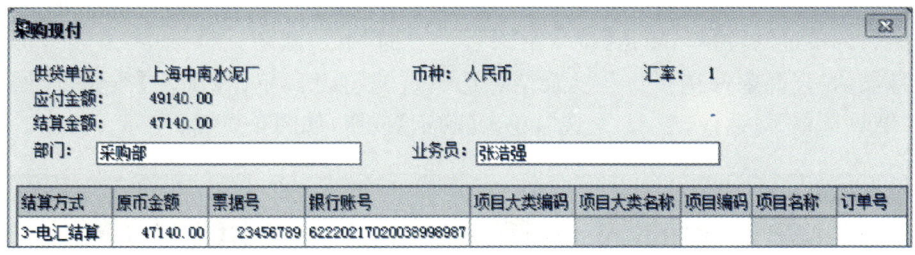

图 4-5-31 "采购现付"对话框

(3) 返回专用发票,单击【关闭】按钮,如图 4-5-32 所示。

图 4-5-32 "现付完成的专用发票"窗口

(4)执行"采购发票"→"运费发票",打开"运费发票"对话框,单击【增加】按钮。"供应商"选中"上海中南水泥厂","发票号"输入"31003431200067","采购类型"选中"采购材料","存货编码"选中"0301","数量"输入"20.00","原币金额"输入"200.00",单击【保存】按钮。

(5)单击"现付",打开"采购现付"对话框,"结算方式"选中"现金结算","原币金额"输入"200.00",单击【确定】按钮,返回运费发票对话框,单击【关闭】按钮,如图4-5-33所示。

图 4-5-33 "现付完成的运费发票"窗口

(6)执行"采购结算"→"手工结算",单击"选单",打开"结算选单"对话框,"查询"下拉式对话框选中"入库单"→屏幕显示"查询条件选择——入库单结算选单过滤"窗口,单击【确定】按钮。"查询"下拉式对话框选中"发票",屏幕显示"查询条件选择——发票结算选单过滤"窗口,单击【确定】按钮,返回"结算选单"对话框,单击"全选",单击【确定】按钮,如图 4-5-34 所示。

图 4-5-34 "手动结算选单"对话框

(7)屏幕显示"所选单据扣税类别不同,是否继续?"对话框,单击"是"。

(8)打开"手工结算"对话框"选择费用分摊方式",单击"按数量",单击【分摊】按钮,屏幕显示"采购管理"对话框"选择按数量分摊,是否开始计算?",单击"是",单击【结算】按钮,屏幕显示"采购管理"对话框"完成结算!",

单击【确定】按钮,如图 4-5-35 所示。

结算汇总									
单据类型	存货编号	存货名称	单据号	结算数量	发票数量	暂估单价	暂估金额	发票单价	发票金额
采购发票		水泥	0007558		100.00		0.00	420.00	42000.00
采购入库单	0102		0000000002	100.00		420.00	42000.00		
		合计		100.00	100.00		42000.00		42000.00

选择费用分摊方式: ○按金额 ⊙按数量 □相同供应商

图 4-5-35 "手动结算选票"对话框

第三步,单击"重注册",以"A2002"会计主管身份登录系统。

(1) 执行"应付款管理"→"应付单据处理"→"应付单据审核",打开"应付单据查询条件"对话框,勾选"包含已现结发票",单击【确定】按钮。

(2) 打开"单据处理"对话框,单击"全选"→"审核",屏幕显示"本次审核选中单据[2]",单击【确定】按钮,如图 4-5-36 所示。

应付单据列表

▼ 记录总数: 2

选择	审核人	单据日期	单据类型	单据号	供应商名称	原币金额	本币金额
Y	陈欢	2016-03-13	采购专用发票	0007558	上海中南水泥厂	49,140.00	49,140.00
Y	陈欢	2016-03-13	运费发票	31003431200067	上海中南水泥厂	200.00	200.00

图 4-5-36 "应付单据列表"对话框

(3) 执行"应付款管理"→"核销处理"→"手工核销",打开"核销条件"对话框,"供应商"选中"上海中南水泥厂",单击【确定】按钮。

(4) 打开"单据核销"对话框,"本次结算"分别输入"2 000.00",单击【保存】按钮,如图 4-5-37 所示。

单据日期	单据类型	单据编号	供应商	款项类型	结算方式	原币金额	原币余额	本次结算
2016-03-03	付款单	0000000002	上海中南水泥厂	应付款	电汇结算	2,000.00	2,000.00	2,000.00

单据日期	单据类型	单据编号	到期日	供应商	原币金额	原币余额	本次结算	订单号
2016-03-13	采购专用发票	0007558	2016-03-13	上海中南水泥厂	49,140.00	2,000.00	2,000.00	CG20160303
合计					49,140.00	2,000.00	2,000.00	

图 4-5-37 "手动单据核销"窗口

第四步,单击"重注册",以"A2001"财务主管身份登录系统。

(1) 执行"财务会计"→应付款管理"→"制单处理",打开"制单查询"对话框,勾选"核销制单"和"现结制单",单击【确定】按钮,打开"制单"对话框,单击"全选"→"制单",如图 4-5-38 所示。

应付制单

凭证类别	记账凭证		制单日期	2016-03-13				共 3 条
选择标志	凭证类别	单据类型	单据号	日期	供应商编码	供应商名称	部门	业务员	金额
1	记账凭证	核销	0000000002	2016-03-13	0005	上海中南水泥厂	采购部	张浩强	2,000.00
2	记账凭证	现结	0000000003	2016-03-13	0005	上海中南水泥厂	采购部	张浩强	47,140.00
3	记账凭证	现结	0000000004	2016-03-13	0005	上海中南水泥厂	采购部	张浩强	200.00

图 4-5-38 "应付制单"对话框

（2）打开"填制凭证"对话框，单击【保存】按钮，如图 4-5-39 所示。

记账凭证

已生成　　记　字 0021　　制单日期：2016.03.13　　审核日期：附单据数：1

摘要	科目名称	借方金额	贷方金额
核销	应付账款/一般应付账款	200000	
核销	预付账款		200000

票号　CG20160303
日期　2016.03.13　数量　单价　　合计

图 4-5-39 "核销"凭证

（3）单击【下一张】，第一行"科目代码"输入"1201"，单击【保存】按钮，如图 4-5-40 所示。

记账凭证

已生成　　记　字 0022　　制单日期：2016.03.13　　审核日期：附单据数：1

摘要	科目名称	借方金额	贷方金额
现结	在途物资	4200000	
现结	应交税费——应交增值税（进项税额）	714000	
现结	应付账款——一般应付账款		200000
现结	银行存款——工商银行		4714000

票号　3 - 23456789
日期　2016.03.13　数量　单价　　合计　4914000　4914000

图 4-5-40 "现结付款"凭证

（4）单击【下一张】按钮，第一行"科目代码"输入"1201"，第三行"科目代码"输入"1001"，单击【保存】按钮，如图4-5-41所示。

图4-5-41 "运费现结付款"凭证

第五步，单击"重注册"，以"A2002"会计主管身份登录系统。

（1）执行"供应链"→"存货核算"→"业务核算"→"正常单据记账"→单击【确定】按钮。打开"未记账单据一览表"对话框，单击"全选"→"记账"，单击【确定】按钮，单击【关闭】按钮。

（2）执行"财务核算"→"生成凭证"，单击"选择"，屏幕显示"查询条件"对话框，单击【确定】按钮。打开"选择单据"，单击"全选"→"确定"。打开"生成凭证"对话框，单击"全选"，单击【单击】按钮，屏幕返回"生成凭证"对话框，单击"生成"。

（3）打开"填制凭证"对话框，单击"保存"按钮，如图4-5-42所示。

图4-5-42 "存货入账"凭证

（4）执行"财务会计"→"总账"→"凭证"→"审核凭证"→"批处理"→"成批审核凭证"。

第六步，单击"重注册"，以"A2003"出纳人员身份登录系统进行签字。

执行"财务会计"→"总账"→"凭证"→"出纳签字"→"成批出纳签字"。

第七步，单击"重注册"，以"A2001"财务主管身份登录系统进行审核和记账。

（1）执行"财务会计"→"总账"→"凭证"→"审核凭证"→"审核"。

（2）执行"记账"→"全选"→"记账"，单击【确定】按钮。

业务四：购买水、电并支付货款

2016年3月28日，购买水电并对其进行分配，开出转账支票（使用付款单录入,进项税均可抵扣),如表4-5-1、表4-5-2、图4-5-43至图4-5-46所示。

表4-5-1

水费分配表

部门	数量(立方米)	金额(元)
生产车间(生产用水)	17 000	13 600
总经理办公室	200	160
采购部	200	160
财务部	200	160
销售部	200	160
仓管部	200	160
合计	18 000	14 400

表4-5-2

外购动力费分配表

部门	数量(千瓦)	金额(元)
生产车间	50 000(生产用电)	13 600
	1 000(照明用电)	400
总经理办公室	200	80
采购部	100	40
财务部	200	80
销售部	200	80
仓管部	100	40
合计	51 800	20 720

上海市 增值税专用发票　　NO 00076599

发票联

开票日期：2016年03月28日

购货单位	名　称：	上海东海绿色建材有限公司	密码区	8821*4/-12＜0＜9-+3-*3*040331	加密版本：01
	纳税人识别号：	310110201601011		4412＞355-01132*62/25-5-2*12	
	地址、电话：	上海浦东新区浦东南路6666号　021-88888888		7+8*71068+4-35+＜/583/5＜-*04	
	开户行及账号：	工商银行上海浦东分行6222810100068566		03314412＞355-01/*72+7**1*＞＜	00076599

货物或应税劳务名称	规格型号	单位	数　量	单　价	金　额	税率	税　额
水		立方米	18000.00	0.80	14400.00	13%	1872.00
合　　　计					￥14400.00		￥1872.00

价税合计(大写)　壹万陆仟贰佰柒拾贰元整　　(小写)￥16272.00

销货单位	名　称：	上海市人民自来水公司	备注	
	纳税人识别号：	310110196087777		
	地址、电话：	上海市人民路 4567号　021-45632198		
	开户行及账号：	工商银行建西支行　6222021702056153120		

收款人：　　　　复核：　　　　开票人：　　　　销货单位(章)

图4-5-43　增值税专用发票

图 4-5-44 增值税专用发票

图 4-5-45 转账支票

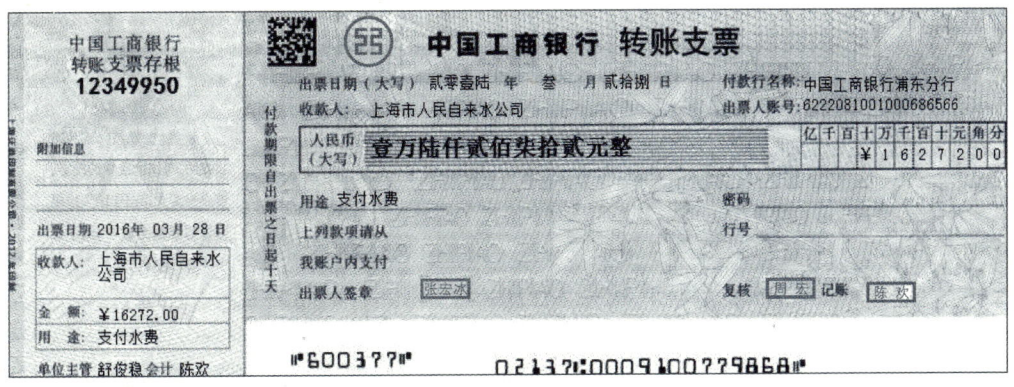

图 4-5-46 转账支票

【操作提示】

第一步,单击"重注册","操作员"输入"A4001",密码为空,选择"[666](default)上海东海绿色建材有限公司","操作日期"修改为"2016-03-28",单击【确定】按钮。

(1) 执行"供应链"→"采购管理"→"采购发票"→"专用采购发票",打开"专用发票"对话框,单击【增加】按钮。

(2) 打开"专用发票"对话框,"发票号"输入"00076599","供应商"选中"上海市人民自来水公司","税率"修改为"13%","存货编码"选中"0303","数量"输入"17 000.00"(制造费用)。

(3) 依次设置其他用水→输入完毕,单击【保存】按钮,如图4-5-47所示。

图4-5-47 "采购专用发票"窗口

(4) 单击【增加】按钮,依次输入"上海市人民电力公司"的专用发票(分别属于生产、销售、管理),输入完毕单击【保存】按钮,如图4-5-48所示。

图4-5-48 "采购专用发票"窗口

第二步,单击"重注册",以"A2003"出纳人员身份登录系统。

(1) 执行“财务会计”→“应付款管理”→“付款单据处理”→“付款单据录入”,打开“付款单”对话框,单击【增加】按钮。

(2) 在“付款单”对话框,“供应商”选中“上海市人民自来水公司”,“结算方式”选中“转账支票”,“金额”输入“16 272.00”,“票据号”输入“12349950”,“款项类型”选中“应付款”,单击【保存】按钮,如图 4-5-49 所示。

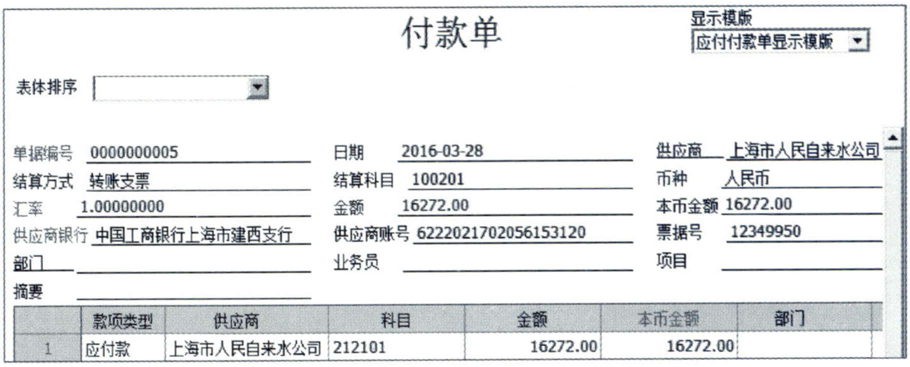

图 4-5-49 “付款单”窗口

(3) 依次输入“上海市人民电力局”的付款单。

第三步,单击“重注册”,以 “A2002”会计主管身份登录系统。

(1) 执行“财务会计”→“应付款管理”→“应付单据处理”→“ 应付单据审核”,打开“应付单过滤条件”,勾选“未完全报销”,单击【确定】按钮。打开“单据处理”,单击“全选”→单击【审核】按钮,单击【确定】按钮,单击【关闭】按钮。

(2) “应付款管理”→“付款单据处理”→“付款单据审核”,打开“付款单查询条件”,单击【确定】按钮,打开“收付款单列表”,单击“全选”,单击【审核】按钮,单击【确定】按钮,单击【关闭】按钮。

(3)单击 “制单处理”,打开“制单查询”对话框,勾选 “发票制单”和“收付款单制单”,单击【确定】按钮,打开“制单”→“全选”,单击【制单】按钮,如图4-5-50所示。

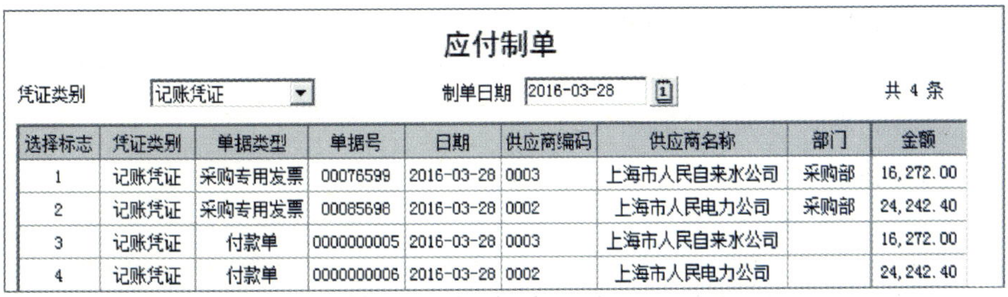
应付制单

凭证类别 记账凭证　　制单日期 2016-03-28　　共 4 条

选择标志	凭证类别	单据类型	单据号	日期	供应商编码	供应商名称	部门	金额
1	记账凭证	采购专用发票	00076599	2016-03-28	0003	上海市人民自来水公司	采购部	16,272.00
2	记账凭证	采购专用发票	00085698	2016-03-28	0002	上海市人民电力公司	采购部	24,242.40
3	记账凭证	付款单	0000000005	2016-03-28	0003	上海市人民自来水公司		16,272.00
4	记账凭证	付款单	0000000006	2016-03-28	0002	上海市人民电力公司		24,242.40

图 4-5-50 “应付制单”窗口

(4) 打开“填制凭证”对话框,“科目名称”分别输入“410101”,“项目名称”选中“制造费用”“550402”“550202”,单击【保存】按钮,如图 4-5-51 所示。

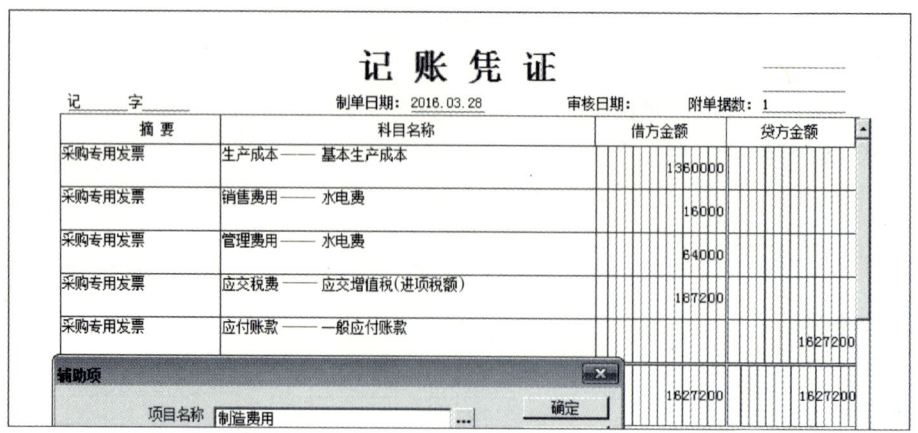

图 4-5-51 "采购水费专用发票"凭证

(5) 依次保存其他凭证,如图 4-5-52 至图 4-5-54 所示。

第四步,单击"重注册",以"A2003"出纳人员身份登录系统进行出纳签字。

执行"财务会计"→"总账"→"凭证"→"出纳签字"→"成批出纳签字"。

第五步,单击"重注册",以"A2001"财务主管身份登录系统进行审核和记账。

(1) 执行"财务会计"→"总账"→"凭证"→"审核凭证"→"成批审核凭证"。

(2) 执行"记账"→"全选"→"记账",单击【确定】按钮。

第六步,备份账套,保存路径为"\666 账套\666 供应链采购日常业务"。

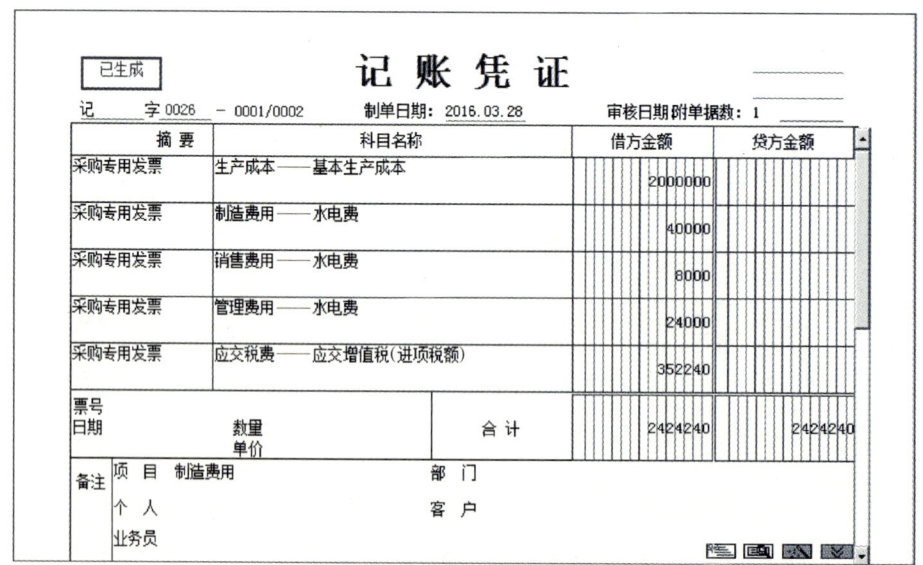

图 4-5-52 "采购电费专用发票"凭证

图 4-5-53 "水费付款单"凭证

图 4-5-54 "电费付款单"凭证

第6节 销售业务日常处理

一、销售业务日常处理的分类

普通销售业务根据企业实际业务流程不同,可以分为两种业务模式,即先开票后发货模式和先发货后开票模式。其中先开票后发货模式是指根据销售订单或其他销售合同,开具销售发票,并根据发票生成发货单。先发货后开票模式是指根据销售订单生成销售发货单,并根据发货单生成销售发票。

一般销售业务有以下几种情况。

1. 上期发货,本期开票并收款

(1)销售管理:销售开票(专用发票或普通发票)→ 现结→复核。

电子商务对实体经济的冲击

(2) 应收款管理：应收单据审核（选中"包含已现结发票"）→制单处理。

会计分录如下：

借：应收账款
　　贷：主营业务收入
　　　　应交税费——应交增值税——销项税额

(3) 存货核算：业务核算→正常单据记账→记账→财务核算→生成凭证。

会计分录如下：

借：主营业务成本
　　贷：库存商品

2. 上期发货，本期开票，但款未收

(1) 销售管理：销售开票（专用发票或普通发票）→复核。

(2) 存货核算：业务核算→正常单据记账→记账→财务核算→生成凭证。

3. 普通销售业务，本期发货、开票并垫付运费，但款未收

(1) 销售管理：填制报价单（按要求输入）→销售订单→发货单。

(2) 库存管理：销售出库单。

(3) 销售管理：销售开票（专用发票或普通发票，注意：发票号不能错）→复核→代垫（或）代垫费用→代垫费用单。

(4) 应收款管理：应收单据审核→制单处理。

4. 本期发货、支付运费，并部分收款

(1) 销售管理：销售订单→销售发货单。

(2) 库存管理：销售出库单。

(3) 销售管理：销售开票（专用发票或普通发票，注意：发票号不能错）→复核→支出。

(4) 应收款管理：应收单据审核→制单处理。

(5) 存货核算：业务核算→正常单据记账→记账→财务核算→生成凭证。

5. 先开票收款，后发货

(1) 销售管理：销售开票（专用发票或普通发票，注意：发票号不能错）→复核。

(2) 销售管理：发货单。

(3) 库存管理：销售出库单。

(4) 应收款管理：应收单据审核→制单处理。

二、实训资料

业务一为托收货款收回。

业务二为签订销售合同并收到货款。

业务三为销售部分退货并办理退款。

业务四为销售发货并收到现金。

业务五为收到浙江石材有公司商业承兑汇票。

三、实训指导

业务一:托收货款收回

2016年3月2日,向安信公司托收货款收回(使用手工核销处理、合并制单),如图4-6-1所示。

图4-6-1 中国工商银行托收承付凭证

【操作提示】

第一步,单击"重注册","操作员"输入"A2003",密码为空,选择"[666](default)上海东海绿色建材有限公司","操作日期"修改为"2016-03-02",单击【登录】按钮。

(1)执行"财务会计"→"应收款管理"→"收款单据处理"→"收款单据录入",打开"收款单"对话框,单击【增加】按钮。

(2)在"收款单"对话框中,"客户"选中"安信公司","结算方式"选中"托收承付","金额"输入"4 633.20","款项类型"选中"应收款",单击【保存】按钮,如图4-6-2所示。

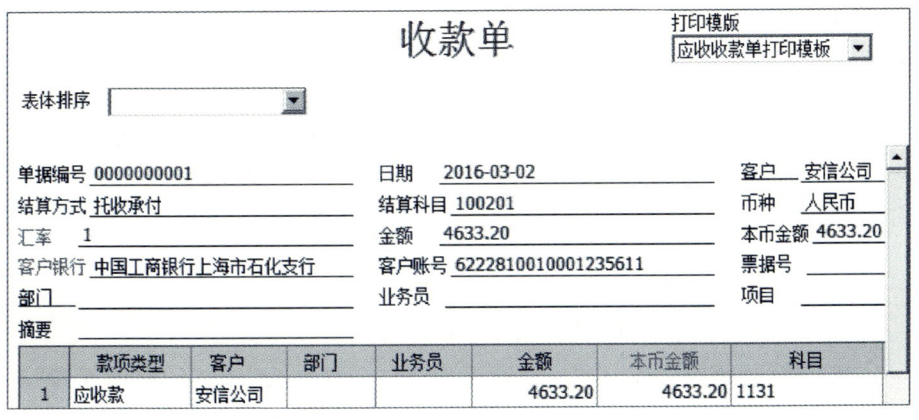

图4-6-2 "收款单"窗口

第二步，单击"重注册"，以"A2002"会计主管身份登录系统。

（1）执行"财务会计"→"应收款管理"→"收款单据处理"→"收款单据审核"，屏幕显示"收款单查询条件"，单击【确定】按钮。

（2）打开"收付款单列表"，单击"全选"→"审核"，屏幕弹出"本次审核选中单据[1]"→单击【确定】按钮，如图4-6-3所示。

选择	审核人	单据日期	单据类型	单据编号	客户名称	结算方式	币种	原币金额	本币金额
Y	陈欢	2016-03-02	收款单	0000000001	安信公司	托收承付	人民币	4,633.20	4,633.20

图4-6-3 "收付款单列表"对话框

（3）应收管理→"核销处理"→"手工核销"，打开"核销条件"对话框，"客户"选中"安信公司"，单击【确定】按钮，如图4-6-4所示。

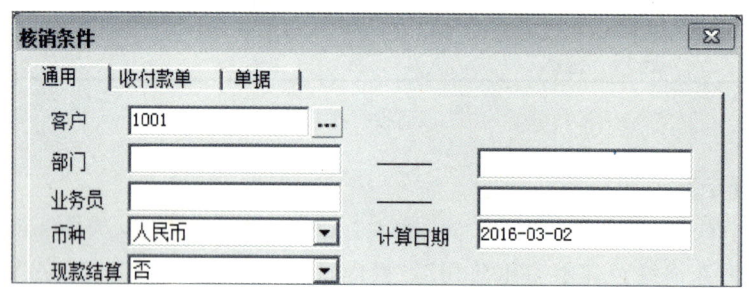

图4-6-4 "核销条件"对话框

（4）打开"单据核销"对话框，"本次折扣"输入"46.80"，单击【保存】按钮，如图4-6-5所示。

单据日期	单据类型	单据编号	客户	款项类型	结算方式	币种	原币金额	原币余额	本次结算金额
2016-03-02	收款单	0000000001	安信公司	应收款	托收承付	人民币	4,633.20	4,633.20	4,633.20
合计							4,633.20	4,633.20	4,633.20

单据日期	单据类型	到期日	客户	币种	原币金额	原币余额	本次折扣	本次结算
2016-02-25	销售专用发票	2016-02-25	安信公司	人民币	4,680.00	4,680.00	46.80	4,633.20
合计					4,680.00	4,680.00	46.80	4,633.20

图4-6-5 "手工核销"对话框

第三步，单击"重注册"，以"A2001"财务主管身份登录系统。

（1）执行"财务会计"→"应收款管理"→"制单处理"，打开"制单查询"对话框"收付款单制单"，勾选"核销制单"，单击【确定】按钮。

（2）打开"应收制单"对话框，单击"全选"→"合并"→"制单"，如图4-6-6所示。

图 4-6-6 "应收制单"对话框

(3) 打开"填制凭证"对话框,单击【保存】按钮,如图 4-6-7 所示。

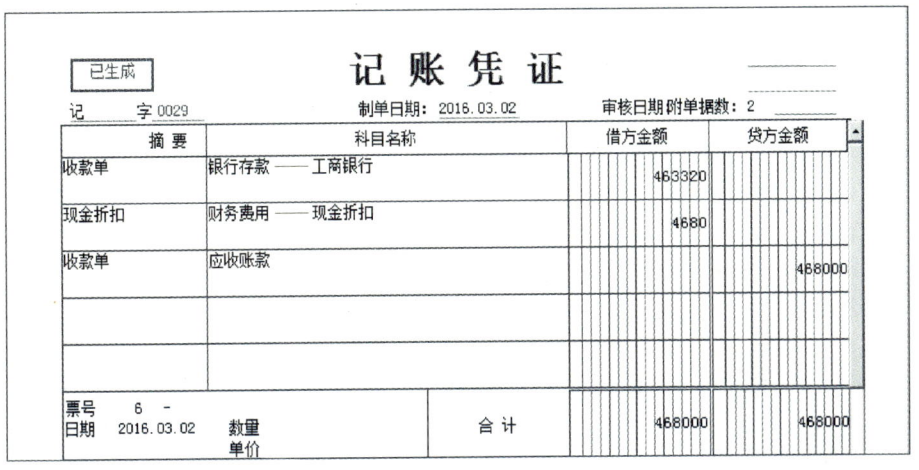

图 4-6-7 "收款单"凭证

第四步,单击"重注册",以"A2003"出纳人员身份登录系统进行出纳签字。
执行"财务会计"→"总账"→"凭证"→"出纳签字"→"签字"。

第五步,单击"重注册",以"A2002"会计主管身份登录系统进行审核和记账。

(1) 执行"财务会计"→"总账"→"凭证"→"审核凭证"→"审核"。

(2) 执行"记账"→"全选"→"记账",单击【确定】按钮。

业务二:签订销售合同并收到货款

2016 年 3 月 7 日,销售部李亦非与上海南洋建材有限公司(编号 1005)签订销售空心砖合同(编号:XS20160307),并于当日发货,收到对方单位的转账支票一张办理进账(使用现结功能处理),如图 4-6-8 至图 4-6-11所示。

【操作提示】

第一步,单击"重注册","操作员"输入"A3001",密码为空,"账套"选中"[666](default)上海东海绿色建材有限公司","操作日期"修改为"2016-03-07",单击【确定】按钮。

(1) 执行"业务工作"→"供应链"→"销售管理"→"销售订货"→"销售订单",打开"销售订单"对话框,单击【增加】按钮。

销售合同

合同编号：XS20160307

买方：上海南洋建材有限公司
卖方：上海东海绿色建材有限公司

为保护买卖双方的合法权益，买卖双方根据《中华人民共和国合同法》的有关规定，经双方友好协商，一致同意签订本合同，共同遵守。

一、货物的名称、数量及金额

货物名称	规格型号	计量单位	数量	单价(不含税)	金额(不含税)	税率	价税合计
空心砖		块	100 000.00	8.00	800 000.00	17%	936 000.00

二、合同总金额：人民币玖拾叁万陆仟元整（¥936 000.00）。

三、付款时间及付款方式：

卖方采取一次发货一次收款方式向买方发货和收取款项。签订合同当日，卖方向买方发出空心砖100 000块。

四、付款方式：转账支票

买方向卖方以转账支票方式支付合同款项：人民币玖拾叁万陆仟元整（¥936 000.00）。

五、交货时间与地点：

签订合同当日卖方向买方发出空心砖100 000.00块，交货地点为上海东海绿色建材有限公司。

六、发运方式与运输用承担方式：

由卖方发货，运输费由买方承担。

买方：上海南洋建材有限公司　　　　　卖方：上海东海绿色建材有限公司
授权代表：张艾毅　　　　　　　　　　授权代表：舒俊穗
日期：2016年03月07日　　　　　　　　日期：2016年03月07日

图 4-6-8　销售合同

上海市 增值税专用发票　　NO. 0024456

开票日期：2016年3月07日

购货单位	名　称：	上海南洋建材有限公司	密码区	8821*4/-12<0<9-+3-*3*040331 4412>355-01132*62/25/5-2*12 7+8*71068+4-35+</583/5-<-*04 03314412>355-01/*72+7**1*><	加密版本：01 0024456
	纳税人识别号：	310109198808302			
	地　址、电　话：	上海中山路1000号　021-66666666			
	开户行及账号：	工商银行中原分行　6222021702080088533			

货物或应税劳务名称	规格型号	单位	数　量	单　价	金　额	税率	税　额
空心砖		块	100000.00	8.00	800000.00	17%	136000.00
合　　计					¥800000.00		¥136000.00

价税合计（大写）　玖拾叁万陆仟元整　　（小写）¥936000.00

销货单位	名　称：	上海东海绿色建材有限公司	备注
	纳税人识别号：	310110201601011	
	地　址、电　话：	上海市浦东南路6666号　021-88888888	
	开户行及账号：	工商银行上海浦东分行　6228100100068566	

收款人：　　　　复核：　　　　开票人：　　　　销货单位（章）

图 4-6-9　增值税专用发票

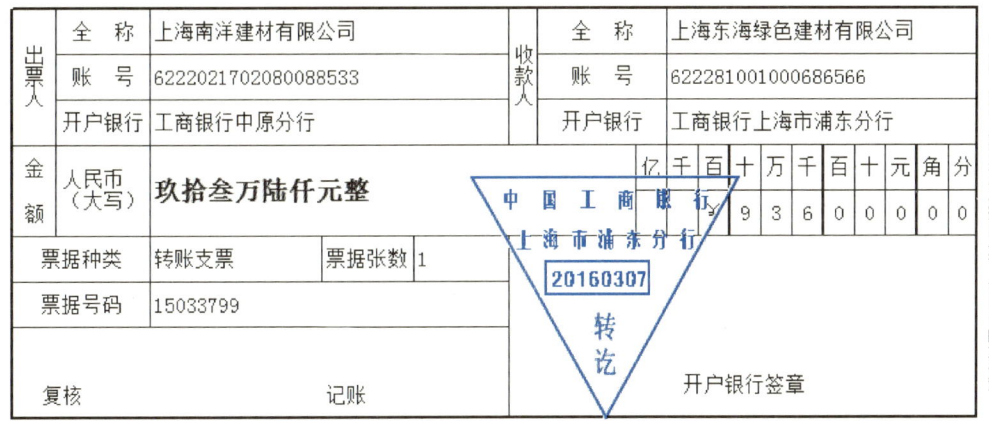

图 4-6-10　银行进账单

（2）在"销售订单"对话框中，"订单号"输入"XS20160307"，"客户简称"单击"编辑"，单击【增加】按钮，按要求分别输入"客户编码""客户简称"（销售合同），"税号"（增值税发票），单击【银行】按钮，打开"客户银行档案"对话框，单击【增加】按钮。

（3）在"客户银行档案"对话框中，"所属银行"选中"中国工商银行"，"开户银行"输入"工商银行中原分行"，"银行账号"输入"6222021702080088533"，"默认值"选中"是"，单击【保存】按钮→【退出】按钮→【保存】按钮，如图 4-6-11 所示。

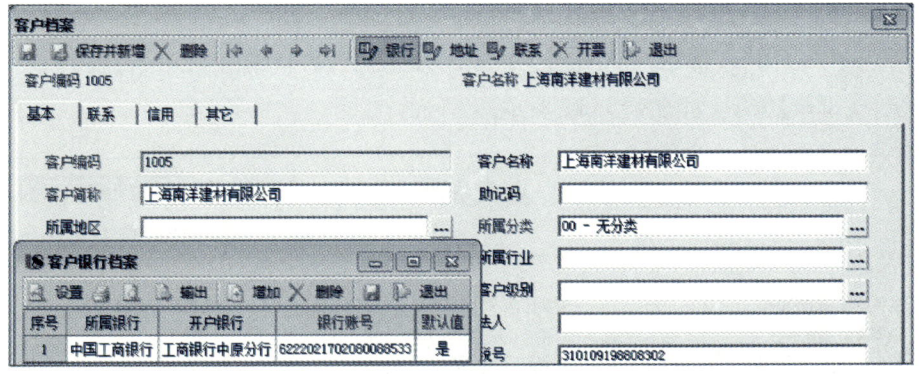

图 4-6-11　"客户档案"对话框

（4）"客户简称"选中"上海南洋建材有限公司"，"业务员"选中"李亦非"。"存货编码"选中"0201"，"数量"输入"100 000.00"，"无税单价"输入"8.00"，"订单日期"选中"2016-03-07"，单击【保存】按钮→【审核】按钮，如图 4-6-12 所示。

图 4-6-12 "销售订单"窗口

(5) 执行"销售管理"→"销售发货"→"发货单",单击【增加】按钮→单击【订单】按钮,屏幕显示"查询条件选中-参照订单",单击【确定】按钮,打开"参照生单"对话框,单击"全选",单击【确定】按钮,如图 4-6-13 所示。

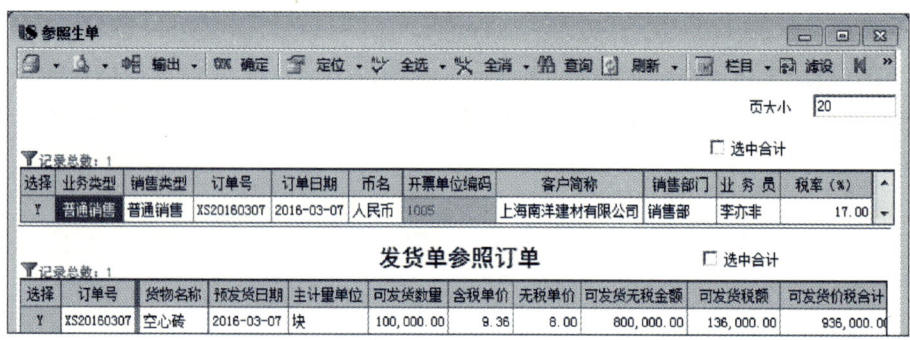

图 4-6-13 "选择生成的发货单"对话框

(6) 返回"发货单"对话框,"仓库名称"选中"产成品库",单击【保存】按钮→【审核】按钮,如图 4-6-14 所示。

图 4-6-14 "发货单"窗口

(7) 执行“销售开票”→“销售专用发票”，打开“销售专用发票”对话框，单击【增加】按钮，“生单”选中“参照发货单”，打开“查询条件选择-发票参照发货单”，“客户编码”选中“1005”，单击【确定】按钮，打开“参照生单”对话框，单击“全选”，单击【确定】按钮。

(8) 返回“销售专用发票”对话框，“发票号”输入“0024456”，单击【保存】按钮→【现结】按钮，打开“现结”对话框，“结算方式”选中“转账支票”，“原币金额”输入“936 000.00”，“票据号”输入“15033799”，单击【确定】按钮，如图4-6-15所示。

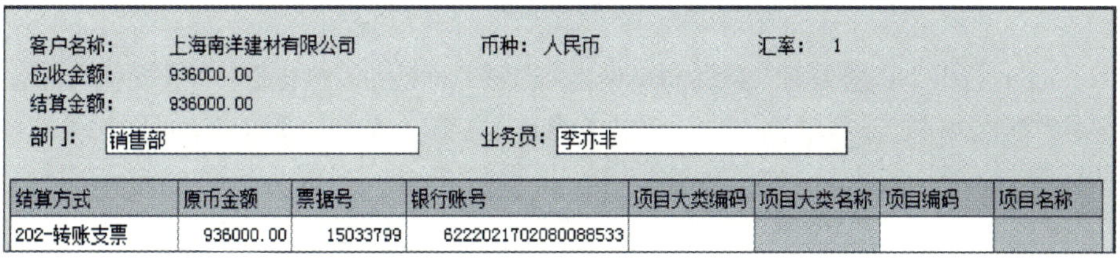

结算方式	原币金额	票据号	银行账号	项目大类编码	项目大类名称	项目编码	项目名称
202-转账支票	936000.00	15033799	6222021702080088533				

图 4-6-15 “现结”对话框

(9) 返回“销售专用发票”对话框，单击【复核】按钮，如图 4-6-16 所示。

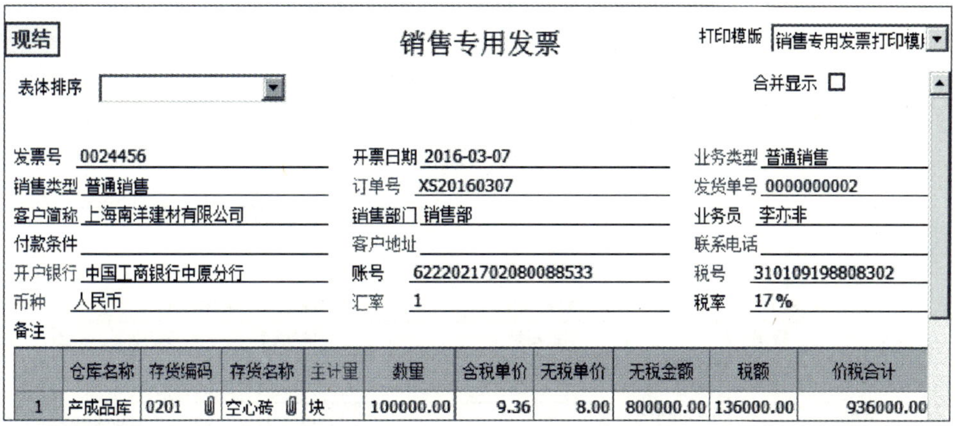

	仓库名称	存货编码	存货名称	主计量	数量	含税单价	无税单价	无税金额	税额	价税合计
1	产成品库	0201	空心砖	块	100000.00	9.36	8.00	800000.00	136000.00	936000.00

图 4-6-16 “销售专用发票”窗口

第二步，单击“重注册”，以“A5001”库存主管身份登录系统 。

执行“供应链”→“库存管理”→“出库业务”→“销售出库单”，打开“销售出库单”对话框，单击➡|“末张”，单击【审核】按钮，屏幕显示“库存管理”窗口“该单据审核成功”，单击【确定】按钮，如图 4-6-17 所示。

第三步，单击“重注册”，以“A2002”会计主管身份登录系统。

(1) 执行“财务会计”→“应收款管理”→“应收单据处理”→“应收单据审核”，屏幕显示“应收单查询条件”对话框，勾选“包含已现结发票”，单击【确定】按钮。

图 4-6-17 "销售出库单"窗口

(2) 打开"单据处理"对话框,双击"选择"对话框,单击【审核】按钮,屏幕显示"本次审核选中单据[1]",单击【确定】按钮→【关闭】按钮,如图 4-6-18 所示。

图 4-6-18 "应收单据列表"窗口

(3) "应收款管理"→"制单处理",屏幕显示"制单查询"窗口,勾选"现结制单",单击【确定】按钮,打开"制单"对话框,单击"全选",单击【制单】按钮。

(4) 打开"填制凭证"对话框,单击【保存】按钮,如图 4-6-19 所示。

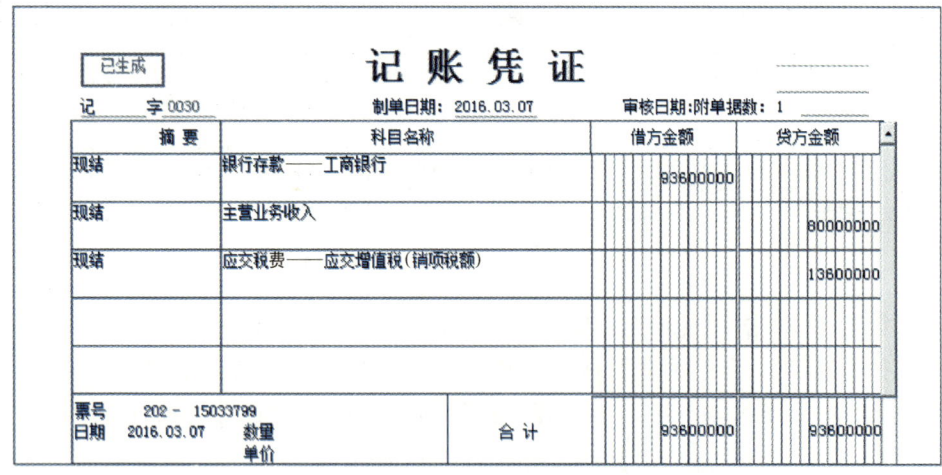

图 4-6-19 "现结"凭证

(5) 执行"供应链"→"存货核算"→"业务核算"→"正常单据记账",屏幕显示"查询条件选择"窗口,单击【确定】按钮,打开"未记账单据一览表"对话框,双击"选择",单击"记账",屏幕出现"存货核算"窗口"记账成功",单击【确定】按钮,单击【关闭】按钮,如图 4-6-20 所示。

图 4-6-20 "正常单据记账"窗口

(6) 执行"财务核算"→"生成凭证",单击"选择",屏幕显示"查询条件"对话框,单击【确定】按钮,打开"选择单据"对话框,单击"全选",单击【确定】按钮屏幕返回"生成凭证"对话框,单击"生成"。

(7) 打开"填制凭证"对话框,单击【保存】按钮,如图 4-6-21 所示。

图 4-6-21 "结转销售成本"凭证

第四步,单击"重注册",以"A2003"出纳人员身份登录系统进行签字。
执行"财务会计"→"总账"→"凭证"→"出纳签字"→"签字"。
第五步,单击"重注册",以"A2001"财务主管身份登录系统进行审核和记账。

(1) 执行"财务会计"→"总账"→"凭证"→"审核凭证"→"成批审核凭证"。
(2) 执行"记账"→"全选"→"记账",单击【确定】按钮。

业务三:销售部分退货并办理退款

2016 年 3 月 13 日,上海南洋建材有限公司(合同编号 XS20160307)货物进行检验,发现有 100 块空心砖有破损。双方协商后,上海安信绿色建材有限公司即日办理退货,即日开出红字发票一张,并办理退款,如图 4-6-22 至图 4-6-24 所示。

【操作提示】

第一步,单击"重注册","操作员"输入"A3001",密码为空,选择"[666](default)上海东海绿色建材有限公司","操作日期"修改为"2016-03-13",单击【登录】按钮。

(1) 执行"供应链"→"销售管理"→"销售发货"→"退货单",打开"退货单"对话框,单击【增加】按钮,"生单"选中"参照订单",屏幕显示"查询条件选择-参照订单",单击【确定】按钮。

开具红字增值税专用发票通知单

填开日期 2016 年 03 月 13 日　　　　NO. 0004789

销售方	名称	上海东海绿色建材有限公司	购买方	名称	上海南洋建材有限公司
	税务登记代码	310110201501011		税务登记代码	310109198808302

开具红字发票内容	货物（劳务）名称	单价	数量（块）	金额	税率	税额
	空心砖	8.00	100	800.00	0.17	136.00
	合计			800.00		136.00

说明	需要作进项税额转出　☐ 不需要作进项税额转出　☑ 纳税人识别号认证不符 专用发票代码、号码认证不符 对应蓝字专用发票密码区内打印的代码： 　　　　　　　　　　　号码： 0024456 开具红字专用发票理由　与合同规定不符

经办人： 李亦非　　负责人： 舒俊稳　　主管税务机关名称（印章）：

注：1. 本通知单一式三联：第一联，购买方主管税务机关留存；第二联，购买方送交销售方留存；第三联，购买方留存。
    2. 通知单应与申请单一一对应。
    3. 销售方应在开具红字专用发票后到主管税务机关进行核销。

图 4-6-22　红字增值税专用发票通知单

退货单

购货单位： 上海中南建材有限公司
发票或送货号： 0024456　　　　制单日期： 2016 年 03 月 13 日　第 3 号

销货单位： 上海东海绿色建材有限公司	仓库： 产成品库	运输工具： 汽车	车（船）号： 沪BY234567
原发件数： 100000	单位： 块	重量：	实收件数： 100000
溢余件数：	溢余重量：	短缺件数：	短缺重量：
质检情况： 100块空心砖质量有破损	负责人： 舒俊稳	经办人： 李静	
公司	处理意见： 同意退货并退款	负责人： 舒俊稳	经办人： 李静

图 4-6-23　退货单

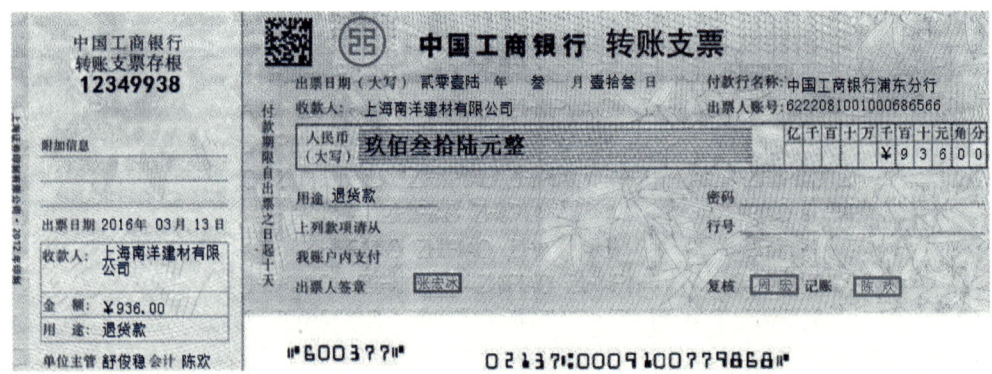

图 4-6-24　转账支票

（2）打开“参照生单”对话框，单击“全选”，单击【确定】按钮，返回“退货单”对话框，“仓库名称”选中“产成品库”，“数量”修改为“－100.00”，单击【保存】按钮→【审核】按钮，如图4-6-25所示。

退货单

显示模版 退货单显示模版

表体排序

合并显示

退货单号 0000000003　退货日期 2016-03-13　业务类型 普通销售
销售类型 普通销售　订单号 XS20160307　发票号
客户简称 上海南洋建材有限公司　销售部门 销售部　业务员 李亦非
发运方式　币种 人民币　汇率 1
税率 17%　备注

	仓库名称	货物编码	存货名称	主计量	数量	含税单价	无税单价	无税金额	税额	价税合计	税率（%）
1	产成品库	0201	空心砖	块	-100.00	9.36	8.00	-800.00	-136.00	-936.00	17.00

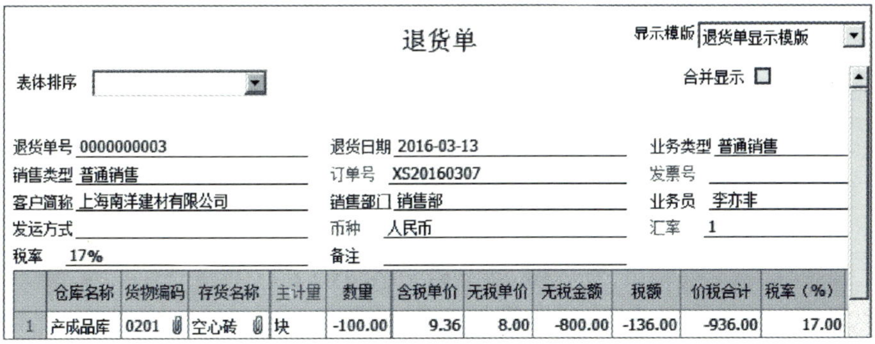

图4-6-25　“退货单”窗口

（3）执行“销售开票”→“红字专用销售发票”，打开“红字专用销售发票”对话框，单击【增加】按钮，“生单”选中“参照发货单”，屏幕显示“查询条件选中——发票参照发货单”，“发货单类型”选中“红字记录”，单击【确定】按钮，如图4-6-26所示。

查询条件选择-发票参照发货单

保存常用条件　过滤方案

常用条件

客户编码　部门编码
发货单日期　到
发货单号　到
存货编码　到
仓库　业务员编码
业务类型 普通销售　发货单类型 红字记录

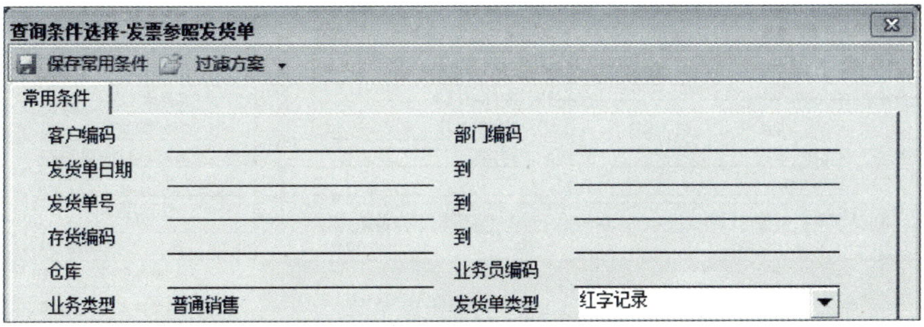

图4-6-26　“查询条件选择——红字记录”窗口

（4）打开“参照生单”对话框，单击“全选”，单击【确定】按钮，返回“红字专用销售发票”对话框，“发票号”输入“0024457”，单击【保存】按钮→【现结】按钮。

（5）打开“现结”对话框，“结算方式”选中“转账支票”，“原币金额”输入“－936.00”，“票据号”输入“12349938”，单击【确定】按钮，如图4-6-27所示。

现结

客户名称：上海南洋建材有限公司　币种：人民币　汇率：1
应收金额：-936.00
结算金额：-936.00
部门：销售部　业务员：李亦非

结算方式	原币金额	票据号	银行账号	项目大类编码	项目大类名称	项目编码	项目名称
202-转账支票	-936.00	12349938	6222021702080088533				

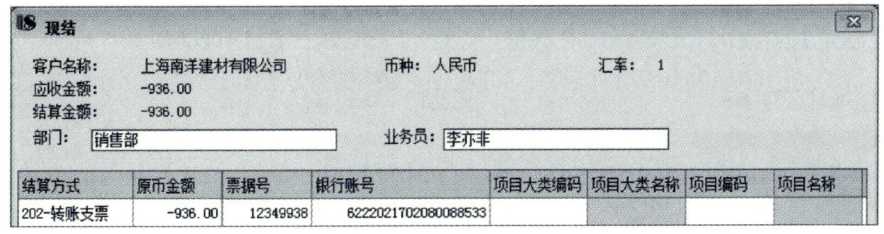

图4-6-27　“现结”对话框

(6) 返回"销售专用发票"对话框,单击【复核】按钮,如图 4-6-28 所示。

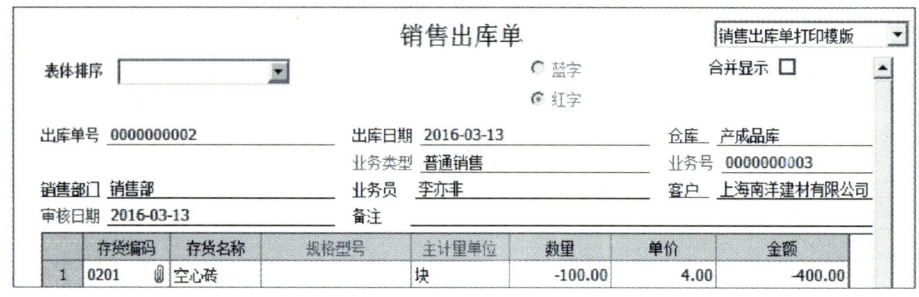

图 4-6-28 "红字销售专用发票"窗口

第二步,单击"重注册",以"A5001"仓库主管身份登录系统。

执行"供应链"→"库存管理"→"出库业务"→"销售出库单",打开"销售出库单"对话框,单击➡│"末张",单击【审核】按钮,如图 4-6-29 所示。

图 4-6-29 "销售出库单"窗口

第三步,单击"重注册",以"2002"会计主管身份登录系统。

(1) 执行"财务会计"→"应收款管理"→"应收单据处理"→"应收单据审核",打开"应收单查询条件"对话框,勾选"包含已现结发票",单击【确定】按钮。

(2) 打开"单据处理"对话框,单击"全选",单击【审核】按钮→【确定】按钮→【关闭】按钮,执行"制单处理",打开"制单查询"窗口,勾选"现结制单",单击【确定】按钮。打开"制单"对话框,单击"全选",单击【制单】按钮。

(3) 打开"填制凭证"对话框,单击【保存】按钮→【关闭】按钮,如图 4-6-30 所示。

(4) 执行"供应链"→"存货核算"→"业务核算"→"正常单据记账",屏幕显示"查询条件选择"窗口,单击【确定】按钮。在"未记账单据一览表"对话框中,单击"全选"→"记账",单击【确定】按钮→【关闭】按钮,如图 4-6-31 所示。

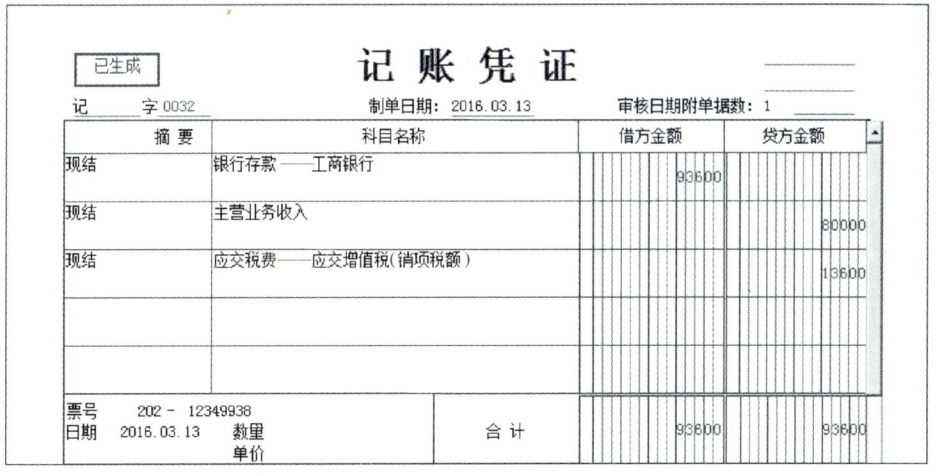

图 4-6-30 "红字冲销"凭证

图 4-6-31 "正常单据记账"窗口

(5) 执行"财务核算"→"生成凭证",单击"选择",屏幕显示"查询条件"对话框,单击【确定】按钮,打开"生成凭证"对话框,单击"全选",单击【确定】按钮,屏幕返回"生成凭证"对话框,单击"生成"。

(6) 打开"填制凭证"对话框,单击【保存】按钮,如图 4-6-32 所示。

图 4-6-32 "红字结转成本"凭证

第四步,单击"重注册",以"A2003"出纳人员身份登录系统进行签字。
执行"财务会计"→"总账"→"凭证"→"出纳签字"→"签字"。
第五步,单击"重注册",以"A2001"财务主管身份登录系统进行审核和记账。
(1) 执行"财务会计"→"总账"→"凭证"→"审核凭证"→"成批审核凭证"。

(2) 执行“记账”→“全选”→“记账”，单击【确定】按钮。

业务四:销售发货并收到现金

2016 年 3 月 15 日，销售部售出产品空心砖给好友快装潢公司(编号 1006)，含税单价 9 元，当天发货，收到现金，如图 4-6-33 和图 4-6-34 所示。

上海市 服务业统一发票

发 票 联

发票代码：

客户名称： 好又快装潢公司　　2016 年 03 月 15 日　　发票号码： 465335

项　目	摘　要	单 位	数 量	单 价	金　额
	出售空心砖	块	100	9.00	900.00
合计（大写）	玖佰元整		¥ 900.00		

第二联报销凭证

上海东海绿色建材有限公司 310110201501011 发票专用章

收款： 张宏冰　　经办： 陈欢　　收款单位（盖章）

（手填无效）　　税控码：

图 4-6-33　服务业统一发票

收　据

NO 00002

入账日期：2016 年 03 月 15 日

交款单位	好又快装潢公司	**收款方式**	现金
人民币（大写）	**玖佰元整**	¥	
收款事由	出售空心砖	现金收讫	
			2016 年 03 月 15 日

一收据存根

图 4-6-34　收据

【操作提示】

第一步，单击“重注册”，“操作员”输入“A3001”，密码为空，选择“[666](default)上海东海绿色建材有限公司”，“操作日期”修改为“2016-03-15”，单击【登录】按钮。

(1) 执行“供应链”→“销售管理”→“销售发货”→“发货单”，打开“发货单”对话框，单击【增加】按钮。单击“客户简称”→“编辑”→【增加】按钮，按要求分别输入“客户编码”和“客户简称”，单击【保存】按钮，选中“好友快装潢公司”，“销售部门”选中“销售部”，“仓库名称”选中“产成品库”，“存货编码”选中“0201”，“数量”输入“100.00”，“含税单价”输入“9.00”，单击【保存】按钮，单击

【审核】按钮。

(2) 执行“销售开票”→“销售普通发票”,打开“销售普通发票”对话框,单击【增加】按钮,“生单”选中“参照发货单,“客户编码”选中“1006”,单击【确定】按钮。打开“参照生单”对话框,单击“全选”,单击【确定】按钮,返回“销售普通发票”对话框,“发票号”输入“465335”,单击【保存】按钮→【现结】按钮。

(3) 打开“现结”对话框,“结算方式”选中“现金结算”,“原币金额”输入“900.00”,“票据号”输入“465335”,单击【确定】按钮,返回“销售普通发票”对话框,单击【复核】按钮,如图 4-6-35 所示。

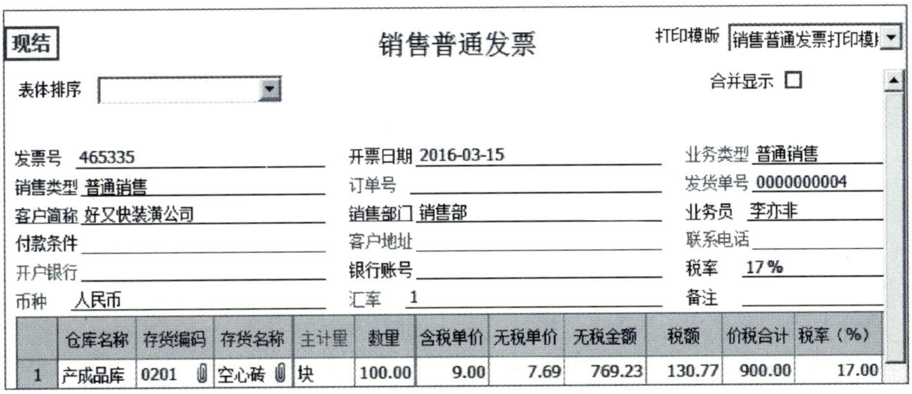

现结

销售普通发票

打印模版 销售普通发票打印模

表体排序

合并显示 □

发票号 465335　开票日期 2016-03-15　业务类型 普通销售
销售类型 普通销售　订单号　发货单号 0000000004
客户简称 好又快装潢公司　销售部门 销售部　业务员 李亦非
付款条件　客户地址　联系电话
开户银行　银行账号　税率 17%
币种 人民币　汇率 1　备注

	仓库名称	存货编码	存货名称	主计量	数量	含税单价	无税单价	无税金额	税额	价税合计	税率（%）
1	产成品库	0201	空心砖	块	100.00	9.00	7.69	769.23	130.77	900.00	17.00

图 4-6-35 “现结完成销售普通发票”窗口

第二步,单击“重注册”,以“A5001”仓库主管身份登录系统。

执行“供应链”→“库存管理”→“出库业务”→“销售出库单”,单击“末张”,单击【审核】按钮。

第三步,单击“重注册”,以“A2002”会计主管身份登录系统。

(1) 执行“财务会计”→“应收款管理”→“应收单据处理”→“应收单据审核”,勾选“包含已现结发票”,单击【确定】按钮。打开“单据处理”对话框,单击“全选”,单击【审核】按钮→【确定】按钮→【关闭】按钮。

(2) “应收款管理”→“制单处理”,打开“制单查询”窗口,勾选“现结制单”,单击【确定】按钮。打开“制单”对话框,单击“全选”→【制单】按钮。

(3) 打开“填制凭证”对话框,单击【保存】按钮,如图 4-6-36 所示。

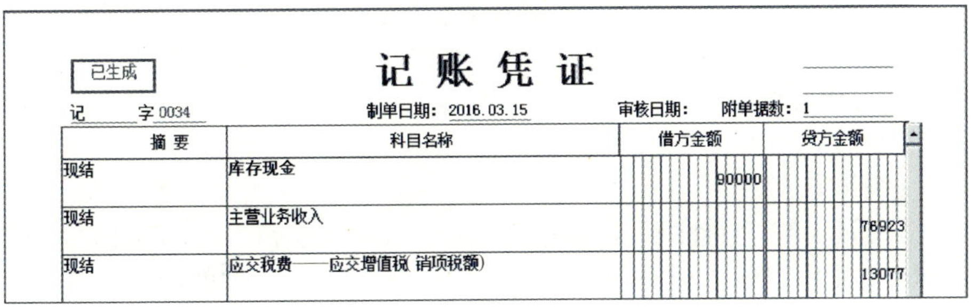

已生成

记 账 凭 证

记　字 0034　制单日期: 2016.03.15　审核日期:　附单据数: 1

摘 要	科目名称	借方金额	贷方金额
现结	库存现金	90000	
现结	主营业务收入		76923
现结	应交税费——应交增值税(销项税额)		13077

图 4-6-36 “现结”凭证

(4)执行"供应链"→"存货核算"→"业务核算"→"正常单据记账",单击【确定】按钮,打开"未记账单据一览表"对话框,单击"全选"→"记账"→【确定】按钮→【关闭】按钮,如图4-6-37所示。

选择	日期	单据号	存货编码	存货名称	单据类型	仓库名称	收发类别	数量
Y	2016-03-15	465335	0201	空心砖	普通发票	产成品库	销售出库	100.00

记录总数:1 正常单据记账列表

图4-6-37 "正常单据记账"窗口

(5)执行"财务核算"→"生成凭证",单击"选择",屏幕显示"查询条件"对话框,单击【确定】按钮。打开"选择单据"对话框,单击"全选"→【确定】按钮,屏幕返回"生成凭证"对话框,单击"生成"。

(6)打开"填制凭证"对话框,单击【保存】按钮,如图4-6-38所示。

记 账 凭 证
已生成
记 字 0035   制单日期:2016.03.15   审核日期附单据数:1

摘要	科目名称	借方金额	贷方金额
普通发票	主营业务成本	40000	
普通发票	库存商品		40000

图4-6-38 "生成结转销售成本"凭证

第四步,单击"重注册",以"A2003"出纳人员身份登录系统进行签字。
执行"财务会计"→"总账"→"凭证"→"出纳签字"→"签字"。
第五步,单击"重注册",以"A2001"财务主管身份登录系统进行审核和记账。

(1)执行"财务会计"→"总账"→"凭证"→"审核凭证"→"成批审核凭证"。

(2)执行"记账"→"全选"→"记账",单击【确定】按钮。

业务五:收到浙江石材有限公司商业承兑汇票

2016年3月17日,开出上月销售给浙江石材有限公司的空心砖(已发货)增值税专用发票,对方开出商业承兑汇票一张抵付货款,如图4-6-39和图4-6-40所示。

【操作提示】

第一步,单击"重注册","操作员"输入"A3001",密码为空,选择"[666](default)上海东海绿色建材有限公司","操作日期"修改为"2016-03-17",单击【登录】按钮。

图 4-6-39 增值税专用发票

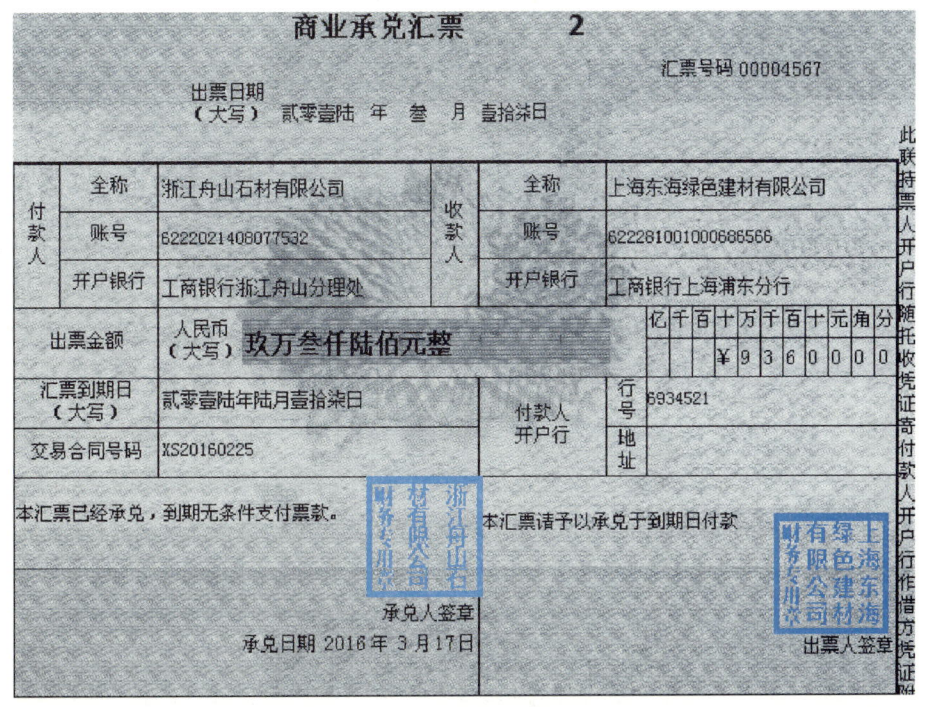

图 4-6-40 商业承兑汇票

（1）执行"供应链"→"销售管理"→"销售开票"→"销售专用发票"，打开"销售专用发票"对话框,单击【增加】按钮,"生单"选中"参照发货单",单击"确定",屏幕显示"参照生单"对话框,单击"全选"→【确定】按钮,如图4-6-41所示。

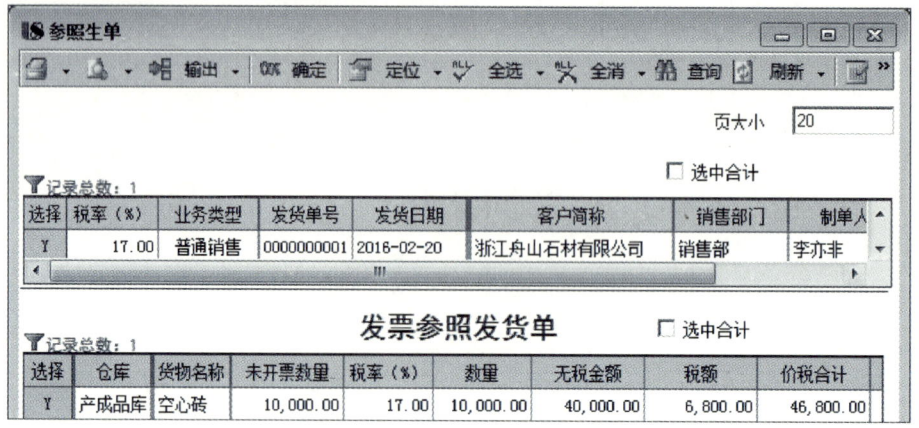

图4-6-41 "发票参照发货单"对话框

(2) 返回"销售专用发票"对话框,"发票号"输入"00092345","无税单价"修改为"8.00",单击【保存】按钮→【复核】按钮,如图4-6-42所示。

图4-6-42 "销售专用发票"窗口

第二步,单击"重注册",以"A2002"会计主管身份登录系统。

(1) 执行"财务会计"→"应收款管理"→"票据管理",打开"查询条件选择",单击【确定】按钮。

(2) 打开"票据管理"对话框,单击【增加】按钮,在【票据】对话框,"票据编号"输入"0004567","票据类型"选中"商业承兑汇票","结算方式"选中"商业汇票结算","出票日期"修改为"2016-03-17","到期日"修改为"2016-06-16","出票人"选中"浙江舟山石材有限公司","收款人开户银行"选中"中国工商银行浦东分行","金额"输入"93 600.00","付款行行号"输入"6934521",交易合同号输入"XS20160225",单击【保存】按钮,如图4-6-43所示。

商业汇票

银行名称　　　　　　　　　　　　　票据类型 商业承兑汇票
方向 收款　　　　票据编号 0004567　　结算方式 商业汇兑结算
收到日期 2016-03-17　出票日期 2016-03-17　到期日 2016-06-17
出票人 浙江舟山石材有限公司　出票人账号 6222021408070077532　付款人银行 中国工商银行舟山海淀支行
收款人 上海东海绿色建材有限公司　收款人账号 6222281001000686566　收款人开户银行 中国工商银行浦东分行
币种 人民币　　　金额 93600.00　　票面利率 0.00000000
汇率 1.000000　　付款行行号 6934521　　付款行地址
背书人　　　　　背书金额　　　　备注
业务员　　　　　部门　　　　　　票据摘要
交易合同号码 XS20160225　制单人 陈欢

图 4-6-43 "商业汇票"窗口

第三步,单击"重注册",以"A2001"财务主管身份登录系统。

(1) 执行"财务管理"→"应收款管理"→"应收单据处理"→"应收单据审核",打开"应收单据查询条件"对话框,单击【确定】按钮,打开"单据处理"对话框,单击"全选"→"审核"→【确定】按钮。

(2) 执行"应收款管理"→"收款单据处理"→"收款单据审核",单击【确定】按钮,打开"收付款单列表",单击"全选"→"审核"→【确定】按钮→【关闭】按钮。

(3) "应收款管理"→"制单处理",打开"制单查询"窗口,勾选"发票制单"和"收付款单制单",单击【确定】按钮。

(4) 打开"制单"对话框,单击"全选",单击【合并】按钮,单击【制单】按钮。

(5) 打开"填制凭证"对话框,单击【保存】按钮,如图 4-6-44 所示。

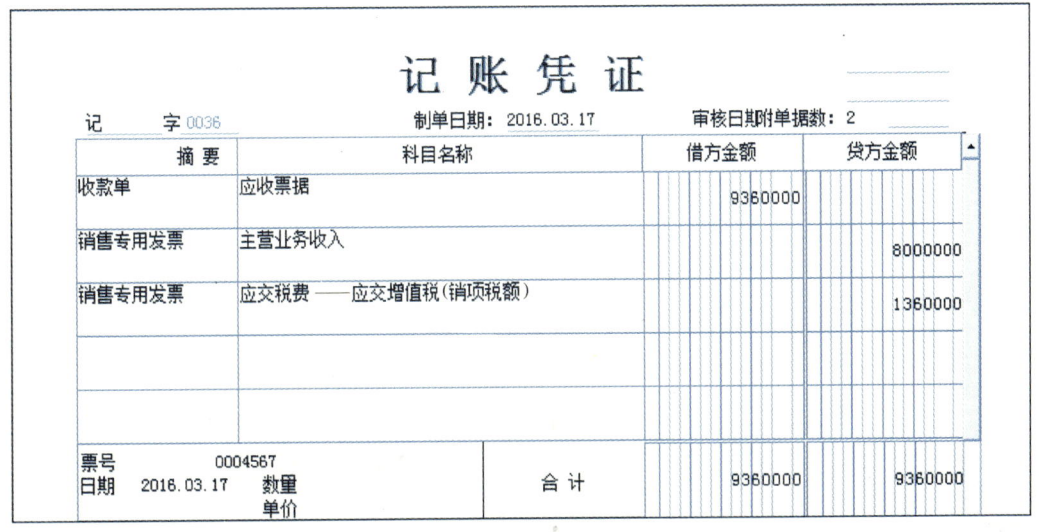

图 4-6-44 "应收票据"凭证

第四步,单击"重注册",以"A2002"会计主管身份登录系统。

（1）执行"供应链"→"存货核算"→"业务核算"→"正常单据记账"，单击【确定】按钮。打开"未记账单据一览表"对话框，单击"全选"→"记账"→【确定】按钮→【关闭】按钮。

（2）执行"财务核算"→"生成凭证"，单击"选择"，屏幕显示"查询条件"对话框，单击【确定】按钮。打开"选择单据"对话框，单击"全选"→【确定】按钮，屏幕返回"生成凭证"对话框，单击"生成"，如图 4-6-45 所示。

凭证类别		记 记账凭证						
选择	单据类型	科目类型	科目编码	科目名称	借方金额	贷方金额	借方数量	贷方数量	存货名称
1	专用发票	对方	5401	主营业务成本	40,000.00		10,000.00		空心砖
		存货	1243	库存商品		40,000.00		10,000.00	空心砖
合计					40,000.00	40,000.00			

图 4-6-45 "选择单据"对话框

（3）打开"填制凭证"对话框，单击【保存】按钮，如图 4-6-46 所示。

图 4-6-46 "结转销售成本"凭证

（4）执行"财务会计"→"总账"→"凭证"→"审核凭证"→"审核"。

第五步，单击"重注册"，以"A2001"财务主管身份登录系统进行审核和记账。

（1）执行"财务会计"→"总账"→"凭证"→"审核凭证"→"审核"。

（2）执行"记账"→"全选"→"记账"，单击【确定】按钮。

第六步，备份账套，保存路径为"C:\666 账套\666 供应链销售日常业务"。

第 7 节　库存管理日常处理

存货管理制度

一、库存管理日常处理的分类

库存管理是用友 ERP-U8 V10.1 管理软件的一个重要子系统，主要是对存货进行入库、出库管理，能够满足采购入库、销售出库、产成品入库、材料出库以及其他出入库的需要,并有效进行库存控制,实时地进行库存账表查询及统计业务。

存货核算系统是连接财务管理系统和供应链管理系统的枢纽,其与企业的采购业务、销售业务、成本管理、总账系统均有着直接而又密切的关系,它接收供应链子系统传递过来的单据,对其进行记账处理,核算各种存货成本,并生成记账凭证传递给总账。

二、实训资料

业务一为生产领用材料。

业务二为月底退回水泥30吨。

三、实训指导

业务一:生产领用材料

2016年3月17日,生产车间材料管理员夏雪到仓管部领用生产材料一批,如图4-7-1所示。

领料单

仓库:仓管部　　开单日期 2015年03月17日　　单据号:001

材料编号	材料名称	规格型号	单位	数量		实际成本	
				请领	实发	单价	金额
0101	煤矸石		吨	520.00	520.00		
0102	水泥		吨	90.00	90.00		
0102	粉煤灰		吨	50.00	50.00		
用途	生产领用			领料部门		发料部门	
				负责人	领料人	核准人	发料人
				刘海涛	夏雪	李静	李静

图 4-7-1　领料单

【操作提示】

引入"666账套\666供应链"账套。

第一步,单击"重注册","操作员"输入"A5001",密码为空,选择"[666](default)上海东海绿色建材有限公司","操作日期"修改为"2016-03-17",单击【登录】按钮。

(1)执行"业务工作"→"供应链"→"库存管理"→"出库业务"→"材料出库单",打开"材料出库单"对话框,单击【增加】按钮。

(2)在"材料出库单"对话框中,"仓库"选中"原材料库","出库类别"选中"生产领用出库","部门"选中"生产车间","材料编码"选中"0101","数量"输入"520.00"。

(3)依次输入其他材料,单击【保存】按钮→【审核】按钮→【关闭】按钮,如图4-7-2所示。

材料出库单

	材料编码	材料名称	规格型号	主计量单位	数量	单价	金额
1	0101	煤矸石		吨	520.00	10.98	5709.60
2	0102	水泥		吨	90.00	419.87	37788.30
3	0103	粉煤灰		吨	50.00	40.00	2000.00

出库单号 0000000001　出库日期 2016-03-17　仓库 原材料库
订单号　　　　　　　　产品编码　　　　　　　产量 0.00
生产批号　　　　　　　业务类型 领料　　　　　业务号
出库类别 生产领用出库　部门 生产车间　　　　委外商
审核日期 2016-03-17　　备注

图 4-7-2 "材料出库单"窗口

第二步，单击"重注册"，以"A2002"会计主管身份登录系统。

（1）执行"业务工作"→"供应链"→"存货核算"→"业务核算"→"正常单据记账"，屏幕显示"查询条件选择"对话框，单击【确定】按钮。

（2）在"未记账单据一览表"对话框中，单击"全选"，单击【记账】按钮，屏幕"存货核算"窗口显示"记账成功"，单击【确定】按钮，单击【关闭】按钮。

（3）"财务核算"→"生成凭证"，单击"选择"，打开"查询条件"对话框，选中"材料出库单"，单击【确定】按钮。

（4）打开"选择单据"对话框，单击"全选"，单击【确定】按钮，屏幕返回"生成凭证"对话框，单击"生成"，如图 4-7-3 所示。

（5）打开"填制凭证"对话框，光标定在"410101，移动鼠标到"项目客户"处，出现指针，"项目名称"选中"直接材料"，单击【确定】按钮→【保存】按钮，如图4-7-4所示。

凭证类别　记 记账凭证

选择	单据类型	科目类型	科目编码	科目名称	借方金额	贷方金额	借方数量	贷方数量	存货名称
1	材料出库单	对方	410101	基本生产成本	5,709.60		520.00		煤矸石
		存货	1211	原材料		5,709.60		520.00	煤矸石
		对方	410101	基本生产成本	37,788.30		90.00		水泥
		存货	1211	原材料		37,788.30		90.00	水泥
		对方	410101	基本生产成本	2,000.00		50.00		粉煤灰
		存货	1211	原材料		2,000.00		50.00	粉煤灰
合计					45,497.90	45,497.90			

图 4-7-3 "录入存货和对方科目"窗口

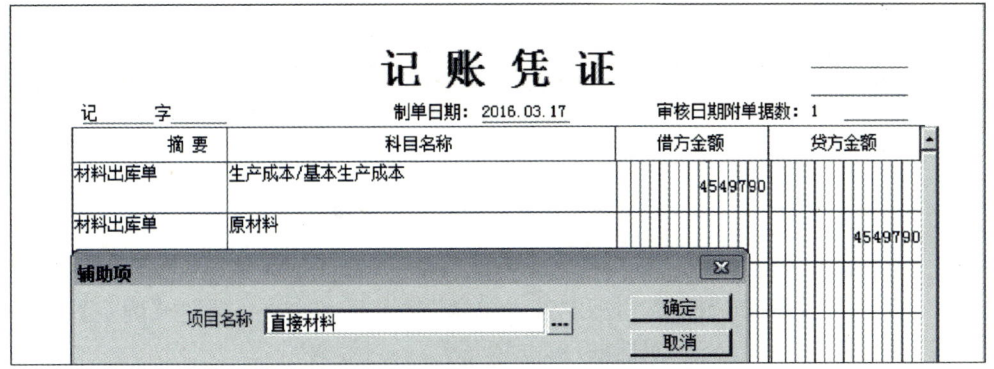

图 4-7-4 "材料出库单"凭证

第三步,单击"重注册",以"A2001"财务主管身份登录系统进行审核和记账。

(1) 执行"财务会计"→"总账"→"凭证"→"审核凭证"→"审核"。

(2) 双击"审核凭证列表",打开"记账凭证"对话框,单击"记账"。

业务二:月底退回水泥 30 吨

第一步,单击"重注册",以"A2002"会计主管身份登录系统。

(1) 执行"供应链"→"存货核算"→"日常业务"→"假退料单",打开"假退料单",单击【增加】按钮。"仓库"选中"原材料库","出库类别"选中"生产领用出库","材料编码"选中"0102","数量"输入"-30.00",单击【保存】按钮,如图4-7-5所示。

(2) 执行"业务核算"→"正常单据记账"→屏幕显示"查询条件选择"窗口,单击【确定】按钮,打开"未记账单据一览表"对话框。单击"全选"→"记账",屏幕出现"存货核算"窗口"记账成功",单击【确定】按钮,单击【关闭】按钮,如图4-7-6所示。

图 4-7-5 "假退料单"窗口

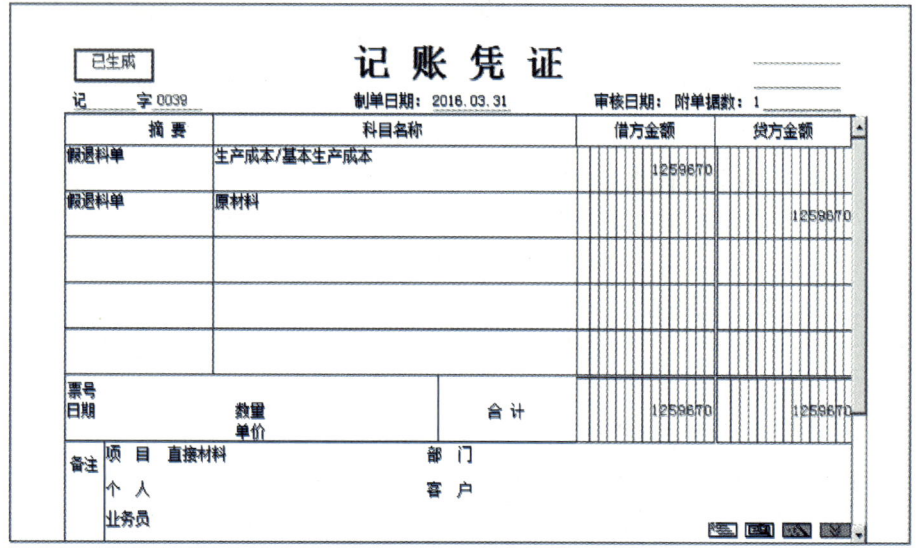

图 4-7-6 "材料出库单"窗口

(3) 执行"财务核算"→"生成凭证",单击"选择",屏幕显示"查询条件"对话框,单击【确定】按钮。打开"选择单据"对话框,单击"全选"→【确定】按钮,屏幕返回"生成凭证"对话框,单击"生成"。

(4) 打开"填制凭证"对话框,光标定在"410101"处,移动鼠标到"项目"处,出现指针,"项目名称"选中"直接材料",单击【保存】按钮,如图 4-7-7 所示。

图 4-7-7 "结转假退料单"凭证

第二步,单击"重注册",以"A2001"财务主管身份登录系统进行审核和记账。

(1) 执行"财务会计"→"总账"→"凭证"→"审核凭证"→"审核"。
(2) 执行"记账"→"全选"→"记账",单击【确定】按钮。

第三步,备份账套,保存路径为"C:\666 账套\666 供应链库存日常业务"。

一、单项选择题

1. 下列管理模块中,能生成存货的盘盈、盘亏明细表的是(　　)。

A. 库存管理模块　　　　　　　　B. 销售管理模块
C. 采购管理模块　　　　　　　　D. 存货管理模块

2. 供应商开出给购货单位的,用以付款、记账、纳税的依据是(　　)。
A. 采购发票　　B. 销售发票　　C. 记账凭证　　D. 收款单

3. (　　)模块在会计核算软件中处于核心地位,它与其他各个单项核算子系统都有着十分紧密的关系。
A. 账务处理　　B. 存货核算　　C. 固定资产核算　　D. 报表生成

4. 应收款核销是确定收款单与(　　)对应关系操作,即指明每一次收款那几笔销售业务款项。
A. 收款单　　B. 预收款　　C. 应收单据　　D. 以上都对

5. 应收系统期初数据主要包括(　　)。
A. 未处理完的所有供应商的应付账款
B. 预收账款
C. 已经预付账款
D. 以上全不对

6. 以采购发票和付款单为原始数据,完成各种应付款的登记、核销以及应付款分析模块是(　　)。
A. 账务处理模块　　　　　　　　B. 应收款管理模块
C. 应付款管理模块　　　　　　　D. 工资管理模块

二、多项选择题

1. 下列软件中,可以视为会计核算软件的有(　　)。
A. 账务处理　　　　　　　　　　B. 销售核算
C. 工资核算　　　　　　　　　　D. 固定资产核算

2. 存货核算模块以供应链模块产生的(　　)等核算单据为依据。
A. 入库单　　　　　　　　　　　B. 出库单
C. 工资凭证　　　　　　　　　　D. 原始单据

3. 应收款管理模块的收款单据处理主要对(　　)进行新增、修改、删除等操作。
A. 收款单　　　　　　　　　　　B. 预收款
C. 应付款　　　　　　　　　　　D. 预付款

4. 下列模块中,能进行账龄分析的模块有(　　)。
A. 应付款管理模块　　　　　　　B. 应收款管理模块
C. 工资模块　　　　　　　　　　D. 销售管理模块

三、判断题

1. 应收款管理模块为每一种类型的收款业务编制相应的记账凭证,并将凭证传递到账务处理模块。(　　)

2. 在应收款管理模块期末处理时,已经结账的用户发现本期业务处理有误,可以取消期末结转。(　　)

3. 应付款核销是确定付款与采购发票、应付单据之间对应关系的操作。(　　)

4. 应付款管理模块中预收冲应付用于处理客户的预收款和对该客户应付欠款的转账核销业务。（ ）

5. 在应付业务核销中,可以一张付款单据对应多张购货发票进行核销,但不能多张付款单据对应一张购货发票进行核销。（ ）

一、实验准备

1. 引入"C:\777 账套\777 固定资产"账套完成实验内容中的基础设置操作,操作员"C1001",日期 2016 年 1 月 1 日。

2. 引入"C:\777 账套\777 财务会计"的备份账套完成实验内容中的日常业务处理操作,使用操作员"C1001",日期 2016 年 1 月 1 日登录系统。

二、实验内容

（一）基础设置

1. 供应链各模块初始设置。

(1) 采购管理设置:允许超订单到货及入库;"订单\到货单\发票单价录入方式:手工录入";单据默认税率 17%,其余默认。

(2) 销售管理设置:"新增发货单默认:不参照单据","新增退货单默认:参照发货","新增发票默认:不参照单据";其余默认。

(3) 库存管理设置:自动带出单价的单据是采购入库单、其他入库单和全部出库单,其他数据默认。

(4) 存货核算设置:暂估方式:单到回冲;其他数据默认。

2. 根据下列内容,填写采购期初数据:

(1) 2015-12-15 采购部林灵从供应商常熟四维科技购买大众 320 模型 130 台,暂估本币单价为 550 元,货已办理入商品仓库,入库类别为暂估入库。

(2) 2015-12-29 采购部赵丹收到宁波维康科技开具的专用发票一张,内容如下:存储线路板 100 块,原币单价为 39 元;硬盘塑料盒 100 只,原币单价为 20 元。发票已入账,货品正在运输过程中。

3. 存货核算科目设置。

(1) 设置存货科目设置,如表 1 所示。

表 1

存货科目

仓库编码	仓库名称	存货科目编码
01	商品仓库	1243
02	材料仓库	1211

(2) 设置对方科目设置,如表 2 所示。

表 2

对 方 科 目

收发类别编码	收发类别名称	对方科目编码	暂估科目编码
101	采购入库	1202	
102	盘盈入库	2181	
104	暂估入库	212102	212102
105	产成品入库	4101	
201	销售出库	5401	
202	盘亏出库	1901	
204	生产领用	4101	

4. 根据表3和表4，填写本单位期初库存结存数量及金额，并进行期初采购模块、存货模块期初记账。

（1）商品仓库期初结存数设置。

表 3

商品仓库期初结存数

存货编码	存货名称	数量	单价	存货科目
02001	长城C50模型	400	290.00	库存商品
02002	大众320模型	360	530.00	库存商品
02003	宝马520模型	290	280.00	库存商品
02004	路虎发现模型	310	730.00	库存商品
03001	风云3模型	500	490.00	产成品

（2）材料仓库期初结存数设置。

表 4

材料仓库期初结存数

存货编码	存货名称	数量	单价	存货科目
01001	硬盘塑料盒	1 000	9.00	原材料
01002	存储线路板	800	31.00	原材料
01003	风云3初始模型	810	310.00	原材料
01004	移动硬盘存货包装盒	1 200	5.00	原材料

5. 备份账套，保存路径为："C:\777账套\供应链初始设置"。

（二）日常业务处理

注意：操作权限分工如下：操作员"C3001"负责销售管理系统所有权限、操作员"C4001"负责采购管理系统所有权限、操作员"C5001"负责库存管理系统所有权限、操作员"C2002"负责存货核算系统所有权限、操作员"C2003"负责出纳签字、操作员"C2001"负责审核和记账。

1. 2016年1月1日,生产车间从材料仓库领用硬盘塑料盒60只,存储线路板60

块,风云3初始模型60台,汽车模型存货包装盒60个,用于生产风云3模型。

2. 2016年1月2日,赵丹从宁波维康科技公司购入宝马520模型80台,原币单价为275元,已验收入商品仓库,收到供应商开具的专用发票一张,全部货款现付,结算方式现金支票,票号2569。根据业务录入相关单据,进行采购结算。

3. 2016年1月5日,销售一部铭志轩销售给上海汽模中心路虎发现模型36台,含税单价为1 640元,商品仓库发货,请直接开具销售普通发票,并在库存管理模块审核销售出库单,货款暂未收到。

4. 2016年1月7日,销售一部铭志轩和江苏常熟汽模市场采购员洽谈后,与江苏常熟汽模市场签订购销协议,销售给江苏常熟汽模市场宝马520模型25台,无税单价为380元;路虎发现模型25台,含税单价为1 100元,请填写销售订单,生成发货单(商品仓库发货),开具销售普通发票,货款暂未收到。

5. 2016年1月7日,现金支票(票号5236)支付2015年11月16日昆山建达全部货款,生成付款凭证,并进行付款核销处理。

6. 2016年1月12日,销售二部何昆从商品仓库销售给上海威乐汽模公司40台大众320模型,含税单价为940元,请开具销售专用发票,系统自动生成销售发货单,审核销售出库单,上海威乐汽模公司销售现付货款50%,现金支票支付,票号6329,生成相关凭证。

7. 2016年1月13日,销售二部罗利收到江苏常熟汽模市场25台宝马520模型和25台路虎发现模型的全部货款,转账支票一张,票号5267,请录入收款单,生成收款凭证,并进行核销处理。

8. 2016年1月14日,赵丹从常熟四维科技公司购入宝马520模型80台,原币单价为280元,已验收入商品仓库,入库类别为暂估入库,根据业务录入并审核采购入库单。

9. 2016年1月16日,财务部收到1月5上海汽模中心所欠36台路虎发现模型全部货款的35%,转账支票,票号5691,请录入收款单,审核并生成收款凭证,并进行相应核销处理。

10. 2016年1月20日,仓管部收到生产车间生产的60台风云3初始模型,入商品仓库。

11. 2016年1月20日,林灵从昆山建达公司购入路虎发现模型20台,原币单价为710元,已验收入商品仓库,入库类别为采购入库,根据入库单生成采购专用发票,款未付,并取得昆山建达开具运费发票一张,运输费为650元(运输发票现付,现金支票,票号5231),进行运费分摊采购结算,按数量分摊,并生成应付业务凭证。

12. 将账套进行备份,保存路径为"C:\777账套\777供应链"。

课后习题答案

第 5 章

期 末 处 理

通过本章你可以学到:
- 期末业务的处理方式与操作流程
- 设置转账凭证定义并进行凭证生成
- 汇兑损益和期间损益的操作流程
- 期末对账和期末结账的处理方式

第1节　期末处理概述

期末业务是指将本月所发生的日常经济业务全部登记入账后所涉及的内容,主要包括期末转账业务、试算平衡、对账和结账等。用友 ERP-U8 V10.1 管理软件中提供了"期末"业务处理功能,用户可以通过期末转账定义设置转账凭证,并自动生成相关期末转账凭证,这样既可以规范业务处理工作,也可以提高期末业务处理工作效率。

期末主要功能菜单包括对账、转账定义、转账生成和结账四个部分,如图5-1-1所示。

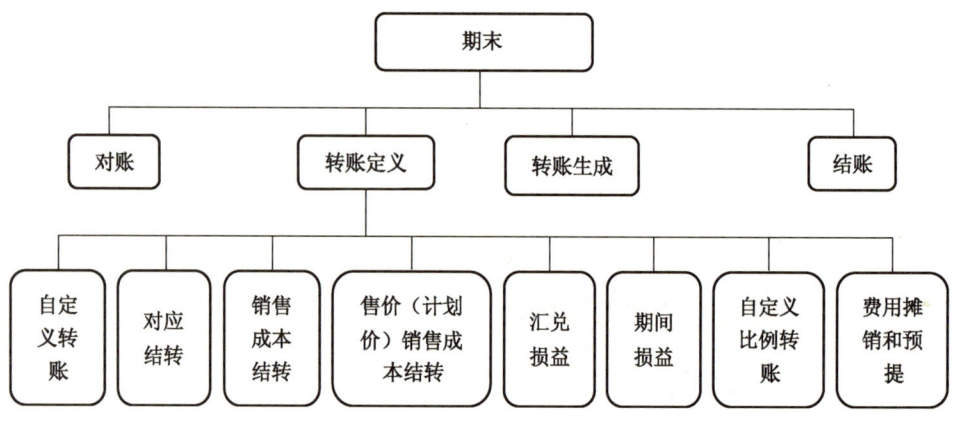

图 5-1-1　期末主要功能菜单

一、对账

为了保证账证相符、账账相符,需要使用对账功能进行对账。对账操作至少一个月一次,一般可在月末结账前进行。

二、转账定义

转账定义凭证可以满足各个企业不同转账内容的需要,进行分配、计提等各类业务的转账设置。转账定义可以分为:

(1) 自定义转账凭证:是把凭证的摘要、会计科目、借贷方向以及金额的计算公式预先设置成凭证模板,即自动转账分录,待需要转账时调用相应自动转账分录即能生成凭证。由于凭证中定义的公式基本取自账簿,因此在期末转账前必须将所有未记账凭证全部记账,否则生成转账凭证时数据有可能发生错误。

(2) 对应结转:实现科目与科目之间的结转,不仅可以进行两个科目间一对一的结转,也可以实现科目间一对多的结转;对应结转的科目可为非末级科目,但其下级科目结构必须一致,如有辅助核算,则两个科目的辅助账类也必须一致。

(3) 销售成本结转:是在未启用购销存系统的情况下,在财务系统计算并结转本期已销产品成本的功能。

(4) 汇兑损益结转:主要用于对外币核算的科目在期末按记账汇率自动计算汇率损益并生成记账凭证。

(5) 期间损益结转:主要用于在一个会计期间将损益科目的余额结转到本年经营科目中,从而及时反映企业经营的盈亏情况。

三、期末转账生成

☞ 每月末在所有日常业务均已登记入账的基础上,执行转账生产功能并选择需要生成的凭证类型,便可以快速生成转账凭证,自动追加到未记账凭证中,供进一步审核和记账。

微课:转账自定义

四、结账

每个会计期末计算并结转账簿的本期发生额和期末余额,并终止本期的账务处理工作,即为结账。

在用友 ERP—U8 V10.1 版软件中,月末结转需遵循以下规则:

(1) 采购管理系统期末结账后,才能进行应付管理系统期末结账。
(2) 销售管理系统期末结账后,才能进行应收管理系统期末结账。
(3) 采购与销售管理系统都结账后,才能进行库存与存货系统期末结账。
(4) 库存管理系统期末结账后,才能进行存货核算系统期末结账。
所有子系统都完成期末结账后,总账才能最后结账。

第 2 节 期末处理实训

快捷结账需谨慎

一、实训资料

上海东海绿色建材有限公司已经购买了用友 ERP-U8 V10.1 软件,并于 2016 年 3 月 31 日将所有的业务登记入账,在此基础上需要完成期末结转工作。具体操作权限分工如下:会计主管(A2002)负责自定义转账凭证设置和凭证生成等业务处理;出纳(A2003)负责出纳签字;财务主管(A2001)负责凭证业务处理。

首先,以"A2002"会计主管身份登录"666 工资管理"账套,登录时间为 2016 年 3 月 1 日。

其次,完成以下操作:

(1) 自定义转账设置:

① 结转本月未交增值税,如表 5-2-1 所示。

表 5-2-1

未交增值税

转账序号 0001

科目编码	方向	金额公式
应交税费——转出未交增值税	借	取应交税费——应交增值税的贷方余额
应交税费——未交增值税	贷	取对方科目计算结果

② 计提营业税,如表 5-2-2 所示。

表 5-2-2

营 业 税

转账序号 0002

科目编码	方向	金额公式
营业税金及附加	借	取对方科目计算结果
应交税费——应交城市维护建设税	贷	应交税费——未交增值税的贷方余额 * 0.07
应交税费——应交教育费附加	贷	应交税费——未交增值税的贷方余额 * 0.03
应交税费——应交地方教育附加	贷	应交税费——未交增值税的贷方余额 * 0.02

③ 设置"计提企业所得税费用",如表 5-2-3 所示。

表 5-2-3

企业所得税费用

转账序号:0003

科目编码	方向	金额公式
所得税	借	(本年利润的贷方发生额——借方发生额) * 0.25
应交税费——应交企业所得税	贷	取对方科目计算结果

④ 结转制造费用,如表 5-2-4 所示。

表 5-2-4

制 造 费 用

转账序号:0004

科目编码	方向	金额公式
生产成本——基本生产成本	借	取对方科目计算结果(项目 制造费用)
制造费用——职工薪酬	贷	发生(410501,月,借)
制造费用——水电费	贷	发生((410502,月,借)
制造费用——折旧费	贷	发生(410503,月,借)
制造费用——"五险一金"	贷	发生(410504,月,借)
制造费用——修理费	贷	发生(410505,月,借)

(2) 2016 年 3 月 30 日,计提应收商业承兑汇票的利息。

(3) 2016 年 3 月 31 日,人民币兑美元汇率为 6.78,进行汇兑损益结转。

(4) 2016 年 3 月 31 日,结转本月未交增值税。
(5) 计提本月营业税。
(6) 2016 年 3 月 31 日,结转本月制造费用。
(7) 2016 年 3 月 31 日,结转本月完工产品成本,如表 5-2-5 所示。

表 5-2-5

产成品入库单

2016 年 3 月 31 日　　　　　　　　　　第 1 号

基本生产车间	0201	验收入库	产成品库	入库日期	2016 年 3 月 31 日
品名	交库数量	实收数量	单价	金额	备注
	18 600	18 600			

会计主管:周宏　　　会计:陈欢　　　保管部门:王亚　　　验收:李静　　　制单:李静

(8) 2016 年 3 月 31 日,结转本月期间损益。
(9) 2016 年 3 月 31 日,计算并结转本月应交所得税。
(10) 对月末各系统进行对账、结账处理并进行备份。

二、实训指导

引入"C:\666 账套\666 工资管理"账套。

(一) 自定义转账设置

单击"重注册","操作员"输入"A2002",密码为空,选择"[666](default)上海东海绿色建材有限公司","操作日期"修改为"2016-03-01",单击【确定】按钮。

1. 结转本月未交增值税

(1) 执行"业务工作"→"财务会计"→"总账"→"期末"→"转账定义"→"自定义转账",打开"自定义转账"对话框,单击【增加】按钮,"转账序号"输入"0001","转账说明"输入"结转本月未交增值税",单击【确定】按钮,如图 5-2-1 所示。

(2) 单击【增行】按钮,"科目编码"选择"21710105"选择,单击"金额公式",打开"公式向导"对话框,"公式名称"选择"贷方发生额",单击【下一步】按钮,"科目名称"选择"217101",单击【确定】按钮→【完成】按钮,如图 5-2-2 所示。

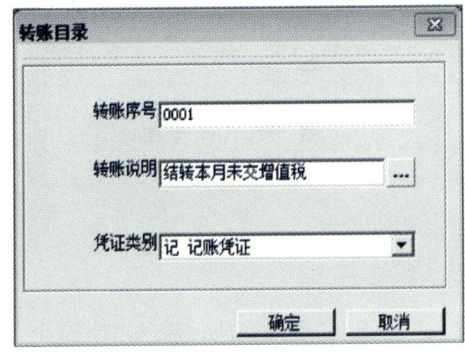

图 5-2-1 "转账目录"对话框

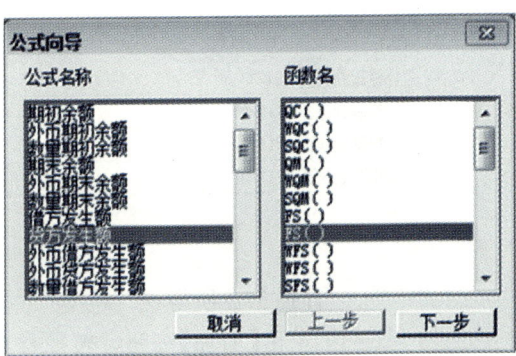

图 5-2-2 "公式向导"对话框

(3) 单击【增行】按钮,"科目编码"选择"217102","方向"选择"贷","金额公式"选择"JG()",单击【确定】按钮→【完成】按钮→【保存】按钮,如图5-2-3所示。

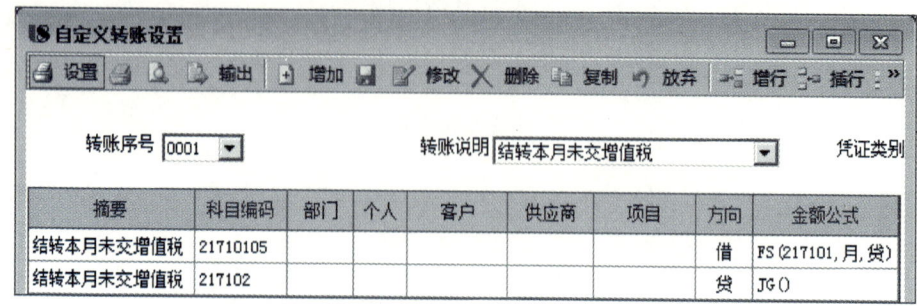

图 5-2-3 "结转本月未交增值税"设置

2. 计提营业税费

(1) 单击【增加】按钮,"转账序号"输入"0002","转账说明"输入"计提营业税费",单击【确定】按钮。

(2) 单击【增行】按钮,"科目编码"选择"5403"选择,"方向"选择"借","金额公式",打开"公式向导"对话框,"金额公式"选择"JG()",单击【确定】按钮,单击【完成】按钮。

(3) 单击【增行】按钮,"科目编码"选择"217108","方向"选择"贷"→"金额公式",打开"公式向导"对话框,"公式名称"选择"贷方发生额",单击【下一步】按钮,"科目名称"选择"217102",单击【确定】按钮→【完成】按钮,打开"自定义转账设置"对话框,"金额公式"输入"*0.07"。

(4) 依次设置"应交税费——应交教育费附加""应交税费——应交地方教育附加",单击【保存】按钮,如图5-2-4所示。

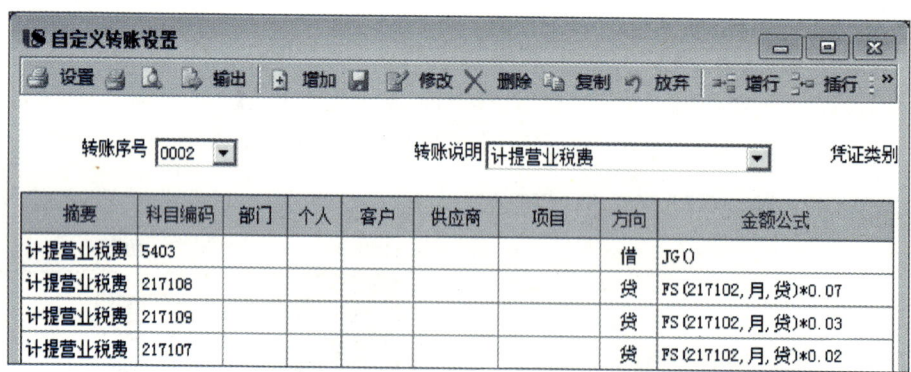

图 5-2-4 "计提营业税费"设置

3. 计提企业所得税

(1) 单击【增加】按钮,"转账序号"输入"0003","转账说明"输入"计提企业所得税",单击【确定】按钮。

(2) 单击【增行】按钮,"科目编码"选择"5701"选择,"方向"选择"借",单击"金额公式",打开"公式向导"对话框,"公式向导"选择"贷方发生额",单击【下一步】按钮,"科目名称"选择"3131",单击"继续输入公式","运算符"单击"减",单击【下一步】按钮,打开"公式向导"对话框,"公式向导"选择"借方发生额",单击【下一步】按钮,"科目名称"选择"3131",单击【完成】按钮,在"金额公式"前后增加"()*0.25"(注意半角)。

(3) 单击【增行】按钮,"科目编码"选择"217106","方向"选择"贷"→"金额公式",打开"公式向导"对话框,选择JG(),单击【确定】按钮→【完成】按钮→【保存】按钮,如图5-2-5所示。

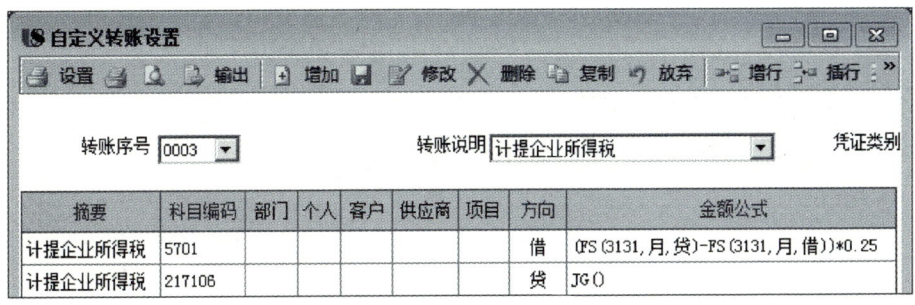

图 5-2-5 "计提企业所得税"设置

4. 结转制造费用

结转制造费用(省略),如图 5-2-6 所示。

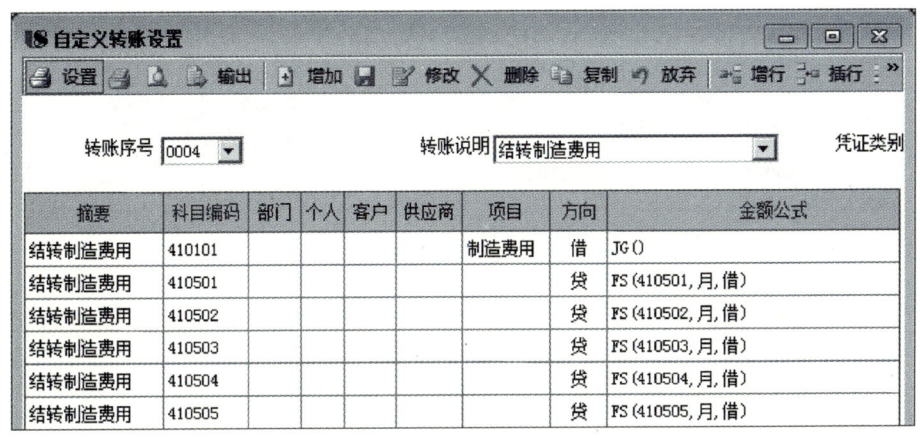

图 5-2-6 "结转制造费用"设置

(二) 计提应收商业承兑汇票的利息

第一步,单击"重注册","操作员"输入"A1001",密码为空,选择"[666](default)上海东海绿色建材有限公司","操作日期"修改为"2016-03-30",单击【确定】按钮。

(1) 执行"财务会计"→"应收款管理"→"票据管理",打开"查询条件选择"对话框,"票据类型"选中"银行承兑汇票",单击【确定】按钮,如图 5-2-7 所示。

图 5-2-7 "查询条件选择"对话框

(2) 打开"票据管理"窗口,双击"选择",单击【计息】按钮,屏幕显示"票据计息"窗口,单击【确定】按钮,如图 5-2-8 所示。

图 5-2-8 "票据计息"对话框

(3) 单击【计息】按钮,屏幕显示是否立即制单,单击【是】按钮,打开填制凭证对话框,第二行"科目名称"输入"550302",单击【保存】按钮,如图 5-2-9 所示。

图 5-2-9 "计息"凭证

第二步,单击"重注册",以"A2001"财务主管身份登录系统进行审核和记账。

(1) 执行"财务会计"→"总账"→"凭证"→"审核凭证"→"审核"。

(2) 执行"记账"→"全选"→"记账",单击【确定】按钮。

(三) 人民币兑美元汇率为 6.78,进行汇兑损益结转

第一步,单击"重注册","操作员"输入"A2002",密码为空,选择"[666](default)上海东海绿色建材有限公司","操作日期"修改为"2016-03-31",单击【确定】按钮。

(1) 执行"基础设置"→"基础档案"→"财务"→"外币设置",打开"外币设置"对话框,"调整汇率"输入"6.78",单击【确认】按钮,如图 5-2-10 所示。

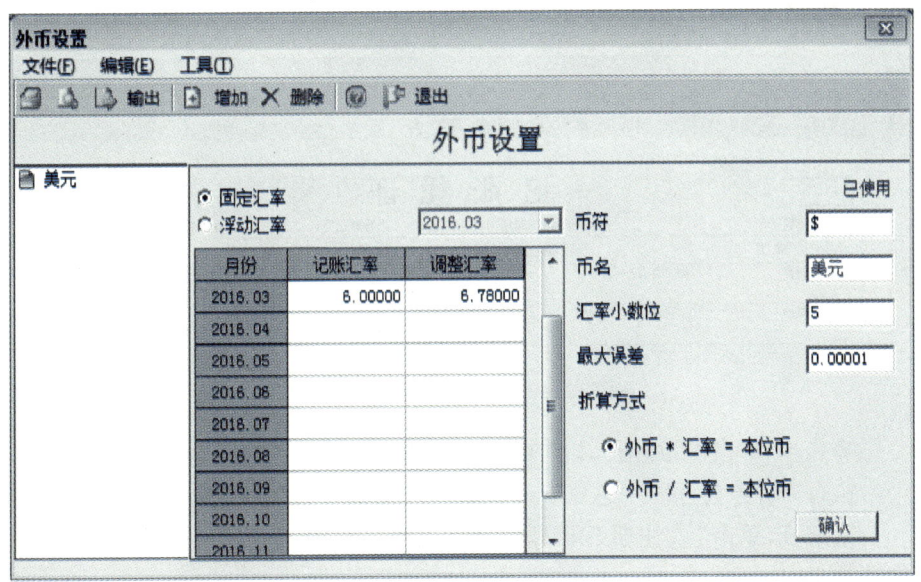

图 5-2-10 "外币设置——调整汇率"窗口

(2) 执行"业务工作"→"财务会计"→"总账"→"期末"→"转账定义"→"汇兑损益",打开"汇兑损益结转设置"对话框,"汇兑损益入账科目"选中"财务费用——汇兑损益",双击"是否计算汇兑损益",单击【确定】按钮,如图 5-2-11 所示。

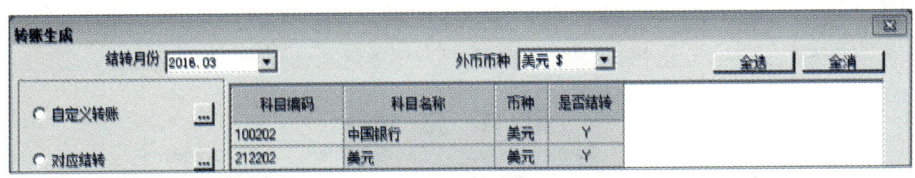

图 5-2-11 "汇兑损益结转设置"窗口

(3) 执行"期末"→"转账生成",打开"转账生成"对话框,单击"汇兑损益结转",单击"全选",单击【确定】按钮,如图 5-2-12 所示。

图 5-2-12 "转账生成——汇兑损益"对话框

(4) 打开"汇兑损益试算表",单击【确定】按钮,打开"转账"对话框,单击

【保存】按钮,如图 5-2-13 所示。

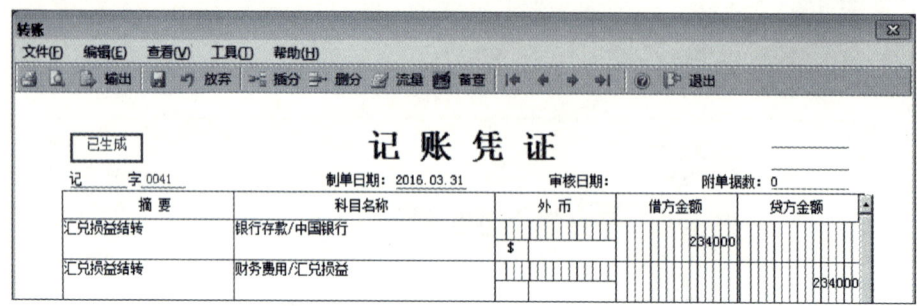

图 5-2-13 "汇兑损益结转"凭证

第二步,单击"重注册",以"A2003"出纳身份登录系统进行签字。

执行"财务会计"→"总账"→"凭证"→"出纳签字"→"签字"。

第三步,单击"重注册",以"A2001"财务主管身份登录系统进行审核和记账。

(1) 执行"财务会计"→"总账"→"凭证"→"审核凭证"→"审核"。

(2) 执行"记账"→"全选"→"记账",单击【确定】按钮。

(四) 结转本月未交增值税

1. 单击"重注册",以"A2002"会计主管身份登录系统

(1) 执行"期末"→"转账生成",打开"转账生成"对话框,单击"自定义结转",双击"是否结转",结转本月未交增值税,单击【确定】按钮,如图 5-2-14 所示。

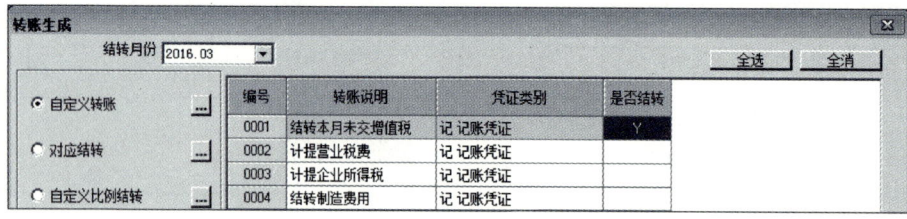

图 5-2-14 "自定义转账"单选框

(2) 打开"转账"对话框,单击【保存】按钮,如图 5-2-15 所示。

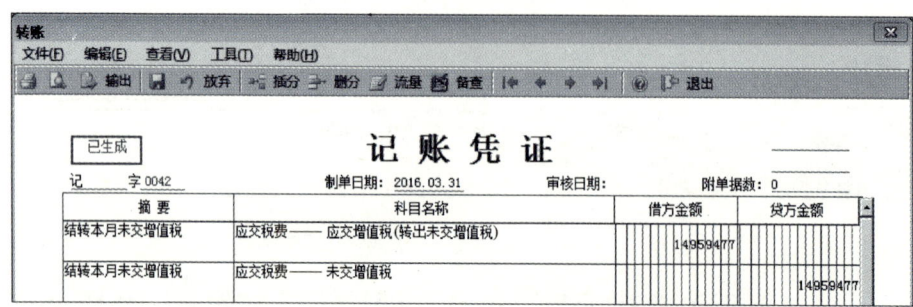

图 5-2-15 "转账生成——结转本月未交增值税"凭证

2. 单击"重注册",以"A2001"财务主管身份登录系统进行审核和记账

(1) 执行"财务会计"→"总账"→"凭证"→"审核凭证"→"审核"。

(2) 执行"记账"→"全选"→"记账",单击【确定】按钮。

(五) 计提营业税费

1. 单击"重注册",以"A2002"会计主管身份登录系统

(1) 执行"期末"→"转账生成",打开"转账生成"对话框,单击"自定义结转",双击"是否结转",计提营业税费,单击【确定】按钮。

(2) 打开"转账"对话框,单击【保存】按钮,如图 5-2-16 所示。

图 5-2-16 "转账生成——计提营业税费"凭证

2. 单击"重注册",以"A2001"财务主管身份登录系统进行审核和记账

(1) 执行"财务会计"→"总账"→"凭证"→"审核凭证"→"审核"。

(2) 执行"记账"→"全选"→"记账",单击【确定】按钮。

(六) 结转制造费用

1. 单击"重注册",以"A2002"会计主管身份登录系统

(1) 执行"期末"→"转账生成",打开"转账生成"对话框,单击"自定义结转",双击"是否结转",结转制造费用,单击【确定】按钮。

(2) 打开"转账"对话框,单击【保存】按钮,如图 5-2-17 所示。

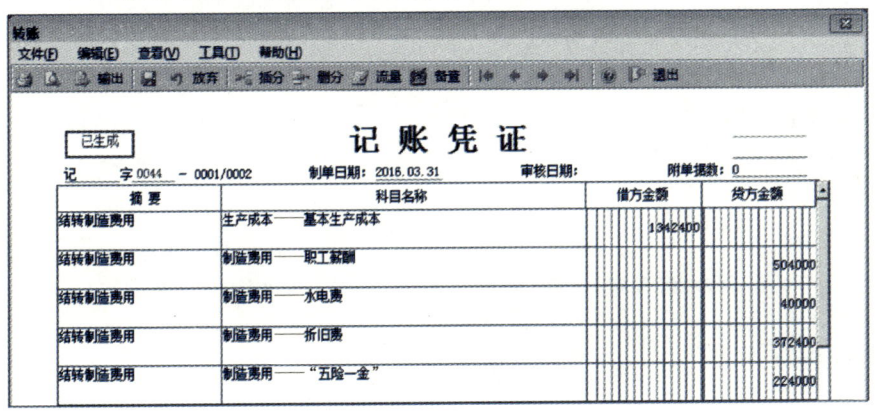

图 5-2-17 "转账生成——结转制造费用"凭证

2. 单击"重注册",以"A2001"财务主管身份登录系统进行审核和记账

（1）执行"财务会计"→"总账"→"凭证"→"审核凭证"→"审核"。

（2）执行"记账"→"全选"→"记账",单击【确定】按钮。

（七）结转本月完工产品成本

1. 单击"重注册",以"A5001"仓库主管身份登录系统

执行"供应链"→"库存管理"→"入库业务"→"产成品入库",打开"产成品入库",单击【增加】按钮。"仓库"选中"产成品库","入库类别"选中"产成品入库","产品编码"选中"0201","数量"输入"18 600",单击【保存】按钮→【审核】按钮,如图5-2-18所示。

图 5-2-18 "产成品入库单"窗口

2. 单击"重注册",以"A2002"会计主管身份登录系统

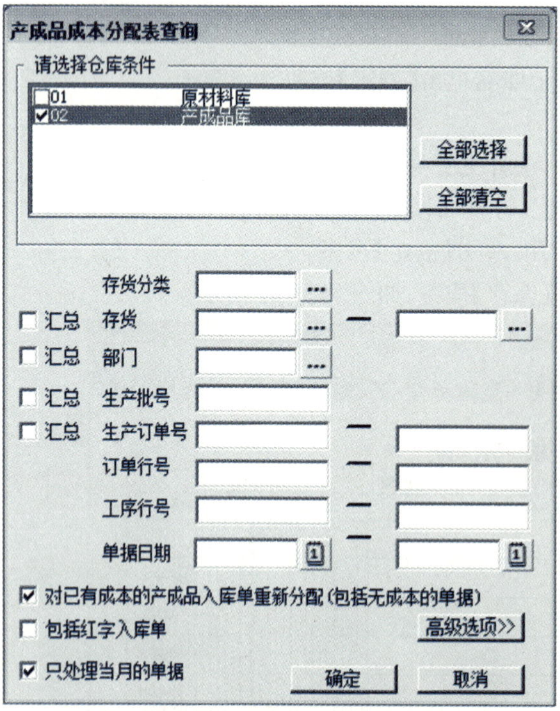

（1）执行"供应链"→"存货核算"→"业务核算"→"产成品成本分配",打开"产成品成本分配",单击【查询】,屏幕显示"产成品成本分配表查询"对话框,勾选"产成品库""对已有成本的产成品入库单重新分配（包括无成本的单据）""只处理当月的单据",单击【确定】按钮,如图5-2-19所示。

（2）返回"产成品成本分配"对话框,"金额"输入"84 339.20"（材料费＋人工费＋制造费用）,单击【分配】按钮,如图5-2-20所示。

图 5-2-19 "产成品成本分配表查询"对话框

产成品成本分配					
存货/分类编码	存货/分类名称	计量单位	数量	金额	单价
	存货 合计		18600.00	84,339.20	4.53
02	产成品小计		18600.00	84,339.20	4.53
0201	空心砖	块	18600.00	84,339.20	4.53

图 5-2-20 "产成品成本分配"窗口

(3) 执行"存货核算"→"业务核算"→"正常单据记账",屏幕显示"查询条件选择"窗口,单击【确定】按钮,打开"未记账单据一览表"对话框,单击"全选",单击"记账",屏幕出现"存货核算"窗口"记账成功",单击【确定】按钮,单击【关闭】按钮。

(4) 执行"财务核算"→"生成凭证",单击"选择",屏幕显示"查询条件"对话框,单击【确定】按钮。打开"选择单据"对话框,单击"全选",单击【确定】按钮,屏幕返回"生成凭证"对话框,单击"生成"。

(5) 打开"填制凭证",输入分录,修改"项目名称",单击【保存】按钮,如图 5-2-21 所示,相关会计分录如下:

借: 1243(库存商品)   84 339.20
 贷: 410101(直接材料)   32 901.20
   410101(直接人工)   4 414.00
   410101(制造费用)   47 024.00

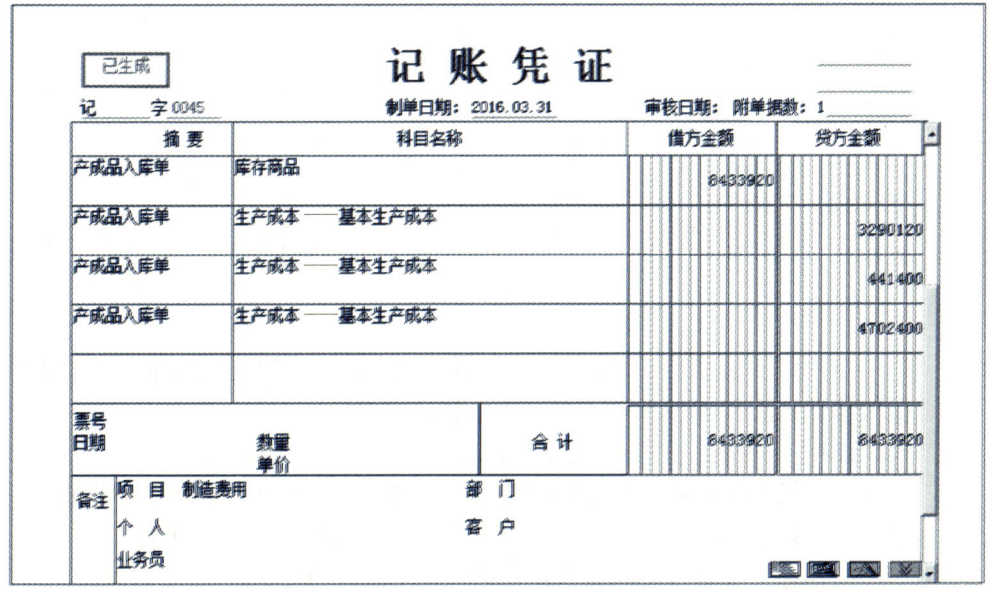

图 5-2-21 "产成品成本分配"凭证

(6) 单击"重注册",以"A2001"财务主管身份审核记账。

温馨提醒

(1) 如果系统没有启用"生产控制"模块,"产成品成本分配"是指对已入库未记账的产成品进行成本分配

(2) "产成品成本分配"只提供了产品成本核算结果的录入功能。产成品成本核算绝大部分工作仍需手工完成。

(3) 如果系统启用"成本核算系统",也可以从成本核算系统取得成本。

(八) 结转本月期间损益

1. 单击"重注册",以"A2002"会计主管身份登录系统

(1) 执行"财务会计"→"总账"→"期末"→"转账定义"→"期间损益",打开"期间损益"对话框,"本年利润科目"输入"3131",单击【确定】按钮,如图5-2-22所示。

损益科目编号	损益科目名称	损益科目账类	本年利润科目编码	本年利润科目名称	本年利润科目账类
5101	主营业务收入		3131	本年利润	
5102	其他业务收入		3131	本年利润	
5201	投资收益		3131	本年利润	
5301	营业外收入		3131	本年利润	
5401	主营业务成本		3131	本年利润	
5402	营业税金及附加		3131	本年利润	
5403	营业税金及附加		3131	本年利润	
5405	其他业务成本		3131	本年利润	
5501	销售费用		3131	本年利润	
550201	职工薪酬	部门核算	3131	本年利润	
550202	水电费		3131	本年利润	
550203	折旧费	部门核算	3131	本年利润	
550204	"五险一金"	部门核算	3131	本年利润	
550205	印花税		3131	本年利润	

图 5-2-22 "期间损益结转设置"窗口

(2) 执行"期末"→"转账生成",打开"转账生成"对话框,单击"期间损益","类型"选中"收入"→"全选",单击【确定】按钮。

(3) 打开转账凭证,单击【保存】按钮,如图5-2-23所示。

2. 单击"重注册",以"A2001"财务主管身份登录系统进行审核和记账

(1) 执行"财务会计"→"总账"→"凭证"→"审核凭证"→"审核"。

(2) 执行"记账"→"全选"→"记账",单击【确定】按钮。

3. 单击"重注册",以"A2002"会计主管身份登录系统

(1) 执行"期末"→"转账生成",打开"转账生成"对话框,单击"期间损益"→"类型",选中"支出"→"全选",单击【确定】按钮。

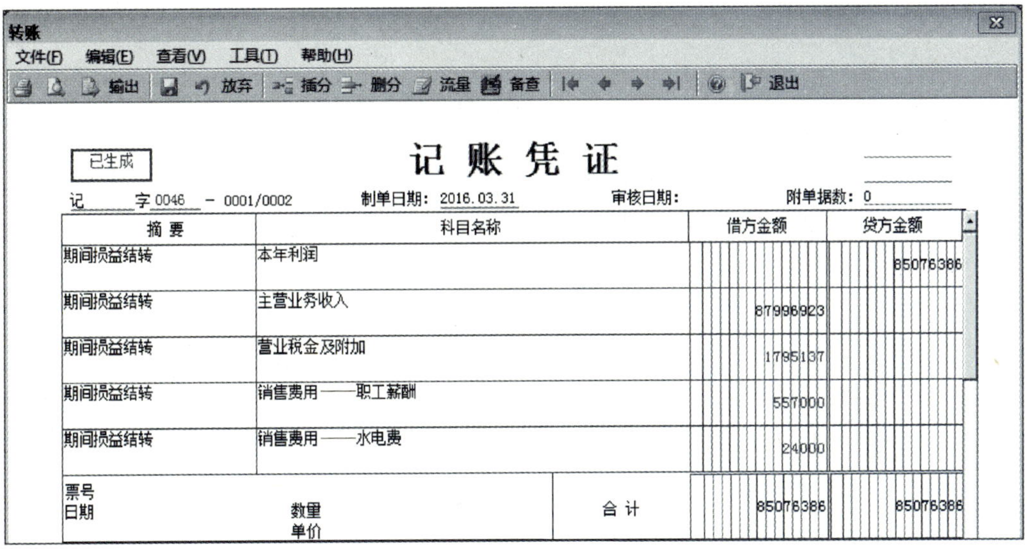

图 5-2-23 "期间损益结转——收入"凭证

(2) 打开转账凭证,单击【保存】按钮,如图 5-2-24 所示。

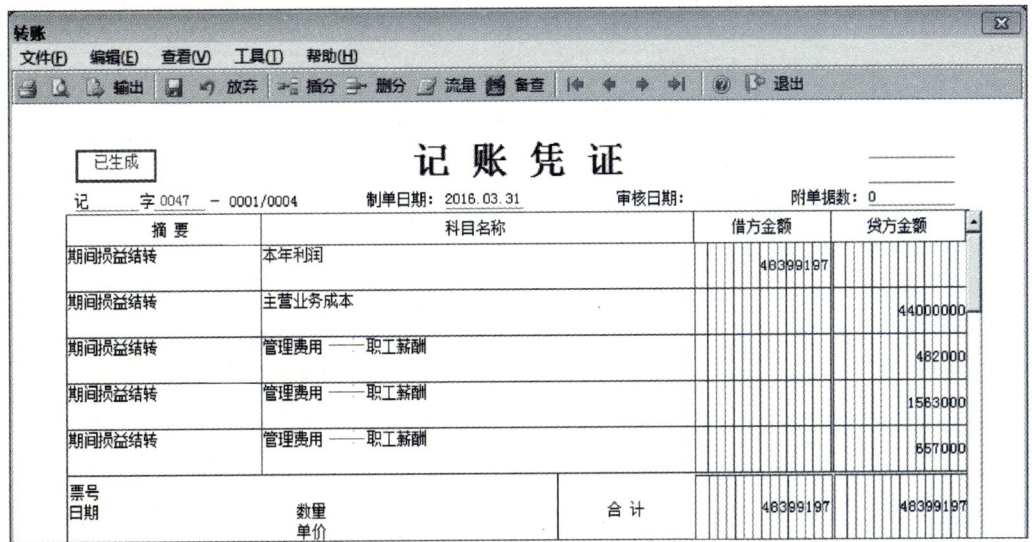

图 5-2-24 "期间损益结转——支出"凭证

(九) 计提企业所得税
1. 单击"重注册",以"A2002"会计主管身份登录系统
(1) 执行"期末"→"转账生成",打开"转账生成"对话框,单击"自定义结转",双击"是否结转"计提企业所得税,单击【确定】按钮。
(2) 打开"转账"对话框,单击【保存】按钮,如图 5-2-25 所示。

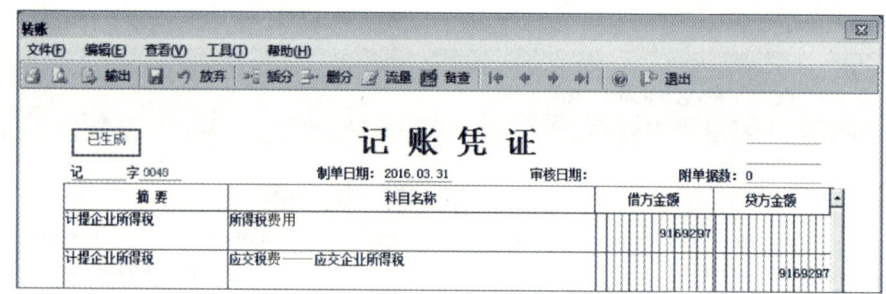

图 5-5-25 "转账生成——计提企业所得税"凭证

（3）执行"总账"→"凭证"→"填制凭证"，摘要输入"计提企业所得税"，"科目名称"输入"5701"，光标放在贷方金额，单击"余额"菜单，查找"期末余额"金额，"贷方金额"输入"91 692.97"，按回车键，"科目代码"输入"3131"，光标放在"借方金额"，按"＝"键，如图 5-2-26 所示。

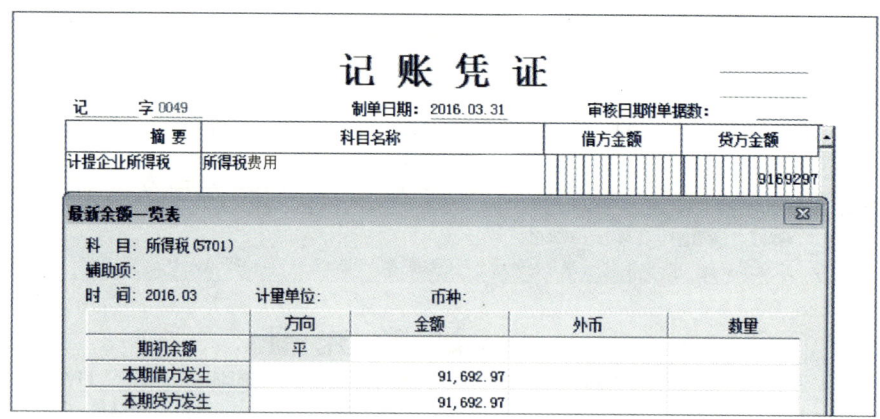

图 5-2-26 "所得税余额查询"对话框

2. 单击"重注册"，以"A2001"财务主管身份登录系统进行审核和记账

（1）执行"财务会计"→"总账"→"凭证"→"审核凭证"→"成批审核"。

（2）执行"记账"→"全选"→"记账"，单击【确定】按钮。

（十）期末对账与结账

单击"重注册"，"操作员"输入"A4001"，密码为空，选择"[666]（default）上海东海绿色建材有限公司"，"操作日期"修改为"2016-03-31"，单击【确定】按钮。

1. 采购管理系统月末结账

执行"业务工作"→"供应链"→"采购管理"→"月末结账"，打开"月末结账"对话框，单击【结账】按钮，屏幕显示"月末结转"对话框，"是否关订单"，单击【否】按钮→【退出】按钮，如图 5-2-27 所示。

2. 销售管理系统月末结账

单击"重注册"，以"A3001"销售管理主管身份登录系统。执行"业务工作"→"供应链"→"销售管理"→"月末结账"，打开"月末结账"对话框，单击【月末结账】按钮,屏幕显示"月末结转"对话框"是否关订单",单击【否】按钮→【退出】按钮,如图 5-2-28 所示。

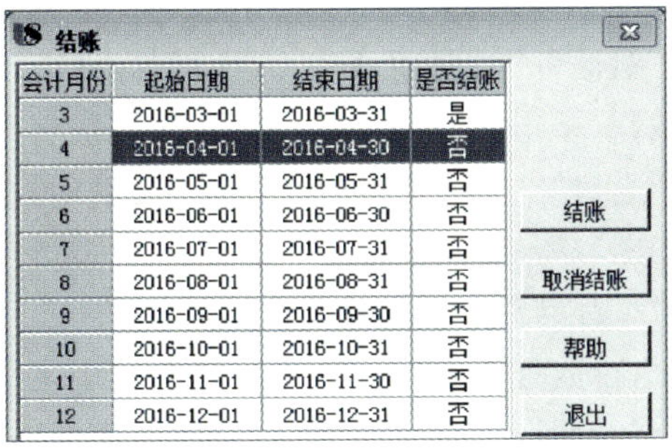

图 5-2-27 "采购管理月末结账"窗口 　　图 5-2-28 "销售管理月末结账"窗口

3. 库存管理系统月末结账

单击"重注册",以"A5001"仓库主管身份登录系统。执行"业务工作"→"供应链"→"库存管理"→"月末结账",打开"结账处理"对话框,单击【结账】按钮,屏幕弹出"库存量"对话框"库存启用月末结账后将不能修改期初数据,是否继续结账?"单击【是】,如图5-2-29所示。

4. 薪资管理系统月末结账

单击"重注册",以"A2002"财务主管身份登录系统。执行"业务工作"→"人力资源"→"业务处理"→"月末处理",打开"月末处理"对话框,单击【确定】按钮,屏幕显示"薪资管理"窗口,"月末处理之后,本月工资将不允许变动!继续月末处理吗?"单击"是",屏幕显示"薪资管理"窗口"是否选择清零项?"单击"是",屏幕显示"薪资管理"窗口"月末处理完毕!"单击【确定】按钮。如图5-2-30所示。

图 5-2-29 "库存管理月末结账"窗口 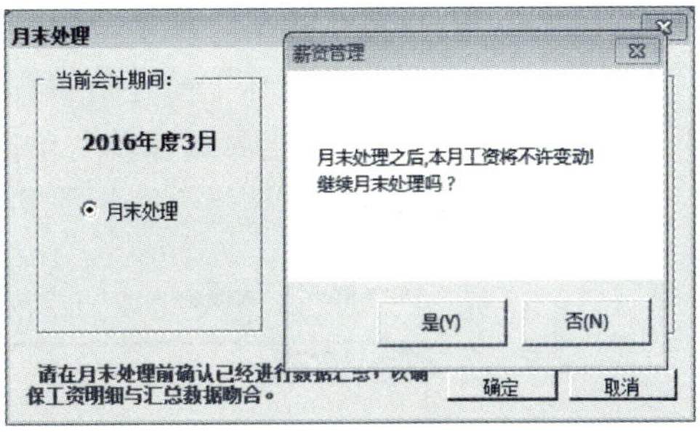　　图 5-2-30 "薪资管理月末处理"对话框

5. 应收款管理系统月末结账

"执行"业务工作"→"财务会计"→"应收款管理"→"期末处理"→"月末结账",打开"月末处理"对话框"结转标志"(3月),单击【下一步】按钮,单击【完成】按钮,屏幕显示"应收款管理"窗口"3月份结账成功",单击【确定】按钮,如图5-2-31所示。

6. 应付款管理系统月末结账

执行"业务工作"→"财务会计"→"应付款管理"→"期末处理"→"月末结账",打开"月末处理"对话框"结转标志"(三月),单击【下一步】按钮,单击【完成】按钮,屏幕显示"应付款管理"窗口"3月份结账成功",单击【确定】按钮,如图5-2-32所示。

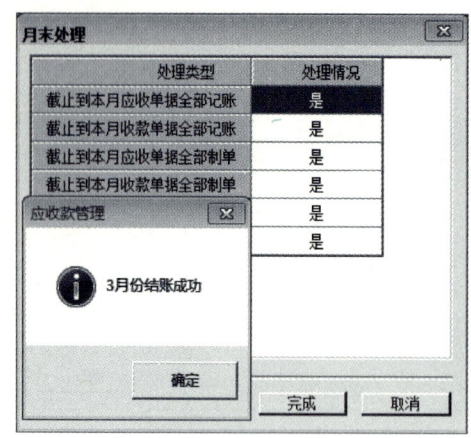

图 5-2-31 "应收款管理月末处理"窗口

7. 固定资产系统月末结账

执行业务工作"→"财务会计"→"固定资产"→"处理"→"月末结账",打开"月末结账"对话框,单击【开始结账】按钮,单击【确定】按钮,如图5-2-33所示。

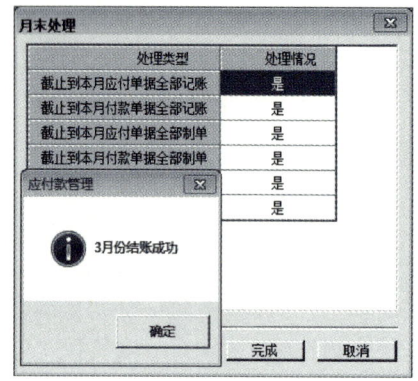

图 5-2-32 "应付款管理月末处理"窗口

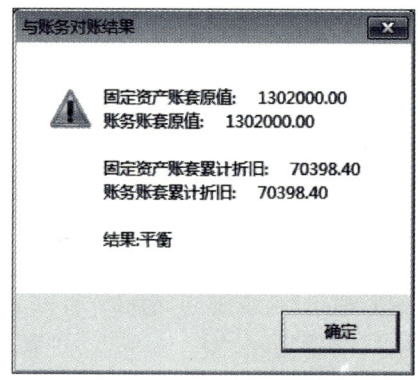

图 5-2-33 "固定资产月末结账"窗口

8. 存货核算系统月末结账

执行"业务工作"→"存货核算"→"业务核算"→"期末处理",勾选"结存数量为零不为零生成出库调整单",单击【处理】按钮→【确定】按钮,如图5-2-34所示。

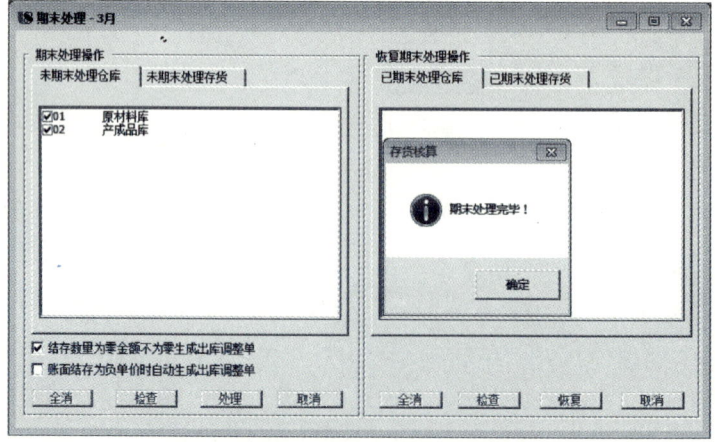

图 5-2-34 "期末处理"对话框

执行"月末结账",打开"结账处理"对话框,单击【结账】按钮,单击【确定】按钮,如图 5-2-35 所示。

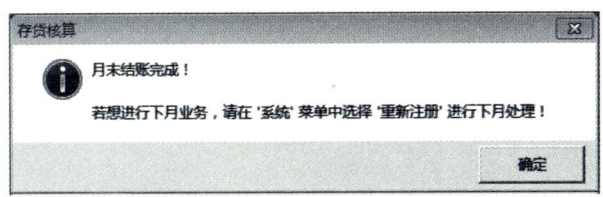

图 5-2-35 "存货核算月末结账"窗口

9. 总账系统月末结账

单击重注册,以"A2001"财务主管身份登录系统。执行"业务工作"→"财务会计"→"总账"→"期末"→"结账",打开"结账"对话框,单击【下一步】按钮,单击【对账】按钮,屏幕显示"应收款管理"窗口"3月份结账成功",单击【确定】按钮,如图 5-2-36 所示。

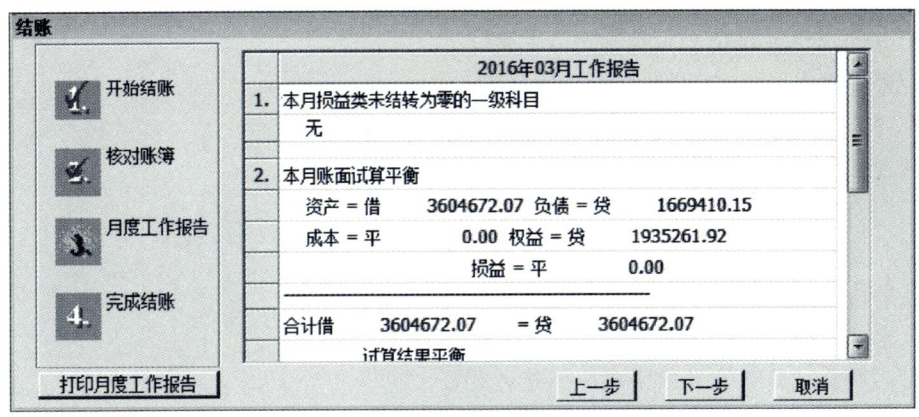

图 5-2-36 "总账月末结账"对话框

备份账套,保存路径为"C:\666 账套\666 期末结账"。

温馨提醒

(1)本月工资数据未汇总,系统将不允许进行月末处理。

(2)月末结账只能在会计年度的 1~11 月进行。

(3)若在财务管理模块的选项设置中勾选"在对账不平衡情况下允许固定资产月末结算"复选框,则固定资产模块可以直接进行月末结账。

(4)如因某种原因需要取消本月结账,需要账套主管在"结账"界面按[Ctrl+Shift+F6]组合键激活"取消结账"功能,并输入口令,即可取消结账标记。

一、单项选择题

1. 下列有关转账的说法中,错误的是( )。
   A. 期末转账凭证一般在需要使用时,才进行设置
   B. 转账定义后才能自动生成转账凭证
   C. 自动转账的关键是设置金额公式
   D. 转账定义系统提供多种转账功能定义

2. 下列说法中,错误的是( )。
   A. 只有账套主管才能执行结转上年度数据的操作
   B. 只有账套主管才能取消会计月的结转状态
   C. 只有账套主管才能激活"恢复结转前状态"功能
   D. 只有账套主管才能建立新年度账

3. 下列关于对账的说法中,错误的是( )。
   A. 对账主要用来验证各项数据是否平衡
   B. 对账不平衡,系统可以显示相应的原因
   C. 在对账窗口可激活"取消记账前状态"功能
   D. 只用账套主管才能执行对账

4. 下列说法中,正确的是( )。
   A. 系统生成的各种转账凭证也需要审核记账操作
   B. 月末结转凭证只能由账套主管操作生成
   C. 月末结转的各类凭证无需注意先后顺序
   D. 期间损益结转凭证只能生成一张结转凭证

5. 下列情况发生后,将影响总账正常结账的是( )。
   A. 同一个账套中其他模块未结账
   B. 期末不进行对账业务的
   C. 库存未月末处理的
   D. 新建年度账未做年度数据结转的

6. 下列有关转账的说法中,错误的是( )。
   A. 期末转账凭证一般在需要使用时,才进行设置
   B. 转账定义后才能主动生成转账凭证
   C. 自动转账的关键是设置金额公式
   D. 转账定义系统提供五种转账功能定义

7. 下列有关自定义转账凭证的说法中,错误的是( )。
   A. 转账科目可以为非末级科目
   B. 转账科目带部门核算的,部门不能为空
   C. 使用了应收应付模块后,总账中不能按客户辅助核算进行结转

D. 自定义转账凭证的金额公式可以进行加减乘除运算
8. 下列与期间损益设置相关的说法中,正确的是( )。
   A. 系统只能指定一次本年利润科目
   B. 本年利润科目可以随时修改
   C. 期间损益结转,系统允许一个会计月只能结转一次
   D. 未记账的凭证数据也可以结转

二、多项选择题
1. 下列关于记账的说法中,正确的是( )。
   A. 上月未记账,本月不能记账   B. 上月未结账,本月不能记账
   C. 作废凭证不需要审核科直接记账   D. 作废凭证应审核后记账
2. 结账工作执行时,系统会检查相关工作的完成情况,主要包括( )。
   A. 本月记账凭证已记账   B. 上月的凭证已记账
   C. 上月已记账   D. 子系统已记账
3. 月末处理工作主要包括( )。
   A. 计提   B. 分摊   C. 结账   D. 记账
4. 总账不能结账的原因有( )。
   A. 期初余额不平衡   B. 本月有未审核凭证
   C. 本月有未记账凭证   D. 上月未结账
5. 有关转账的说法中,正确的是( )。
   A. 转账凭证可以手工填制和自动生成
   B. 转账凭证定义后才能自动生成转账凭证
   C. 自动转账的关键是设置金额公式
   D. 转账定义系统提供五种转账功能定义
6. 下列与期间损益设置相关的说法中,错误的是( )。
   A. 系统只能指定一次本年利润科目
   B. 本年利润科目可以随时修改
   C. 期间损益结转,系统允许一个会计月只能结转一次
   D. 未记账的凭证数据也可以结转

三、判断题
1. 总账不能结账的原因有其他模块未结账。   ( )
2. 总账模块的结账操作不行再财务系统其他模块都做完月末处理后进行。   ( )
3. 期间损益结转功能一个会计月只能操作一次。   ( )
4. 对应转账的转账科目系数只能为1。   ( )
5. 只有账套主管才能执行结账的操作。   ( )
6. 当两个或多个上级科目的下级科目及辅助项有——对应关系时,可进行将其余额
   按一定比例系数进行对应结转,可一对一结转,也可一对多结转。   ( )
7. 对应结转的科目可以是非末级科目,两科目的下级明细结构不同不影响正常结转。
                                                                           ( )

8. 系统生成的各种转账凭证也需要审核记账操作。　　　　　　　　（　　）

一、实验准备

引入"C:\777账套\777工资管理"的备份账套,系统登录日期为2016年1月31日。操作权限分工如下:操作员"C2002"生成凭证,操作员"C2001"审核和记账,操作员"C1001"期末结账。

二、实验内容

1. 2016年1月30日,仓库管理员对仓库进行盘点,其中材料仓库盘盈硬盘塑料盒1个,硬盘塑料盒单价9元,并进行业务处理。

2. 2016年1月30日,设置期间损益结转,并生成一张期间损益结转凭证,进行审核,记账。

3. 2016年1月30日,对薪资管理模块、固定资产模块、采购管理模块、销售管理模块、库存管理模块、存货核算模块、应收账款模块、应付账款模块、总账模块进行结账。

4. 备份账套,保存路径为"C:\777账套\777期末结账"。

课后习题答案

第 6 章

企业会计报表编制

通过本章你可以学到：
- 报表业务处理的操作流程
- 自定义报表格式设计的方法
- 报表关键字的作用和设置
- 报表公式设计的方法

微课:报表生成面面观

第1节 自定义报表

一、自定义报表的介绍

财务报表中的很多数据都来自账簿,而函数取数是连接报表与账簿的重要手段,按函数用途不同,函数可分为财务函数、工资函数、固定资产函数和账务函数等。

(一)报表格式设计的主要内容

报表的格式设计的内容主要包括设置报表尺寸、画线格式、设置报表标题、表头、表体和表尾固定项目的内容、设置单元格和定义关键字等。其中报表单元的属性包括单元格类型、对齐方式、字体颜色和表格边框等。关键字指的是游离于单元之外的特殊数据单元,可以用来唯一标识一个表页,用于在大量表页中快速选择表页。UFO报表系统中共提供了五种关键字:单位名称、年、季、月和日,还增加了自定义关键字。

(二)报表的格式状态和数据状态

UFO报表系统将报表业务分为两大部分来处理,即报表格式设计与报表数据处理工作。这两项工作是在报表窗口的不同状态下进行的。报表格式设计在格式状态下进行的,报表数据处理则在数据状态下进行。

(1)报表的格式状态:报表的格式决定了报表的整体框架和结构,只有在格式状态下才可以定义报表的公式。

(2)报表的数据状态:用户可以管理报表的数据,如增加或删除表页、输入数据、审核报表、舍位平衡运算、根据报表数据编辑图表、汇总数据和合并报表等。

(三)报表的公式管理

一个报表文件中所有表页的格式是相同的,不同表页数据单元和字符单元的内容将随着编制单位和时间的不同而有所不同,除了个别单元数据需要手工录入外,大多数单元数据的来源和计算方法具有一定规律性。依据这一特性,用友UFO系统设计了报表的公式管理功能。

报表公式是指报表或报表数据单元的计算规则,主要包括单元公式、审核公式和舍位平衡公式三大类。

(1)单元公式:是指为报表数据进行赋值的格式,其作用是从账簿、凭证、本报表文件、其他报表文件或子系统等处调用、运算所需要的数据,并填入相应的报表单元中。

单元公式一般由目标单元、运算符、函数和运算符序列构成。

（2）审核公式：是把表中某一单元或某一区域与另外一单元或区域又或是其他字符之间用逻辑运算符连接起来，反映报表之间或内部的勾稽关系，其设置目的是将利用勾稽关系对报表进行数据的准确性进行审核。

（3）舍位平衡公式：在编制好的报表对外报送或进行报表汇总时，有可能需要改变原有的计量单位，如把原来的"元"改为"千元"而进行数据进位操作，在具体操作过程中还需要保持报表原有的平衡关系。

财务报表常用的账务函数及其意义，如表6-1-1所示。

表6-1-1

信息技术对财务报告的影响

财务报表常用的账务函数及其意义

函数名	意义
对方科目发生（DFS）	本科目金额来自对方科目的发生额
发生（FS）	取某科目的本期发生额
累计发生（LFS）	取某科目的累计发生额
期初（QC）	取某科目的期初余额
期末（QM）	取某科目的期末余额
数量对方科目发生（SDFS）	本科目的数量来自对方科目发生的数量
数量发生（SFS）	取某科目的本期发生数量
数量累计发生（SLFS）	取某科目一定时期累计发生的数量
数量期初（SQC）	取某科目的期初数量
数量期末（SQM）	取某科目的期末数量

二、实训资料

上海东海绿色建材有限公司已经购买了用友 ERP-U8 V10.1 软件，于2016年3月31日将所有的业务登记入账，并完成期末结转工作。根据企业财务管理的需要，每月需要编制的报表除了统一对外报表如资产负债表、利润表之外还有一些内部报表需要编制。

由公司财务主管（A2001）负责报表业务处理，完成以下内容：

（1）"A2001"财务主管进行报表设计，如表6-1-2所示。

表6-1-2

简化报表

编制单位：上海东海绿色建材有限公司			
2016年3月			
项目	期末数	项目	金额
库存现金		直接材料	
存货		直接人工	
固定资产		制造费用	
本年利润		产成品总计	

(2) 将做好的报表进行保存，保存路径为"C:\WORK"，文件名为"上海东海绿色建材有限公司。"

三、实训指导

引入"C:\666 账套\666 期末结账"账套。

单击"重注册"，"操作员"输入"A2001"，密码为空，选择"[666](default)上海东海绿色建材有限公司"，"操作日期"修改为"2016-03-31"，单击【确定】按钮。

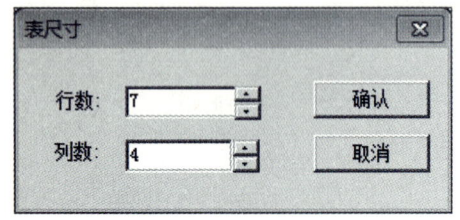

图 6-1-1 "表尺寸"对话框

（1）执行"业务工作"→"UFO 报表"，打开"UFO 报表"，单击"文件"菜单→"新建"，单击"格式"菜单→"表尺寸"，"行数"输入"7"，"列数"输入"4"，单击【确认】按钮，如图 6-1-1 所示。

（2）选中"A3:D7"，单击"格式"菜单→"区域画线"，打开"区域画线"对话框，"画线类型"选中"网线"，单击【确认】按钮，如图 6-1-2 所示。

（3）按要求依次输入内容，选中"A3:D7"，单击"格式"菜单→"单元属性"，打开"单元属性"，单击"对齐"，选中"居中"，单击【确定】按钮。

（4）光标定在 A1 单元格，单击"数据"菜单→"关键字"→"设置"，打开"设置关键字"对话框，单击"单位名称"，单击【确认】按钮，如图 6-1-3 所示。

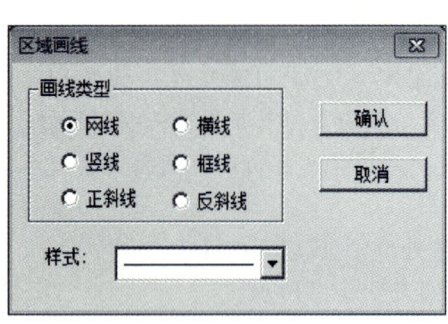

图 6-1-2 "区域画线"窗口

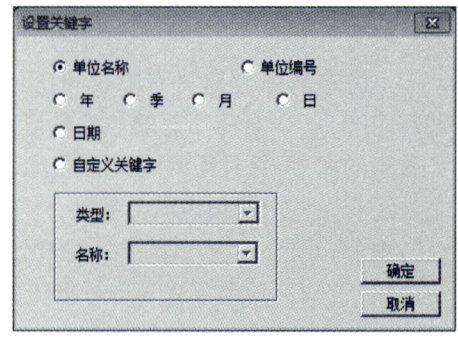

图 6-1-3 "设置关键字"窗口

选中 A1:D1→单击工具栏   "组合单元格"。

光标定在 B2 单元格，单击"数据"菜单→"关键字"→"设置"，打开"设置关键字"对话框，单击"年"，单击【确认】按钮。光标定在 C2 单元格，单击"数据"菜单→"关键字"→"设置"，打开"设置关键字"对话框，单击"月"，单击【确认】按钮。

（5）光标定在 B4 单元格，单击"数据"菜单→"编辑公式"→"单元公式"，打开"定义公式"对话框，单击【函数向导】按钮，如图 6-1-4 所示。

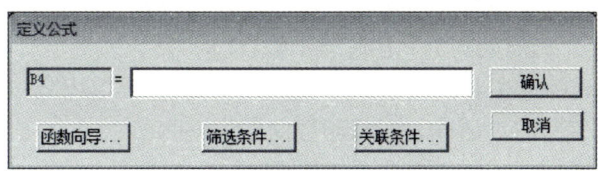

图 6-1-4 "定义公式"对话框

(6) 打开"函数向导"对话框,"函数分类"选中"用友财务函数","函数名"选中"期末(QM)",单击【下一步】按钮,如图 6-1-5 所示。

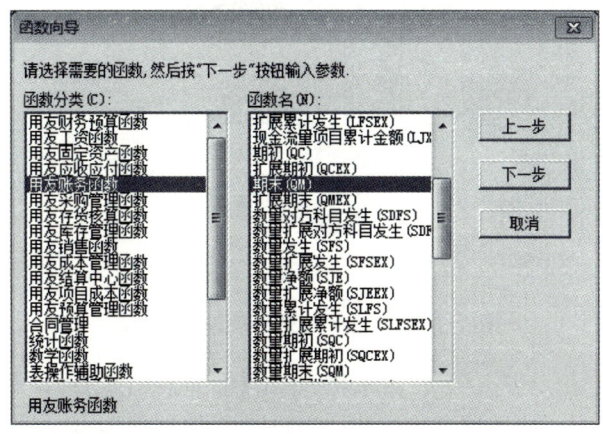

图 6-1-5 "选择用友账务函数"对话框

打开"用友财务函数"对话框,单击【参照】按钮,打开"财务函数"对话框,"科目"选中"1001",其余默认,单击【确定】按钮,如图 6-1-6 所示。

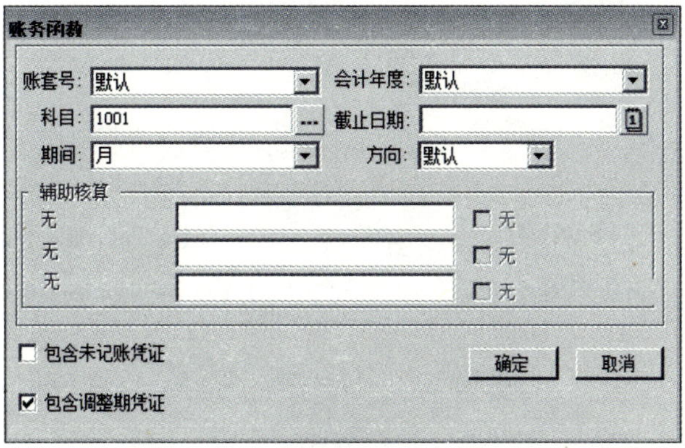

图 6-1-6 "财务函数"对话框

(7) 依次输入其余公式。

① 存货公式为:

QM("1201",月)+QM("1211",月)+QM("1243",月)+QM("4101",月)

② 固定资产公式为：QM("1501",月)－QM("1502",月)
③ 本年利润公式为：QM("3131",月)

(8) 光标定在 D4 单元格，单击"数据"菜单→"编辑公式"→"单元公式"，打开"定义公式"对话框，单击【函数向导】按钮。

(9) 打开"函数向导"对话，如图 6-1-7 所示。

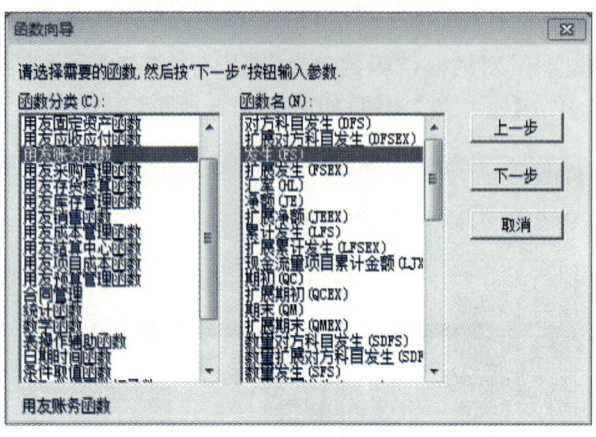

图 6-1-7 "选择用友账务函数"对话框

打开"用友财务函数"对话框，单击【参照】按钮，打开"财务函数"对话框，"科目"选中"410101"，"项目编码"选中"直接材料"，其余默认，单击【确定】按钮，如图 6-1-8 所示。

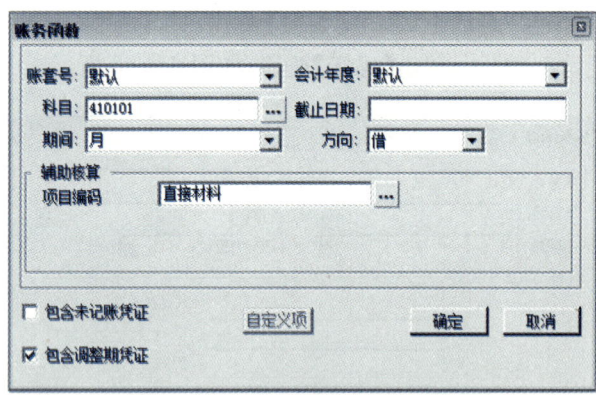

图 6-1-8 "财务函数"对话框

通过上述方法依次输入其他公式。
① 直接人工公式为：FS("410101",月,"借",,,"2",,)
② 制造费用公式为：FS("410101",月,"借",,,"3",,)

(10) 光标定在 D4 单元格，单击"数据"菜单→"编辑公式"→"单元公式"，打开"定义公式"对话框，单击【函数向导】按钮。

（11）打开"函数向导"对话框，"函数分类"选中"统计函数"，"函数名"选中"PTOTAL"，单击【下一步】按钮，打开"固定区统计函数"对话框，"固定区区域"输入"D4:D6"（注意括号为半角），单击【确认】按钮，如图6-1-9所示。

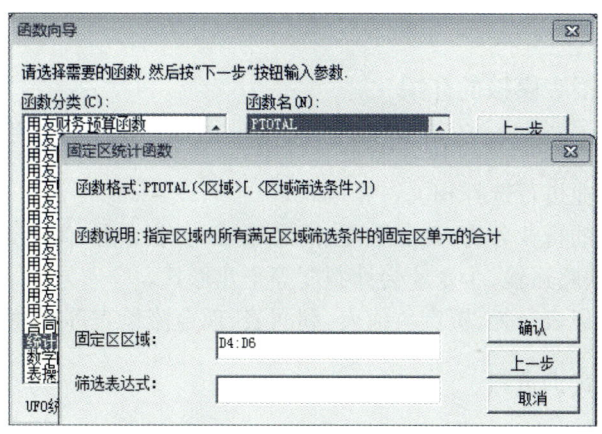

图 6-1-9 "固定区统计函数"对话框

（12）单击左下角【格式】按钮，使屏幕处于"数据"状态，单击 "录入关键字"，"单位名称"输入"上海东海绿色建材有限公司"，"月"修改为"3"，单击【确认】按钮，屏幕显示"是否重算第一页？"单击【是】，如图6-1-10和图6-1-11所示。

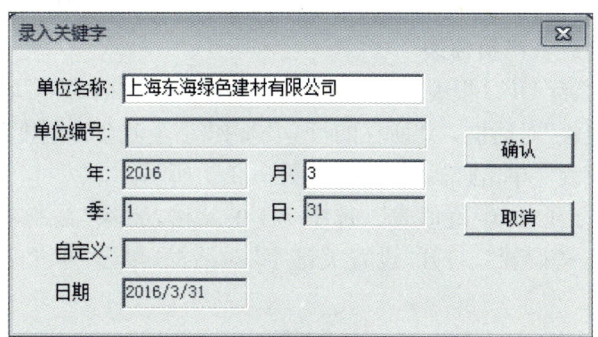

图 6-1-10 "录入关键字"对话框

单位名称：上海东海绿色建材有限公司			
2016 年　　3 月			
项目	期末数	项目	金额
库存现金	64484.97	直接材料	32901.20
存货	517564.00	直接人工	4414.00
固定资产	1231601.60	制造费用	47024.00
本年利润	298128.92	产成品总计	84339.20

图 6-1-11 简化报表

（13）单击"文件"菜单→"另存为"，打开"另存为"对话框，保存路径为"C:\WORK"，文件名输入"上海东海绿色建材有限公司"，单击【另存为】按钮。

第2节 报表模板

一、报表模板的介绍

用友 ERP-U8 V10.1 管理软件中,系统提供 UFO 报表模板可以按用户所在的行业进行选择相关财务报表。

所在的行业分为:工业企业、商品流通、农业企业、邮电通信、施工企业、交通运输、铁路运输、小企业会计制度等企业形式。

财务报表分为:资产负债表、利润表、现金流量表等报表形式。

二、实训资料

(1) 使用系统自带的模板生成资产负债表,行业性质为:小企业会计制度,报表保存到"C:\WORK",文件名为:上海东海绿色建材有限公司资产负债表。

(2) 使用系统自带的模板生成利润表,行业性质为:小企业会计制度,报表保存到"C:\WORK",文件名为:上海东海绿色建材有限公司利润表。

三、实训指导

1. 生成资产负债表

(1) 执行 UFO 报表,单击"新建"工具栏,单击"格式"菜单→"报表模板",打开"报表模板"对话框,"您所在的行业"选中"小企业会计制度","财务报表"选中"资产负债表",单击【确认】按钮,如图 6-2-1 所示。

(2) 打开"资产负债表",选中 A3 单元格,删除"编制单位:"→"数据"→"关键字"→"设置",打开"设置关键字"对话框,单击"单位名称",单击【确定】按钮。

(3) 单击左下角"格式",单击【否】按钮→"数据"→"关键字"→"录入","单位名称"输入"上海东海绿色建材有限公司","月"修改为"3","日"修改为"31",单击【确认】按钮,如图 6-2-2 所示。

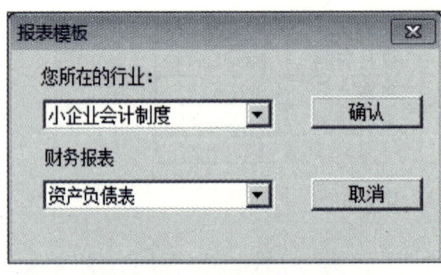

图 6-2-1 "报表模板"对话框

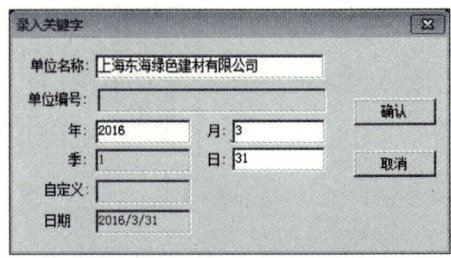

图 6-2-2 "录入关键字"对话框

屏幕弹出"用友软件"→"是否重算第一页"→"是",如图 6-2-3 所示。

资产负债表

会小企01表
单位:元

资产	年初数	期末数	负债和所有者权益(或股东权益)	年初数	期末数
流动资产:			**流动负债:**		
货币资金	1,254,740.10	1,723,925.14	短期借款		
短期投资			应付票据	115,000.00	115,000.00
应收票据	28,000.00	121,973.33	应付账款	234,000.00	191,400.00
应收股利			应付职工薪酬		19465.60
应收账款	4,680.00				
其他应收款			应付税费		
存货	843,940.00	517,564.00	应付利润	1,177.10	175,498.65
其他流动资产			其他应付款		9,645.90
流动资产合计	2,131,360.10	2,363,462.47			
非流动资产:			其他流动负债		
长期债券投资			流动负债合计	350,177.10	511,010.15
长期股权投资			**非流动资产负债:**		
			长期借款	1158400.00	1158400.00
			长期应付款		
固定资产原价	1,104,000.00	1,302,000.00	其他非流动资产负债		
减:累计折旧	66,600.00	70,398.40			
固定资产账面价值	1,037,400.00	1,231,601.60	非流动资产负债合计	1158400.00	1158400.00
在建工程			负债合计	1508577.10	1669410.15
固定资产清理		9,608.00	**所有者权益(或股东权益):**		
			实收资本	1,550,000.00	1,550,000.00
无形资产			资本公积	演示数据	
长期待摊费用			盈余公积		
其他非流动资产			未分配利润	110,183.00	385,261.92
			所有者权益(或股东权益)合计	1660183.00	1935261.92
非流动资产合计	1037426.00	1241209.60			
资产总计	3168786.10	3604672.07	负债和所有者权益(或股东权益)总计	3168760.10	3604672.07

图 6-2-3 "资产负债表"

(4) 单击"文件"菜单→"另存为",打开"另存为"对话框,保存路径为"C:\WORK",文件名输入"上海东海绿色建材有限公司资产负债表",单击【另存为】按钮。

2. 生成利润表

同理生成利润表,如图 6-2-4 所示。

利润表

会小企02表
单位名称:上海东海绿色建材有限公司　　2016 年　　3 月　　单位:元

项目	行数	本月数	本年累计数
一、营业收入	1	879,969.23	879969.23
减:营业成本	4	440,000.00	440000.00
营业税金及附加	5		
销售费用	10	439969.23	439969.23
管理费用	11		
财务与费用	14		
	15	47,668.65	47668.65
加:投资收益(损失以"-"号填列)	演示数据	46.80	46.80
二、营业利润	18	392253.78	392253.78
加:营业外收入	19		
减:营业外支出	23		
	25		
三、利润总额(亏损总额以"-"号填列)	27	392253.78	392253.78
减:所得税费用	28	91,692.97	91692.97
四、净利润(净亏损以"-"号填列)	30	300560.81	300560.81

图 6-2-4 "利润表"

> **温馨提醒**
>
> （1）关键字显示位置,可以在报表的格式状态下设置,而关键字的值则在报表数据状态下录入。
>
> （2）关键字位置可以用偏移方量表示,负数向左移,正数向右移。

基本训练

一、单项选择题

1. 报表格式设置的具体内容一般包括()。
   A. 设置关键字　　　　　　　B. 表页增加
   C. 生成报表数据　　　　　　D. 报表数据输出

2. 存放于报表表体中,一次定义后一般不再有变化,用于描述其他表元数据的字符数据是指(　　)。
   A. 表头表尾　B. 表元　　C. 固定表元　D. 变动表元

3. 报表格式设置的具体内容一般应不包括(　　)。
   A. 定义单元格属性　　　　　B. 定义组合单元
   C. 设置关键字　　　　　　　D. 报表文件的保存

4. 报表系统中,以下在"数据"状态下进行的是(　　)。
   A. 输入表样　　　　　　　　B. 编辑公式
   C. 录入关键字　　　　　　　D. 设置关键字

5. 自定义报表由(　　)编辑。
   A. 报表模板　B. 自动生成　C. 手工　　D. 报表系统

6. 报表单元具有(　　)。
   A. 多样性　　B. 唯一性　　C. 可重复性　D. 准确性

7. 在报表定义是,一般选择(　　)状态。
   A. 格式　　　B. 数据　　　C. 字符　　　D. 表体

8. 在编制报表时,确定单元的数据来源的公式是指(　　)。
   A. 总账函数　　　　　　　　B. 审核公式
   C. 舍位平衡公式　　　　　　D. 报表运算公式

9. 在UFO报表的命令窗中,是通过(　　)使用审核公式的。
   A. 进入数据处理状态,用鼠标选取菜单"数据"→"审核"命令
   B. 进入格式处理状态,用鼠标选取菜单"格式"→"审核"命令
   C. 进入格式处理状态,用鼠标选取菜单"格式"→"审核"命令
   D. 打开命令窗,输入以CHECK引导的审核公式,回车时系统进行审核

10. 下列对报表系统的描述中,错误的是(　　)。

A. 在报表文件中,可以进行表页汇总、透视
B. 在报表格式中,行高、列宽的值是可变的,表页顺序是固定的
C. 在表报数据状态下,可以进行过表页的增加或者删除
D. 在报表系统中,可以设置文件口令对报表数据进行保护

二、多项选择题

1. 报表的基本结构包括(　　)。
   A. 表头　　　B. 表体　　　C. 表尾　　　D. 字符
2. 报表系统的基本功能主要包括(　　)。
   A. 文件处理　B. 报表定义　C. 数据处理　D. 单元报表
3. 报表的格式包括(　　)。
   A. 数据格式　B. 表体格式　C. 单元格式　D. 表样格式
4. 报表系统中,以下在"格式"状态下进行的有(　　)。
   A. 报表格式定义　　　　　B. 编辑公式
   C. 设置关键字　　　　　　D. 重计算报表
5. 报表的数据处理包括(　　)。
   A. 生成报表数据　　　　　B. 数据采集
   C. 审核报表数据　　　　　D. 舍位平衡操作
6. 报表的输出形式有(　　)。
   A. 屏幕输出　B. 打印输出　C. 磁盘输出　D. 网络输出
7. UFO报表中提供的关键字,各自的属性不一样,其中(　　)。
   A. 单位名称,是字符型
   B. 单位编号,字符型,为报表表页编制单位的编号
   C. 年、月、季、日均为数字型
   D. 自定义关键字,可以用于业务函数中
8. 在UFO报表中,舍位位数为4表示(　　)。
   A. 舍位区域中的所有数据除以10 000
   B. 舍位区域中的所有数据的小数点向左移动4位
   C. 舍位区域中的所有数据的小数点向左移动3位
   D. 舍位区域中的所有数据除以1 000

三、判断题

1. 报表格式确定报表的基本构架,它是报表数据处理的基础,所以创建一个新表之后首先要定义的是报表的格式。(　　)
2. 报表管理模块中的审核公式也是必须定义的。(　　)
3. 报表单元内容可以是数据型数据、字符型数据,但不能是一个技术公式。(　　)
4. 自定义报表时根据用户定义而生成的报表。例如,资产负债表、利润表。(　　)
5. 编制报表的处理方法是先定义后生成。(　　)
6. 报表的数据处理功能主要包括报表重算、表页管理、表页汇总、舍位平衡、报表排序、图形处理、审核处理、网页制作等功能。(　　)

7. 定义舍位平衡公式需要指明舍位的表名、舍位范围、以及舍位位数,并且输入平衡公式。（ ）
8. 在UFO报表中,通过数据采集可以获取任何格式的外部数据。（ ）
9. 命令窗口中输入的命令可以成批单击执行。（ ）
10. APPEND 1命令执行后,在当前表页后,追加了一张表页。（ ）
11. UFO增加表页的工作只能通过"编辑"菜单下的"追加"功能完成。（ ）
12. 在数据状态下,可以修改UFO报表的审核公式。（ ）

引入"C:\777账套\777期末结转"账套,登录系统日期为2016年1月31日,由操作员"C1001"登录系统,利用模板自动生成资产负债表和利润表,并根据表1制作和计算货币资金表。

表1

货币资金表

单位名称　　　　　　　　　　　　　　　　　　　　　　　　　　年　　月

项目	期初数	期末数	净增
库存现金			
银行存款			
合计			

课后习题答案

第 7 章

实 务 案 例

CHAPTER 7

◎ **通过本章你可以学到：**
- 采购管理系统与应付款管理系统的集成使用
- 销售管理系统与应收款管理系统的集成使用
- 供应链子系统中四个模块之间的关联关系
- 企业中发生业务时的相关操作方法等

Learning objectives 学习目标

第1节 企业基础信息设置

一、企业基本情况

上海时尚商贸有限公司(简称上海时尚)是专门从事批发的商贸企业,公司法人代表为许维维。

公司开户银行为中国工商银行上海市静安区长寿支行(账号:6222081001005318888),公司为一般纳税人(纳税登记号:310103198007112)。

公司地址为上海市静安区长寿路7777号,电话为021-63077777。

二、用户及其权限分工设置

用户及其权限如表7-1-1所示。

表7-1-1

用户及其权限

编码	人员姓名	隶属部门	权限
B1001	许维维	总经理办公室	账套管理中所有权限
B2001	徐惠	财务部	审核、记账、对账、编制会计报表
B2002	李明	财务部	审核发票、编制凭证、记账、固定资产核算、存货核算、往来账款管理、票据管理
B2003	赵明明	财务部	填制收、付款单、出纳签字
B3001	张越	销售部	销售管理中所有权限
B4001	刘源	采购部	采购管理中所有权限
B5001	钱舒悦	仓管部	库存管理中所有权限
B6001	许鑫鑫	人力资源部	薪资管理中所有权限、填制凭证

三、基础设置

【操作资料】

业务一为开户银行设置(如表7-1-2所示)。

表7-1-2

开户银行

编码	银行账号	开户银行	所属银行编码
01	6222081001005318888	中国工商银行上海市静安区长寿支行	01 中国工商银行

业务二为付款条件设置(如表7-1-3所示)。

表 7-1-3

付款条件

付款条件编码	付款条件名称	信用天数	优惠天数1	优惠率1	优惠天数2	优惠率2	优惠天数3	优惠率3
01	2/10, 1/20, n/30	30	10	2	20	1	30	0

业务三为存货计价方式调整为"先进先出法"。

业务四为应付系统中定义基本科目:应付科目、预付科目、税金科目、采购科目。

业务五为应收款账龄区间设置(如表7-1-4所示)。

表 7-1-4

应收款账龄区间

序号	起止天数	总天数
01	0～30	30
02	31～60	60
03	61～90	90
04	91～120	120
05	121以上	

业务六为根据给定的资料在销售管理系统中输入期初数据。

2016年2月20日,根据订单,销售部向上海联华商贸有限公司出售一批女式中装,数量为75件,无税单价为200.00元,增值税为17.00%,价税合计17 550.00元。货已发出,发票尚未开出,款项均未收。

业务七为在存货系统中定义收发类别为:采购入库、销售出库、盘盈入库、盘亏出库的"存货对方科目"。

业务八为在固定资产核算系统中定义"部门对应折旧科目"。

业务九为在采购管理系统中设置以下参数:将"订单/到货单/发票单价录入方式"设置为"取自供应商存货价格表价格"。

业务十为根据企业的会计科目体系,在总账系统中设置"城市维护建设税、教育费附加和地方教育费附加"的自动转账分录(如表7-1-5所示)。

表 7-1-5

计提营业税费

科目编码	方向	金额公式
营业税金及附加	借	取对方科目计算结果
应交税费——应交城市维护建设税	贷	应交税费——未交增值税的贷方余额×0.07
应交税费——应交教育费附加	贷	应交税费——未交增值税的贷方余额×0.03
应交税费——应交地方教育费附加	贷	应交税费——未交增值税的贷方余额×0.02

【操作提示】

第一步,单击"账套"→"引入",打开"账套输出"对话框,打开"选择备份目标"对话框,选择"C:\888账套\888"账套,单击【确认】按钮。

第二步,执行"企业应用平台","操作员"输入"B1001",密码为空,"账套"

选中"[888](default)上海时尚商贸有限公司","操作日期"修改为"2016-03-01",单击【确定】按钮。

业务一：开户银行设置

(1) 执行"基础设置"→"基础档案"→"收付结算"→"银行档案",打开"银行档案"对话框,选中"01",屏幕显示"修改银行档案"窗口,"定长"取消"√",点击【保存】按钮。

(2) "基础设置"→"基础档案"→"收付结算"→"本单位开户银行",打开"本单位开户银行"对话框,单击"增加",按要求设置,如图7-1-1所示。

图7-1-1 "本单位开户银行"窗口

业务二：付款条件设置

执行"基础档案"→"收付结算"→"付款条件",打开"付款条件"对话框,单击【增加】按钮,按要求设置,如图7-1-2所示。

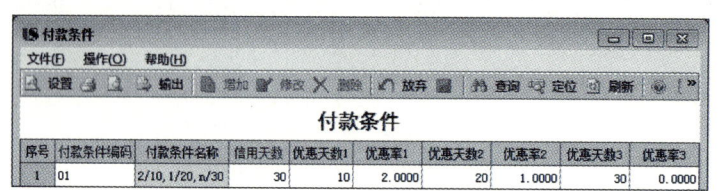

图7-1-2 "付款条件"窗口

业务三：存货计价方式调整为"先进先出法"

(1) 执行"业务工作"→"供应链"→"存货核算"→"初始设置"→"期初数据"→"期初余额",打开"期初余额"对话框,单击"恢复"。

(2) "采购管理"→"设置"→"采购期初记账",单击"取消记账"。

(3) "基础设置"→"业务"→"仓库档案",打开"仓库档案"对话框,选中编码仓库"0001",单击【修改】按钮,打开"修改仓库档案"对话框,"计价方式"下拉式对话框选中"先进先出法",单击【保存】按钮,如图7-1-3所示。

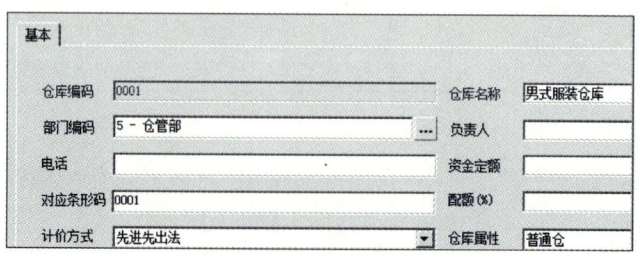

图7-1-3 "仓库档案"窗口

(4)依次修改其他仓库档案。

(5)执行"业务工作"→"供应链"→"采购管理"→"设置"→"采购期初记账",单击"记账"。

(6)执行"供应链"→"存货核算"→"初始设置"→"期初数据"→"期初余额",打开"期初余额"对话框,单击"记账"。

业务四:应付系统中定义基本科目:应付科目、预付科目、税金科目、采购科目

执行"业务工作"→"财务会计"→"应付款管理"→"设置"→"初始设置",打开"初始设置"对话框,选中"基本科目设置",按要求设置,如图7-1-4所示。

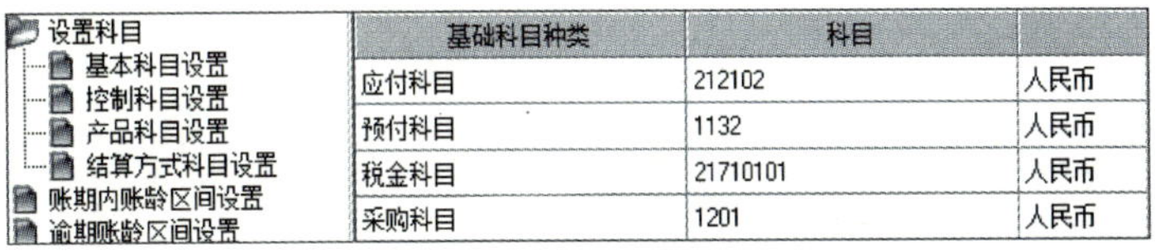

设置科目	基础科目种类	科目	
基本科目设置	应付科目	212102	人民币
控制科目设置	预付科目	1132	人民币
产品科目设置	税金科目	21710101	人民币
结算方式科目设置	采购科目	1201	人民币
账期内账龄区间设置			
逾期账龄区间设置			

图7-1-4 "应付款管理——基本科目设置"窗口

业务五:应收款账龄区间设置

执行"财务会计"→"应收款管理"→"设置"→"初始设置",打开"初始设置"对话框,选中"账期内款账龄区间设置",点击【增加】按钮,按要求设置,如图7-1-5所示。

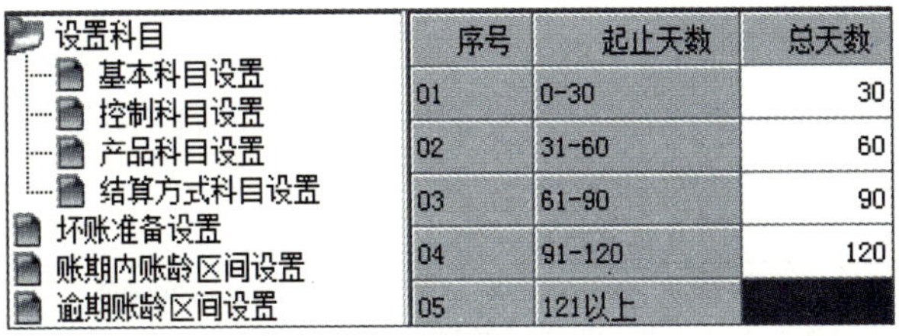

设置科目	序号	起止天数	总天数
基本科目设置	01	0-30	30
控制科目设置	02	31-60	60
产品科目设置	03	61-90	90
结算方式科目设置			
坏账准备设置	04	91-120	120
账期内账龄区间设置	05	121以上	
逾期账龄区间设置			

图7-1-5 "账期内账龄区间设置"窗口

业务六:根据给定的资料在销售管理系统中输入期初数据

执行"业务工作"→"供应链"→"销售管理"→"设置"→"期初录入"→"期初发货单",打开"期初发货单"对话框,单击【增加】按钮,按要求输入内容,单击【保存】按钮→【审核】按钮,如图7-1-6所示。

期初发货单　　打印模版 发货单打印模版

表体排序　　　　　　　　　　合并显示 □

发货单号 0000000001　　发货日期 2016-02-20　　业务类型 普通销售
销售类型 批发销售　　　　订单号　　　　　　　发票号
客户简称 上海联华商贸公司　销售部门 销售部　　业务员 张越
发货地址　　　　　　　　发运方式　　　　　　付款条件
税率 17.00　　　　　　币种 人民币　　　　　汇率 1
备注

仓库名称	存货编码	存货名称	主计	数量	含税单价	无税单价	无税金额	税额	价税合计	税率(%)
女式服装仓库	00003	女式中装	件	75.00	234.00	200.00	15000.00	2550.00	17550.00	17.00

图7-1-6 "期初发货单"窗口

业务七：在存货系统中定义收发类别为：采购入库、销售出库、盘盈入库、盘亏出库的"存货对方科目"

执行"业务工作"→"供应链"→"存货核算"→"初始设置"→"科目设置"→"对方科目"，单击【增加】按钮，按要求依次设置，如图7-1-7所示。

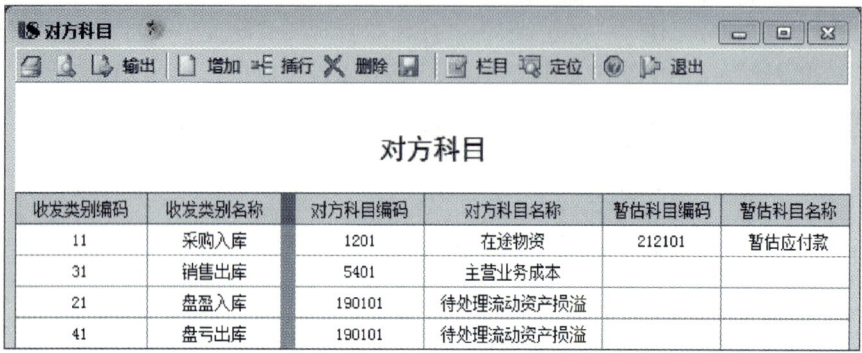

图7-1-7 "对方科目"窗口

业务八：在固定资产核算系统中定义"部门对应折旧科目"

(1)"业务工作"→"财务会计"→"固定资产"→"设置"→"部门对应折旧科目"，打开"部门对应折旧科目"对话框，选中"总经理办公室"，单击【修改】按钮，屏幕显示"部门对应折旧科目"窗口，"折旧科目"输入"550205"。

(2)依次输入其他折旧科目，如图7-1-8所示。

图7-1-8 "部门对应折旧科目"窗口

业务九：在采购管理系统中设置以下参数：将"订单/到货单/发票单价录入方式"设置为"取自供应商存货价格表价格"

执行"业务工作"→"供应链"→"采购管理"→"设置"→"采购选项"，打开"采购选项"对话框，"订单/到货单/发票单价录入方式"设置为"取自供应商存货价格表价格"，如图7-1-9所示。

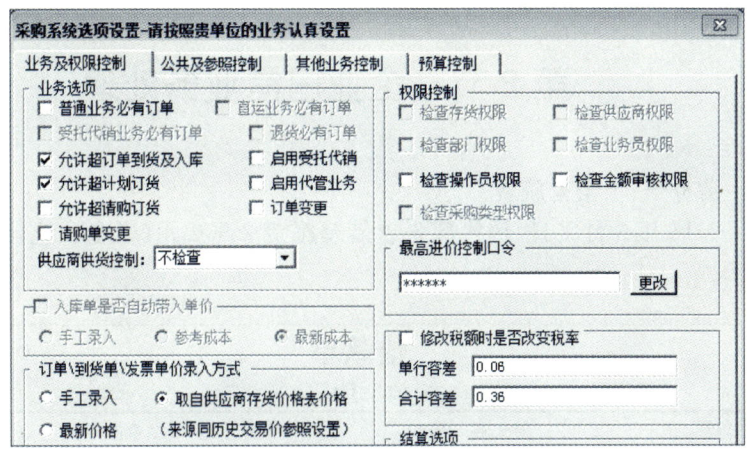

图 7-1-9 "采购选项——业务及权限控制"窗口

业务十:根据企业的会计科目体系,在总账系统中设置"城市维护建设税、教育费附加和地方教育费附加"的自动转账分录

执行"业务工作"→"财务会计"→"总账"→"期末"→"转账定义"→"自定义转账",打开"自定义转账"对话框,单击【增加】按钮,如图7-1-10和图7-1-11所示。

第三步,备份账套,保存路径为"C:\888账套\888账套初始设置"。

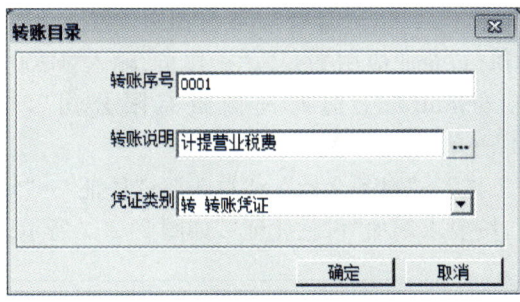

图 7-1-10 "转账目录"对话框

摘要	科目编码	部门	个人	客户	供应商	项目	方向	金额公式
计提营业税费	5402						借	JG 0
计提营业税费	217104						贷	FS (217102,月,贷)*0.07
计提营业税费	217105						贷	FS (217102,月,贷)*0.03
计提营业税费	217106						贷	FS (217102,月,贷)*0.02

图 7-1-11 "自定义转账设置——计提营业税费"窗口

第2节 企业日常业务处理

业务一:报销差旅费

2016年3月1日,销售部张越借差旅费2 500元,现金收讫,如图7-2-1所示。

借款单

日期:2016年03月1日

部　门	销售部	姓　名	张越	借款事由	出差借款
借款金额(大写)	贰仟伍佰元整				
部门负责人签章:	许维维			领款人签章:	张越
备　注				预计结报日期	
单位负责人意见	同意				
会计主管核批:	徐惠	付款方式:	现金	出　纳:	赵明明

图7-2-1　借款单

【操作提示】

第一步,单击"账套","引入",打开"账套输出"对话框,打开"选择备份目标"对话框,选择"C:\888账套\888账套初始设置",单击【确认】按钮。

第二步,执行"企业应用平台","操作员"输入"B2002",密码为空,"账套"选中"[888](default)上海时尚商贸有限公司","操作日期"修改为"2016-03-31"→单击【登录】按钮。

在"业务工作"→"财务会计"→"总账"→"凭证"→"填制凭证",打开"填制凭证"对话框,按要求增加"付款凭证",如图7-2-2所示。

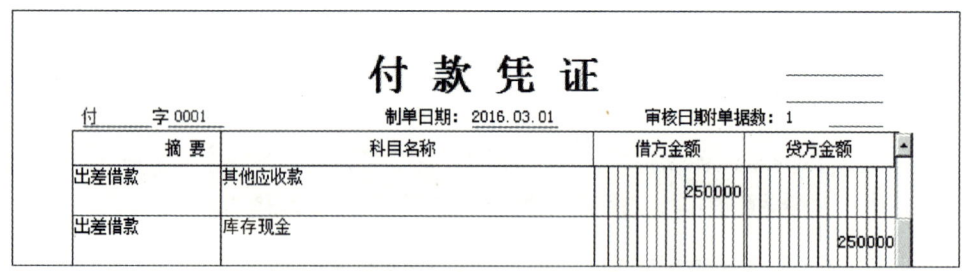

图7-2-2　"出差借款"凭证

业务二:缴付第一季度增值税

2016年3月2日,以网上电子缴税方式缴纳第一季度企业所得税、增值税、城市维护建设税、教育费附加、地方教育费附加、代缴个人所得税(结算方法,转账),如图7-2-3和图7-2-4所示。

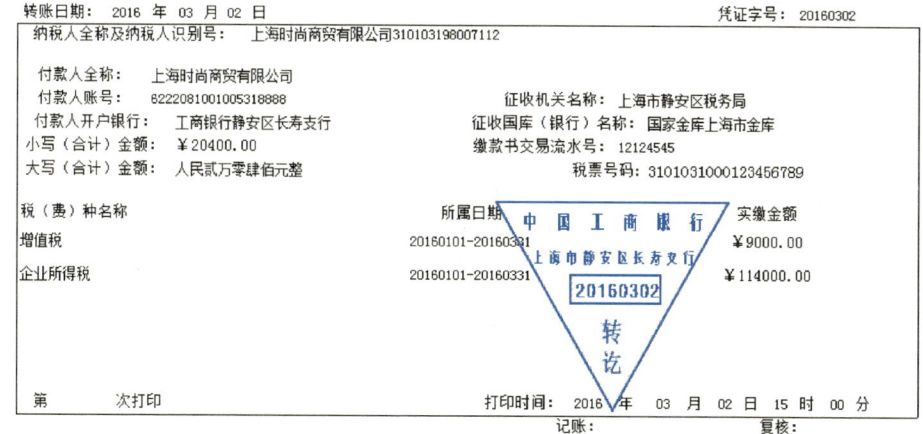

图 7-2-3　电子缴税付款凭证

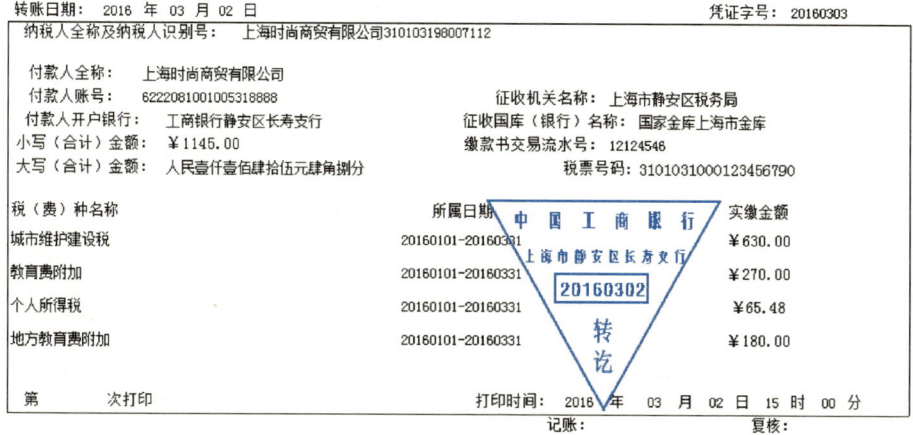

图 7-2-4　电子缴税付款凭证

【操作提示】

（1）单击"增加"，"凭证字"修改为"付"，其他按要求设置，如图 7-2-5 所示。

（2）依次输入第二笔业务，如图 7-2-6 所示。

付款凭证

付字 0002　　制单日期：2016.03.02　　审核日期　附单据数：1

摘要	科目名称	借方金额	贷方金额
缴付增值税	应交税费——未交增值税	900000	
缴付增值税	应交税费——应交所得税	1140000	
缴付增值税	银行存款——工商银行		2040000

票号 202-20160302
日期 2016.03.02　数量　单价　　合计　2040000　2040000

图 7-2-5 "缴付增值税"凭证

付款凭证

付字 0003　　制单日期：2016.03.02　　审核日期　附单据数：1

摘要	科目名称	借方金额	贷方金额
缴付增值税	应交税费——应交城市维护建设税	63000	
缴付增值税	应交税费——应交教育费附加	27000	
缴付增值税	应交税费——应交地方教育费附加	18000	
缴付增值税	应交税费——应交个人所得税	6548	
缴付增值税	银行存款——工商银行		114548

票号 202-20160303
日期 2016.03.02　数量　单价　　合计　114548　114548

图 7-2-6 "缴付增值税"凭证

业务三：签订销售合同并预收定金

2016年3月2日销售部张越与上海联华商贸有限公司签订销售合同（编号 XS20160302），出售一批女式中装。合同签订同日预收部分货款并已存入银行，同日开具增值税专用发票，如图 7-2-7 至图 7-2-10 所示。

购销合同

合同编号：XS20160302

卖方：上海时尚商贸有限公司
买方：上海联华商贸有限公司

为保护买卖双方的合法权益，买卖双方根据《中华人民共和国合同法》的有关规定，经双方友好协商，一致同意签订本合同，共同遵守。

一、货物的名称、数量及金额

货物名称	规格型号	计量单位	数量	单价(不含税)	金额(不含税)	税率	价税合计
女式中装		件	400	300.00	120 000.00	17%	140 400.00

二、合同总金额：人民币壹拾肆万零肆佰元整(¥140 400.00)。

三、付款时间及付款方式：

签订合同当日，买方向卖方支付定金：人民币壹万元整(¥10 000.00)。交货并验收合格后，买方向卖方开出为期两个月的商业承兑汇票方式结算剩余款项，即人民币壹拾叁万零肆佰元整(¥130 400.00)

四、交货时间与地点：交货时间为2016年3月16日，交货地点为上海联华商贸有限公司。

五、发运方式与运输用承担方式：由卖方发货，运输费由买方承担。

卖方：上海时尚商贸有限公司　　　　买方：上海联华商贸有限公司
授权代表：许维维　　　　　　　　　授权代表：徐敏敏
日期：2016年03月02日　　　　　　　日期：2016年03月02日

图 7-2-7　合同

收　据

NO 20160302

入账日期：2016 年 03 月 02 日

交款单位　上海联华商贸有限公司　　收款方式　转账支票

人民币(大写)　壹万元整　　　　　　¥10000.00

收款事由　预付400件女式中装的货款（支票号：15105702）

2016 年 03 月 02 日

单位盖章　财会主管　记账　出纳　审核　经办

图 7-2-8　收据

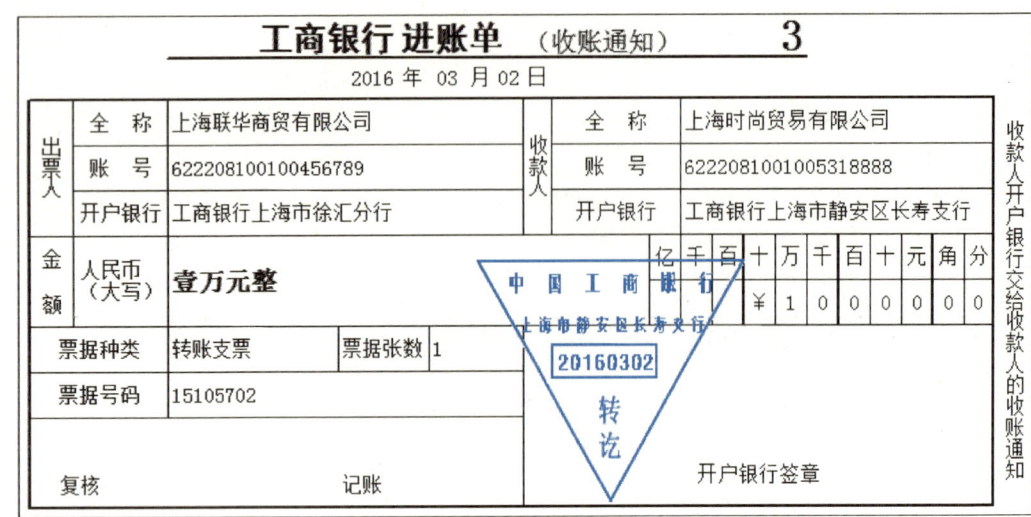

图 7-2-9　进账单

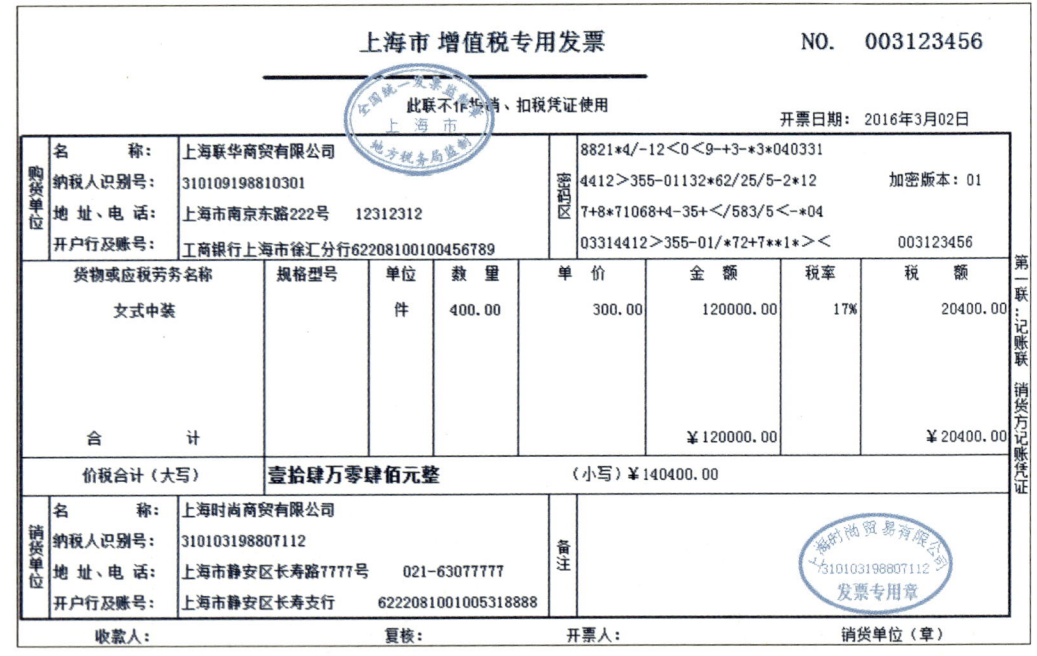

图 7-2-10　增值税专用发票

【操作提示】

第一步,单击"重注册"以"B3001"销售主管身份登录,选择"[888](default)上海时尚商贸有限公司","操作日期"修改为"2016-03-02",单击【登录】按钮。

(1)执行"业务工作"→"供应链"→"销售管理"→"销售订货"→"销售订单",打开"销售订单"对话框,单击【增加】按钮,按要求输入内容,"预发货日期"修改为"2016-03-16",单击【保存】按钮→【审核】按钮,如图7-2-11所示。

图 7-2-11 "销售订单"窗口

(2) 执行"销售开票"→"销售专用发票",打开"销售专用发票"对话框,单击【增加】按钮→【生单】按钮→"参照订单",屏幕显示"查询条件选择-参照订单"窗口,单击"确定",屏幕显示"参照生单",单击"全选",单击【确定】按钮,如图7-2-12所示。

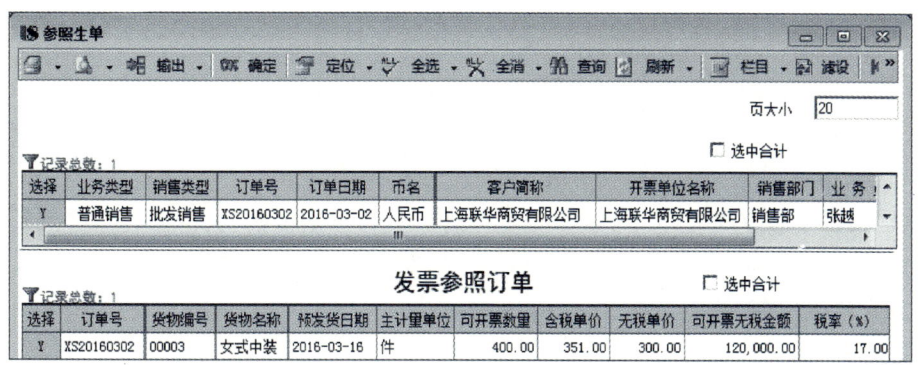

图 7-2-12 "发票参照订单"对话框

(3) 返回"销售专用发票"对话框,"发票号"输入"003123456","仓库名称"选中"女式服装仓库",单击【保存】按钮→【复核】按钮,如图7-2-13所示。

图 7-2-13 "销售专用发票"窗口

第二步,单击"重注册",以"B2003"出纳身份登录。

执行"业务工作"→"财务会计"→"应收款管理"→"收款单据处理"→"收款单据录入",打开"收款单"对话框,单击"增加",按要求输入内容,单击【保存】按钮,如图 7-2-14 所示。

图 7-2-14 "收款单"窗口

第三步,单击"重注册",以"B2002"会计主管身份登录。

(1)执行"业务工作"→"财务会计"→"应收款管理"→"应收单据处理"→"应收单据审核",打开"应收单查询条件"对话框,单击"确定",屏幕显示"单据处理"窗口,单击"全选"→"审核"→【确定】按钮。

(2)"应收款管理"→"收款单据处理"→"收单据审核",打开"收单查询条件"对话框,单击"确定",屏幕显示"单据处理"窗口,单击"全选"→"审核"→【确定】按钮。

(3)"制单处理"→ 打开"制单处理"对话框,勾选"发票制单"和"收付款单制单",单击【确定】按钮,屏幕显示"制单"窗口,单击"全选"→【制单】按钮。

(4)打开"填制凭证"对话框,"字"修改为"转",光标放在第二行,"项目名称"修改"女式中装",单击【保存】按钮,如图 7-2-15 所示。

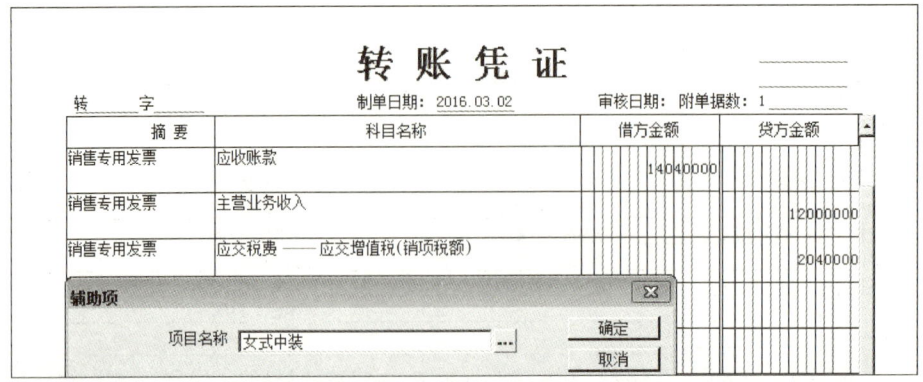

图 7-2-15 "应收单生成销售专用"凭证

(5) 单击【下一张】按钮→【保存】按钮,如图7-2-16所示。

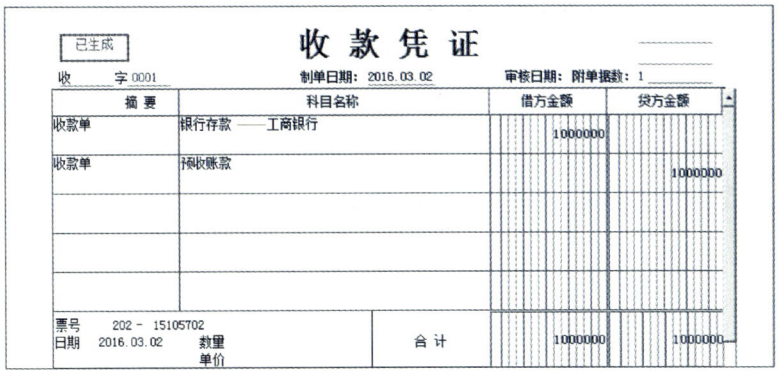

图 7-2-16 "收款单"凭证

业务四:签订销售合同并分批发货

2016年3月2日,销售部张越与四川美美商贸有限公司签订销售合同(合同编号:XS20160303)。当日开具增值税专用发票,并以现结方式收取合同的首付款,当日已经按合同规定发出第一批货,进行业务单据处理,如图7-2-17至图7-2-19所示。

购销合同

合同编号:XS20160303

卖方:上海时尚商贸有限公司
买方:四川美美商贸有限公司

为保护买卖双方的合法权益,买卖双方根据《中华人民共和国合同法》的有关规定,经双方友好协商,一致同意签订本合同,共同遵守。

一、货物的名称、数量及金额

货物名称	规格型号	计量单位	数量	单价(不含税)	金额(不含税)	税率	价税合计
男式西裤		件	1 800	130.00	234 000.00	17.00%	273 780.00

二、合同总金额:人民币贰拾柒万叁仟柒佰捌拾元整(¥273 780.00)。
三、付款时间及付款方式:
采用分批发货分次收款的方式卖方向买方发货和收取货款,即签订合同当日,卖方向买方首次发出300条男式西裤,货物验收合格后,买方向卖方首付合同总金额30%的货款,即人民币捌万贰仟壹佰叁拾肆元整(¥82 134.00)。2016年3月16日,卖方向买方第二批发出1 500条男式西裤,货物验收合格后,买方向卖方支付合同总金额70%的货款,即人民币壹拾玖万壹仟陆佰肆拾陆元整(¥191 646.00)。
四、交货时间与地点:签订合同当日卖方向买方首批发出300条男式西裤,2016年3月16日,交货时间为2016年3月16日,卖方向买方发出1 500条男式西裤,交货地点为四川美美商贸有限公司。
五、发运方式与运输用承担方式:由卖方发货,运输费由买方承担。

卖方:上海时尚商贸有限公司　　　　买方:四川美美商贸有限公司
授权代表:许维维　　　　　　　　　授权代表:刘敏敏
日期:2016年03月02日　　　　　　　日期:2016年03月02日

图 7-2-17 合同

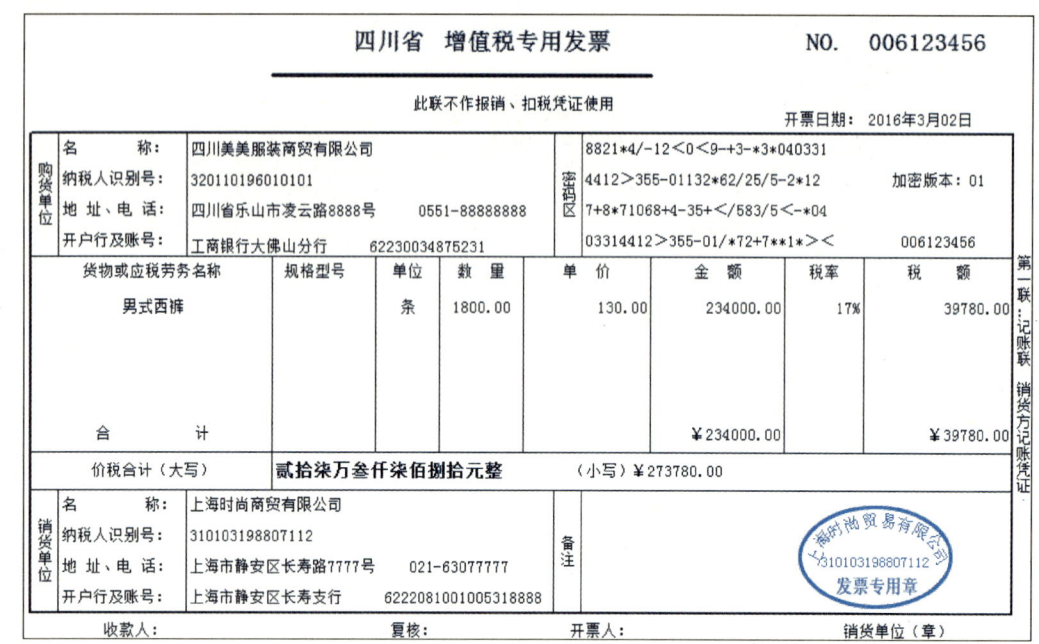

图 7-2-18 增值税专用发票

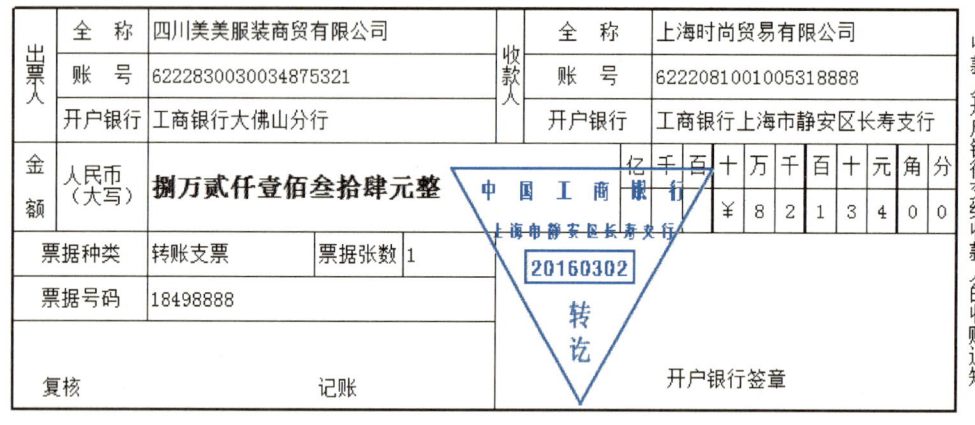

图 7-2-19 进账单

【操作提示】

第一步,单击"重注册",以"B3001"销售主管身份登录,选择"[888](default)上海时尚商贸有限公司","操作日期"修改为"2016-03-02",单击【登录】按钮。

(1)执行"业务工作"→"供应链"→"销售管理"→"销售订货"→"销售订单",打开"销售订单"对话框,单击【增加】按钮,按要求输入内容,"预发日期"修改为"2016-03-16",单击【保存】按钮→【审核】按钮,如图 7-2-20 所示。

图 7-2-20 "销售订单"窗口

(2)"销售发货"→"发货单",打开"发货单"对话框,单击【增加】按钮,屏幕显示"查询条件选择——参照订单"窗口,单击【确定】按钮,打开"参照生单"对话框,按要求选中,单击【确定】按钮。

(3)返回"发货单"对话框,"仓库名称"选中"男式服装仓库",单击【保存】按钮→【审核】按钮,如图 7-2-21 所示。

图 7-2-21 "发货单订单"窗口

(4)"销售开票"→"销售专用发票",打开"销售专用发票"对话框,单击【增加】按钮,"生单"下拉式对话框选中"参照发货单",屏幕显示"查询条件选择-发票参照发货单",单击【确定】按钮,选中发货日期为"2016-03-02",单击【确定】按钮。

(5)返回"销售专用发票"对话框,"发票号"输入"00612345","数量"修改为"1 800.00",单击【保存】按钮→【现结】按钮。

(6)打开"现结"对话框,按要求输入,单击【确定】按钮,如图 7-2-22 所示。

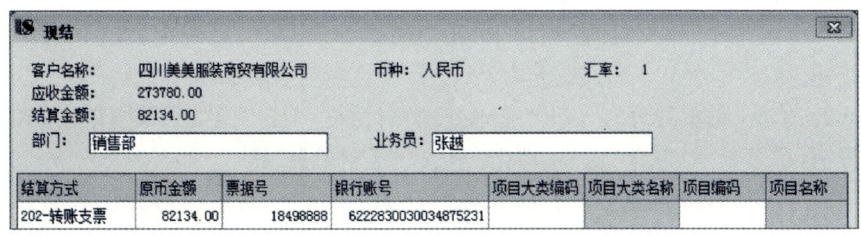

图 7-2-22 "现结"对话框

(7)返回"销售专用发票"对话框,单击【复核】按钮,如图7-2-23所示。

图7-2-23 "发货单生成销售专用发票"

第二步,单击"重注册",以"B5001"库存主管身份登录。

(1)"供应链"→"库存管理"→"出库业务"→"销售出库单",打开"销售出库单"对话框,"生单"下拉式对话框选中"销售生单(批量)",屏幕显示"查询条件选择-销售发货单列表",客户"四川美美商贸有限公司",单击【确定】按钮,单击"全选",单击【确定】按钮。

(2)返回"销售出库单"对话框,单击【确定】按钮→【审核】按钮,如图7-2-24所示。

图7-2-24 "销售出库单"窗口

第三步,单击"重注册",以"B2002"会计主管身份登录。

(1)"业务工作"→"财务会计"→"应收款管理"→"应收单据处理"→"应收单据审核",打开"应收单查询条件"对话框,勾选"包含已现结发票",单击"确定",屏幕显示"单据处理"窗口,单击"全选"→"审核"→【确定】按钮→【关闭】按钮。

(2)单击"制单处理",打开"制单处理"对话框,勾选"现结制单",单击【确定】按钮,屏幕显示"制单"窗口,单击"全选"→【制单】按钮。

(3)打开"填制凭证"对话框,光标发在第三行,"项目名称"修改为"男式西裤",单击【保存】按钮,如图7-2-25所示。

收款凭证

收字 制单日期:2016.03.02 审核日期: 附单据数:1

摘要	科目名称	借方金额	贷方金额
现结	应收账款	191646.00	
现结	银行存款——工商银行	82134.00	
现结	主营业务收入		234000.00
现结	应交税费——应交增值税(销项税额)		39780.00
		273780.00	273780.00

辅助项
项目名称: 男式西裤
[确定] [取消] [辅助明细]

图 7-2-25 "现结制单"凭证

业务五:签订采购合同、现付方式支付合同总金额的 40%

2016 年 3 月 5 日,刘源与厦门馨怡服装商贸有限公司签订采购合同(编号 CG20160305)。同日取得增值税专用发票,并以现付方式支付合同总金额的 40%。进行业务单据处理,在相关业务系统中自动生存记账凭证并按规定办理审核手续,如图 7-2-26 至图 7-2-29 所示。

购销合同

合同编号:CG20160305

卖方:厦门馨怡服装商贸有限公司
买方:上海时尚商贸有限公司

为保护买卖双方的合法权益,买卖双方根据《中华人民共和国合同法》的有关规定,经双方友好协商,一致同意签订本合同,共同遵守。

一、货物的名称、数量及金额

货物名称	规格型号	计量单位	数量	单价(不含税)	金额(不含税)	税率	价税合计
女式中装		件	500	150.00	75 000.00	17%	87 750.00

二、合同总金额:人民币捌万柒仟柒佰伍拾元整(¥87 750.00)。
三、付款时间及付款方式:
签订合同当日,卖方向买方开出全额增值税发票,并且买方向卖方支付合同总金额 40%的货款,即人民币叁万伍仟壹佰元整(¥35 100.00)。
交货并验收合格后,30 日内买方向卖方支付合同总金额 40%的剩余货款,即人民币伍万贰仟陆佰伍拾元整(¥52 650.00)。
四、交货时间与地点:交货时间为 2016 年 3 月 16 日,交货地点为上海时尚商贸有限公司。
五、发运方式与运输用承担方式:由卖方发货,运输费由买方承担。

卖方:厦门馨怡服装商贸有限公司 买方:上海时尚商贸有限公司
授权代表:李烨 授权代表:许维维
日期:2016 年 03 月 05 日 日期:2016 年 03 月 05 日

图 7-2-26 合同

图 7-2-27 增值税专用发票

图 7-2-28 付款报告书

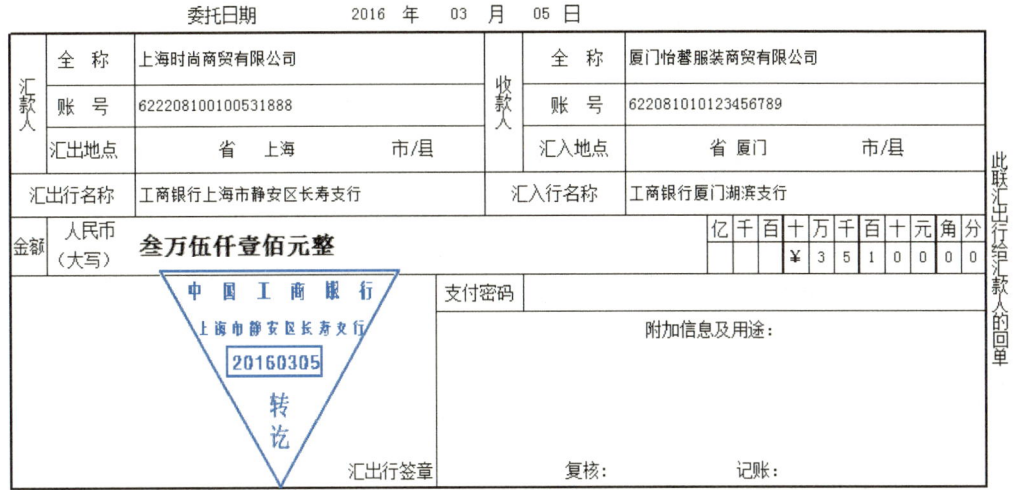

图 7-2-29 电汇凭证

【操作提示】

第一步,单击"重注册",以"B4001"采购主管身份登录,选择"[888](default)上海时尚商贸有限公司","操作日期"修改为"2016-03-05",单击【登录】按钮。

(1) 执行"业务工作"→"供应链"→"采购管理"→"采购订货"→"采购订单",打开"采购订单"对话框,单击【增加】按钮,按要求输入内容,"计划到货日期"修改为"2016-03-16",单击【保存】按钮→【审核】按钮,如图 7-2-30 所示。

图 7-2-30 "采购订单"窗口

(2) 执行"采购发票"→"专用采购发票",打开"专用发票"对话框,单击【增加】按钮,"生单"下拉式对话框选中"采购订单",屏幕显示"查询条件选择-采购订单列表过滤",单击"确定"→"全选",单击【确定】按钮,如图 7-2-31 所示。

(3) 返回"采购专用发票"对话框,"发票号"输入"01636591",单击【保存】按钮→【现付】按钮。

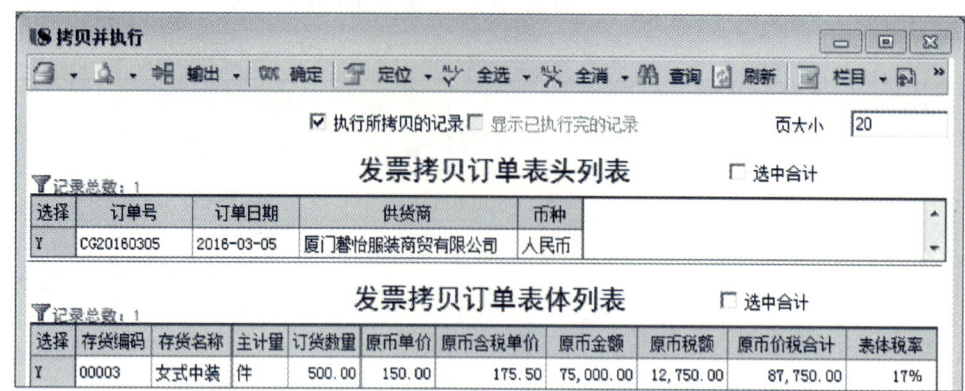

图 7-2-31 "发票拷贝订单表头列表"窗口

(4) 打开"现付"对话框,按要求输入内容(参照电汇凭证),单击【确定】按钮,返回"专用发票"窗口,单击【关闭】按钮,如图 7-2-32 所示。

图 7-2-32 "采购专用发票"对话框

第二步,单击"重注册",以"B2002"会计主管身份登录。

(1) 执行"业务工作"→"财务会计"→"应付款管理"→"应付单据处理"→"应付单据审核",打开"应付单查询条件"对话框,勾选"包含已现结发票"和"未完全报销",单击"确定",屏幕显示"单据处理"窗口,单击"全选"→"审核"→【确定】按钮。

(2) 单击"制单处理",打开"制单处理"对话框,勾选"现结制单",单击【确定】按钮,屏幕显示"制单"窗口,单击"全选"→"制单"按钮。

(3) 打开"填制凭证"对话框,"字"修改为"付",光标发在第一行,"项目名称"修改为"女式中装",单击【保存】按钮,如图 7-2-33 所示。

第三步,备份账套,保存路径为"C:\888 账套\888 业务 1-5"。

业务六:暂估入库

2016 年 3 月 5 日,收到上月 18 日购买厦门馨怡服装商贸有限公司暂估入库的女式套装的增值税专用发票,同日,财务部电汇支付全部价税款,如图 7-2-34 至图 7-2-36 所示。

图 7-2-33 "现结付款"凭证

图 7-2-34 付款报告书

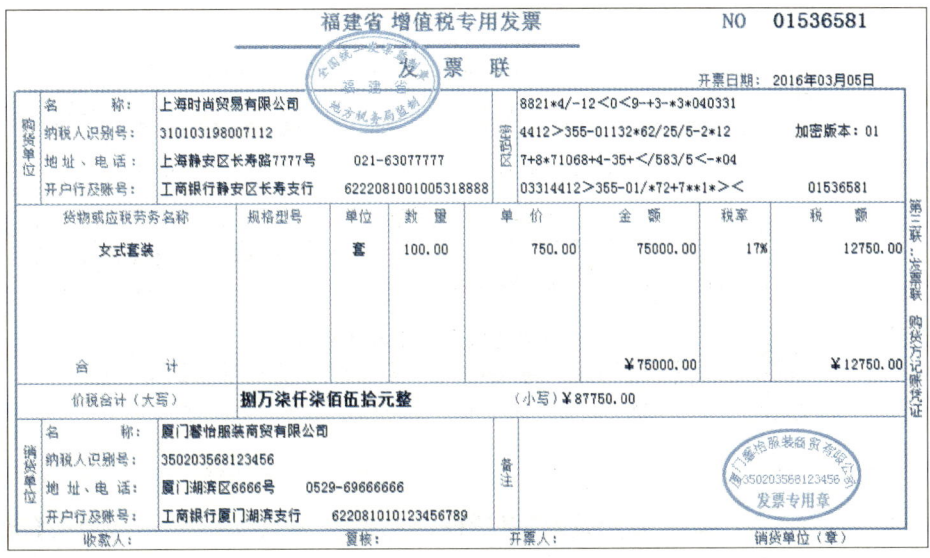

图 7-2-35 增值税专用发票

```
                    银行电汇凭证（回单）        NO. 12347788

     委托日期       2016 年   03 月   05 日

汇   全  称  上海时尚商贸有限公司        全  称  厦门怡荟服装商贸有限公司
款   账  号  6222081001005319888   收  账  号  6622081010123456789
人   汇出地点     省  上海     市/县  人  汇入地点    省  厦门     市/县
     汇出行名称   工商银行上海市静安区长寿支行    汇入行名称  工商银行厦门湖滨支行

     金额  人民币  捌万柒仟柒佰伍拾元整            亿千百十万千百十元角分
            （大写）                                    ￥ 8 7 7 5 0 0 0

                              支付密码
                              附加信息及用途：

                    汇出行签章       复核：         记账：
```

图 7-2-36 电汇凭证

【操作提示】

引入"C:\888 账套\888 业务 1-5"账套。

第一步，单击"重注册"，以"B4001"采购主管身份登录，选择"[888]"（default）上海时尚商贸有限公司"，"操作日期"修改为"2016-03-05"，单击【登录】按钮。

（1）执行"供应链"→"采购管理"→"采购发票"→"专用采购发票"，打开"专用发票"对话框，单击【增加】按钮→"生单"下拉式对话框选中"入库单"，屏幕显示"查询条件选择——采购入库单列表过滤"，单击【确定】按钮，单击"全选"，单击【确定】按钮，如图 7-2-37 所示。

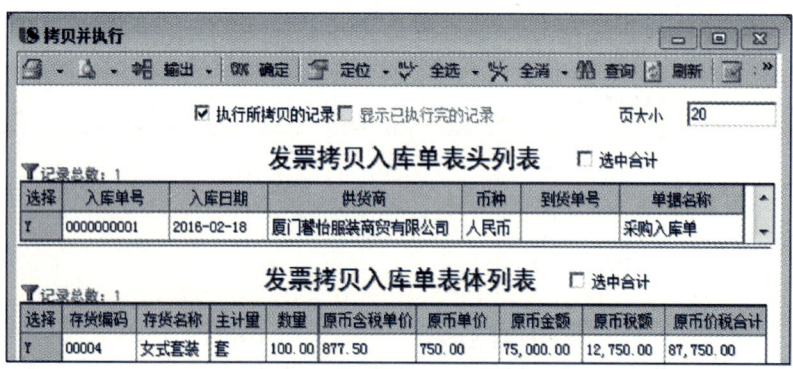

图 7-2-37 "发票拷贝入库单表头列表"窗口

（2）返回"专用发票"对话框，"发票号"输入"01536581"，单击【保存】按钮→【结算】按钮，如图 7-2-38 所示。

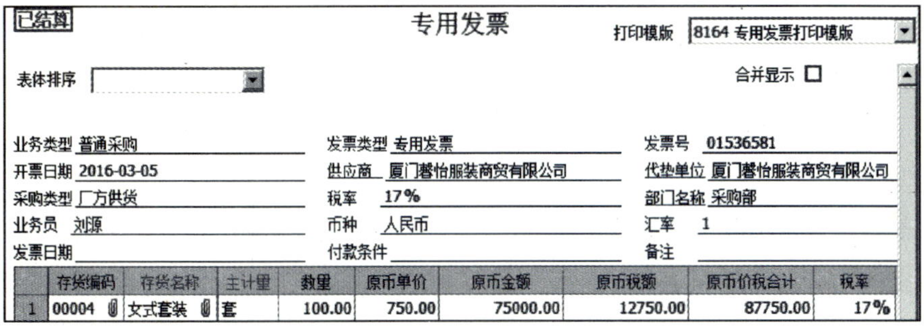

```
┌─────────────────────────────────────────────────────────────────────┐
│ 已结算                专用发票        打印模版  8164 专用发票打印模版 ▼│
│ 表体排序  ▼                                         合并显示 □       │
│                                                                     │
│ 业务类型  普通采购          发票类型  专用发票      发票号  01536581 │
│ 开票日期  2016-03-05        供应商  厦门馨怡服装商贸有限公司  代垫单位 厦门馨怡服装商贸有限公司 │
│ 采购类型  厂方供货          税率  17%              部门名称  采购部  │
│ 业务员  刘源                币种  人民币           汇率  1           │
│ 发票日期                    付款条件               备注              │
│ 存货编号  存货名称  主计量  数量    原币单价  原币金额  原币税额  原币价税合计  税率 │
│ 1  00004  女式套装  套    100.00  750.00  75000.00  12750.00  87750.00  17% │
└─────────────────────────────────────────────────────────────────────┘
```

图 7-2-38 "结算已完成的专用发票"窗口

第二步,单击"重注册",以"B2003"出纳身份登录。

执行"业务工作"→"财务会计"→"应付款管理"→"付款单据处理"→"付款单据录入",打开"付款单"对话框,按要求输入,单击【保存】按钮,如图 7-2-39 所示。

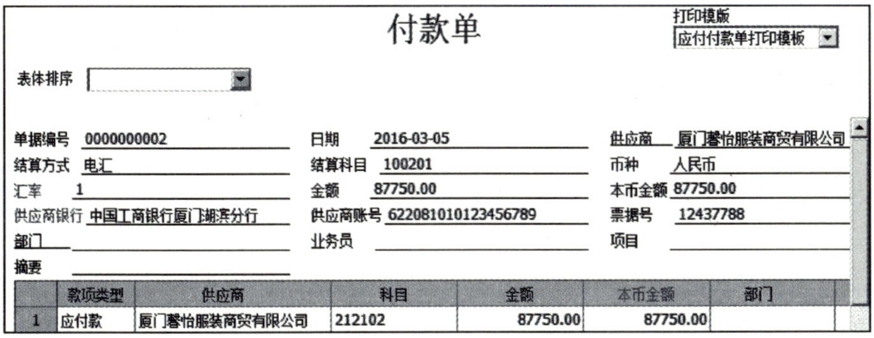

```
┌─────────────────────────────────────────────────────────────────────┐
│                        付款单              打印模版  应付付款单打印模板 ▼│
│ 表体排序  ▼                                                          │
│ 单据编号  0000000002      日期  2016-03-05    供应商  厦门馨怡服装商贸有限公司 │
│ 结算方式  电汇            结算科目  100201    币种  人民币           │
│ 汇率  1                   金额  87750.00      本币金额  87750.00     │
│ 供应商银行  中国工商银行厦门湖滨分行  供应商账号  6220810101234567898  票据号  12437788 │
│ 部门                      业务员               项目                  │
│ 摘要                                                                │
│   款项类型    供应商              科目    金额      本币金额    部门 │
│ 1  应付款    厦门馨怡服装商贸有限公司  212102  87750.00  87750.00     │
└─────────────────────────────────────────────────────────────────────┘
```

图 7-2-39 "付款单"窗口

第三步,单击"重注册",以"B2002"会计主管身份登录。

(1) 执行"财务会计"→"应付款管理"→"应付单据处理"→"应付单据审核",打开"应付单查询条件"对话框,勾选"包含已现结发票"和未完全报销",单击"确定",屏幕显示"单据处理"窗口,单击"全选"→"审核"→【确定】按钮。

(2) 执行"付款单据处理"→"付款单据审核",打开"付款单查询条件"对话框,单击"确定",屏幕显示"收付款单列表"窗口,单击"全选"→"审核"→【确定】按钮。

(3) 执行"制单处理",打开"制单处理"对话框,勾选"发票制单"和"收付款单制单",单击【确定】按钮,屏幕显示"制单"窗口,单击"全选"→【制单】按钮。

(4) 打开"填制凭证"对话框,"字"修改为"转",光标发在第一行,"项目名称"修改为"女式套装",单击【保存】按钮,如图 7-2-40 所示。

图 7-2-40 "生成转账"凭证

(5)单击【下一张】按钮,单击【保存】按钮,如图 7-2-41 所示。

图 7-2-41 "付款单"凭证

业务七:出差归来报销差旅费

2016 年 3 月 5 日,销售部张越报销差旅费(计入销售费用——运杂费),原借款多退少补,如图 7-2-42 所示。

差旅费报销单

姓名:张越			部门:销售部			日期:2016年03月05日		出差事由:外出联系业务				
出发地			到达地			公出补助		车船飞机费	卧铺	住宿费	市内车费	邮电费	其他	合计
月	日	地点	月	日	地点	天数	标准	金额						
03	05	上海	03	05	厦门	5	100	500.00	500.00		500.00			1500.00
03	09	厦门	03	09	上海				500.00					500.00
总计人民币(大写): 人民币贰仟元整														
预支		¥2500.00	核销			退补		¥500.00						
主管:徐惠			部门:销售部			报销人:张越		审核人:李明						

现金收讫

图 7-2-42 差旅费报销单

【操作提示】

按要求填制收款凭证，如图 7-2-43 所示。

摘 要	科目名称	借方金额	贷方金额
报销差旅费	销售费用——运杂费	2000 00	
报销差旅费	库存现金		500 00
报销差旅费	其他应收款		2500 00

收字 0003　制单日期：2016.03.05　审核日期　附单据数：1

图 7-2-43　"报销差旅费"凭证

业务八：收到上月货款并开销售专用发票

2016 年 3 月 10 日，收到上月 20 日向上海联华商贸有限公司出售 75 件女式中装的全部价款，其转账支票已送交银行，开具增值税专用发票，进行业务处理，如图 7-2-44 和图 7-2-45 所示。

【操作提示】

第一步，单击"重注册"，以"B3001"销售主管身份登录，选择"[888](default) 上海时尚商贸有限公司"，"操作日期"修改为"2016-03-10"，单击【登录】按钮。

图 7-2-44　增值税专用发票

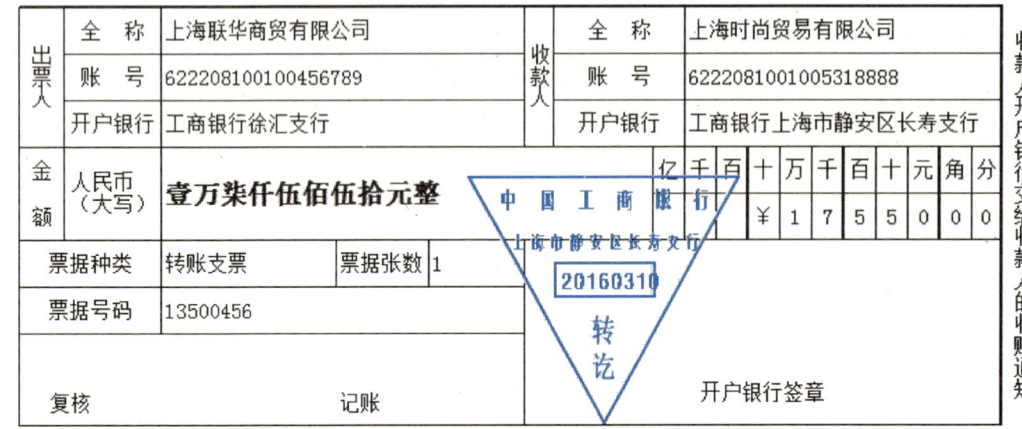

图 7-2-45 进账单

(1) 执行"供应链"→"销售管理"→"销售开票"→"销售专用发票",打开"销售专用发票"对话框,单击【增加】按钮,"生单"下拉式对话框选中"参照发货单",屏幕显示"查询条件选择——发票参照发货单",单击【确定】按钮,屏幕显示"参照生单"窗口,单击"全选"→【确定】按钮。

(2) 返回"销售专用发票"对话框,"发票号"输入"31088669",单击【保存】按钮→【复核】按钮,如图 7-2-46 所示。

图 7-2-46 "销售专用发票"窗口

第二步,单击"重注册",以"B2003"出纳身份登录。

(1) 执行"业务工作"→"财务会计"→"应收款管理"→"收款单据处理"→"收款单据录入",打开"收款单",单击【增加】按钮,按要求输入完毕,单击【保存】按钮,如图 7-2-47 所示。

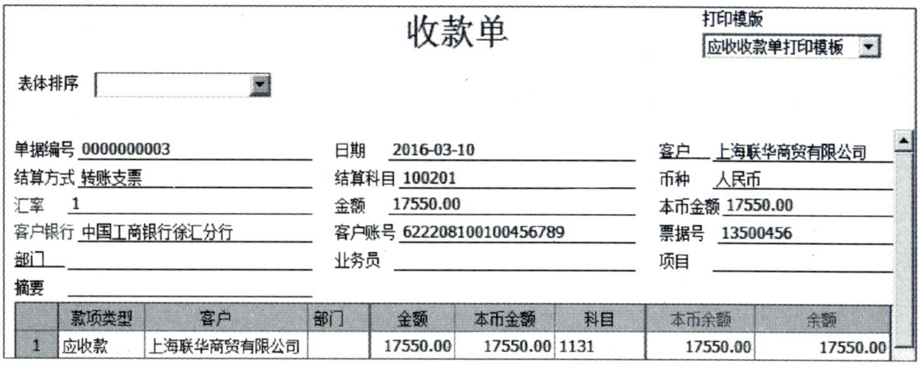

图 7-2-47 "收款单"窗口

第三步,单击"重注册",以"B2002"会计主管身份登录。

(1) 执行"业务工作"→"财务会计"→"应收款管理"→"应收单据处理"→"应收单据审核",打开"应收单过滤条件"对话框,单击"确定",屏幕显示"单据处理"窗口,单击"全选"→"审核"→【确定】按钮。

(2) 执行"应收款管理"→"收款单据处理"→"收款单据审核",打开"收款单查询条件"对话框,单击"确定",屏幕显示"收付款单列表"窗口,单击"全选"→"审核"→【确定】按钮。

(3) 执行"制单处理",打开"制单处理"对话框,勾选"发票制单"和"收付款单制单",单击【确定】按钮,屏幕显示"制单"窗口,单击"全选"→【制单】按钮。

(4) 打开"填制凭证"对话框,"字"修改为"转",光标发在第二行,"项目名称"修改为"女式中装",单击【保存】按钮,如图 7-2-48 所示。

图 7-2-48 "应收单生成销售专用发票"凭证

(5) 单击【下一张】按钮,单击【保存】按钮,如图 7-2-49 所示。

业务九:收到上月货物并验收入库

2016 年 3 月 10 日,合同编号为 CG020160305 的 500 件女式中装到货,验收合格入女装仓库。

【操作提示】

第一步,单击"重注册",以"B4001"采购主管身份登录,选择"[888](default)上海时尚商贸有限公司","操作日期"修改为"2016-03-10",单击【登录】按钮。

图 7-2-49 "收款单"凭证

（1）"供应链"→"采购管理"→"采购到货"→"到货单",打开"到货单"对话框,单击【增加】按钮,"生单"下拉式对话框选中"采购订单",屏幕显示"查询条件选择——采购订单列表过滤",单击【确定】按钮,屏幕显示"参照生单"窗口,单击"全选",单击【确定】按钮。

（2）返回"到货单"对话框,单击【保存】按钮→【审核】按钮,如图 7-2-50 所示。

图 7-2-50 "到货单"窗口

第二步,单击"重注册",以"B5001"库存主管身份登录。

（1）执行"供应链"→"库存管理"→"入库业务"→"采购入库单",打开"采购入库单"对话框,"生单"下拉式对话框选中"采购到货单（批量）",屏幕显示"查询条件选择——采购到货单列表",单击【确定】按钮,屏幕显示"到货单生单列表",单击"全选","仓库"选中"女式服装仓库",单击【确定】按钮,如图 7-2-51 所示。

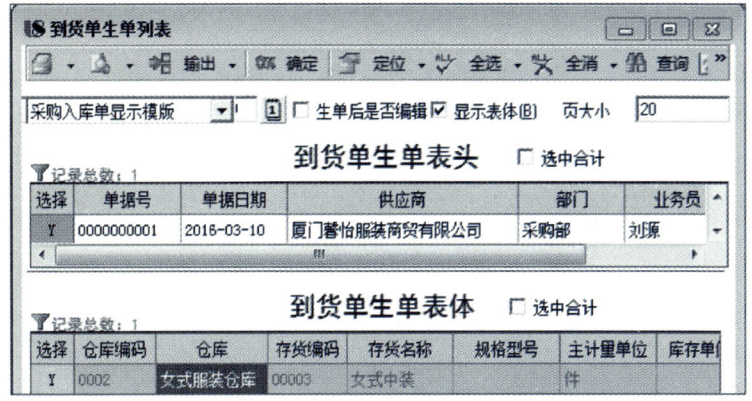

图 7-2-51 "到货单生单列表"对话框

(2) 返回"采购入库单",单击【审核】按钮,如图 7-2-52 所示。

图 7-2-52 "采购入库单"窗口

业务十:销售发货并收到对方商业承兑汇票

2016 年 3 月 16 日,按照合同(编号 XS20160302)约定,向上海联华商贸有限公司送货 400 件女式中装,办理销售出库,以现金代垫运输费。收到上海联华商贸有限公司开出为期 2 个月的商业承兑汇票,向本公司支付用预售冲抵后的剩余货款,如图 7-2-53 至图 7-2-55 所示。

付款报告书

部门: 销售部   2016 年 03 月 16 日   编号 08

开支内容	金　额	结算方式	附单据
支付400件女式中装运费,现金代垫运费	¥500.00	现金	
			张
合计:(大写) 伍佰元整		现金付讫	

会计主管: 李明   单位负责人: 许维维   出纳: 赵明明   经办人: 刘源

图 7-2-53 付款报告书

小企业会计电算化

收货单位	运单号	货物名称	发运数量(件)	运费	保险费	其他	金额合计	经办人
上海联华商贸有限公司		女式中装	400	¥500.00			¥500.00	张越
合 计				¥500.00			¥500.00	

图7-2-54　运费垫支凭证

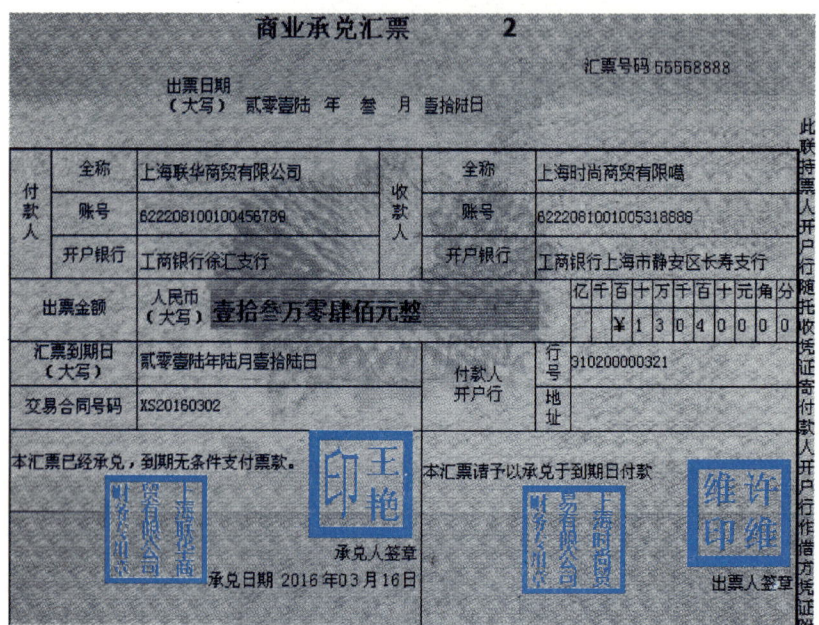

图7-2-55　商业承兑汇票

【操作提示】

第一步，单击"重注册"，以"B5001"库存主管身份登录，选择"[888](default)上海时尚商贸有限公司"，"操作日期"修改为"2016-03-16"，单击【登录】按钮。

（1）"供应链"→"库存管理"→"出库业务"→"销售出库单"，打开"销售出库单"对话框，"生单"下拉式对话框选中"销售生单（批量）"，屏幕显示"查询条件选择——销售发货单列表"，单击【确定】按钮。

（2）打开"销售生单"对话框，"全选"→"确定"，返回"销售出库单"对话框，单击【审核】按钮。

第二步，单击"重注册"，以"B3001"销售主管身份登录。

执行"供应链"→"销售管理"→"代垫费用"→"代垫费用单"，打开"代垫费用单"对话框，单击【增加】按钮，"费用项目"选中"运杂费"，"代垫金额"输入"500.00"，"存货编码"选中"00003"，其余按要求输入，单击【保存】按钮→【审核】按钮，如图7-2-56所示。

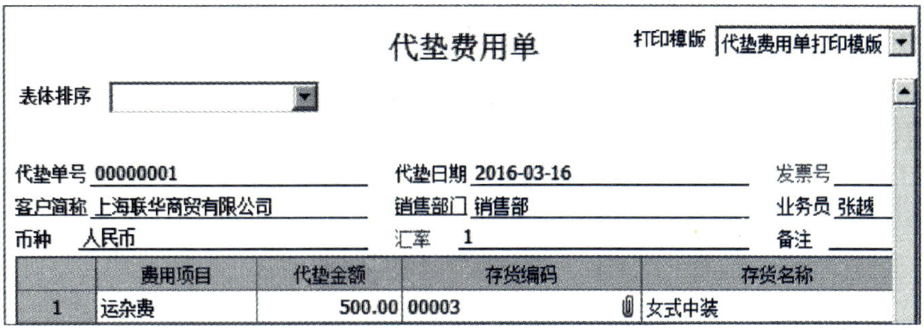

代垫费用单　打印模版 代垫费用单打印模版

表体排序

代垫单号 00000001　代垫日期 2016-03-16　发票号

客户简称 上海联华商贸有限公司　销售部门 销售部　业务员 张越

币种 人民币　汇率 1　备注

	费用项目	代垫金额	存货编码	存货名称
1	运杂费	500.00	00003	女式中装

图 7-2-56 “代垫费用单”窗口

第三步，单击“重注册”，以“B2002”会计主管身份登录。

(1) 执行“业务工作”→“财务会计”→“应收款管理”→“票据管理”，屏幕显示“查询条件选择”，单击【确定】按钮，打开“票据管理”对话框→【增加】按钮，按要求输入内容，单击【保存】按钮，如图 7-2-57 所示。

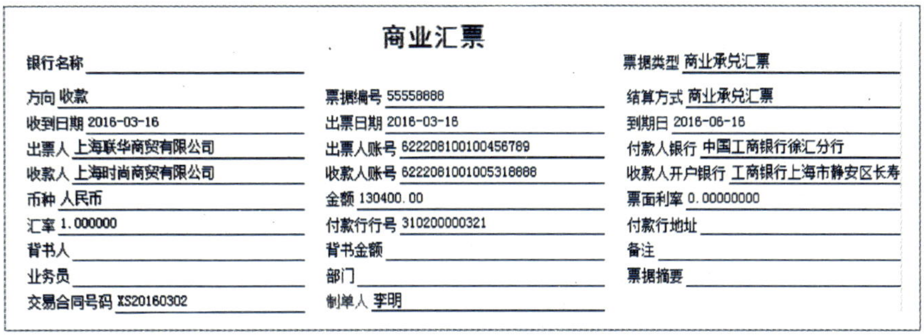

商业汇票

银行名称　票据类型 商业承兑汇票

方向 收款　票据编号 55558888　结算方式 商业承兑汇票

收到日期 2016-03-16　出票日期 2016-03-16　到期日 2016-06-16

出票人 上海联华商贸有限公司　出票人账号 622208100100456789　付款人银行 中国工商银行徐汇分行

收款人 上海时尚商贸有限公司　收款人账号 6222081001005318888　收款人开户银行 工商银行上海市静安区长寿

币种 人民币　金额 130400.00　票面利率 0.00000000

汇率 1.000000　付款行行号 310200000321　付款行地址

背书人　背书金额　备注

业务员　部门　票据摘要

交易合同号码 XS20160302　制单人 李明

图 7-2-57 “商业汇票”窗口

(2) 执行“财务会计”→“应收款管理”→“应收单据处理”→“应收单据审核”，打开“应收单查询条件”对话框，勾选“包含已现结发票”，单击“确定”，屏幕显示“单据处理”窗口，单击“全选”→“审核”→【确定】按钮。

(3) 单击“制单处理”，打开“制单处理”对话框，勾选“应收单制单”，单击【确定】按钮，屏幕显示“制单”窗口，单击“全选”→“制单”。

(4) 打开“填制凭证”对话框，“字”修改为“付”，单击【保存】按钮，如图 7-2-58 所示。

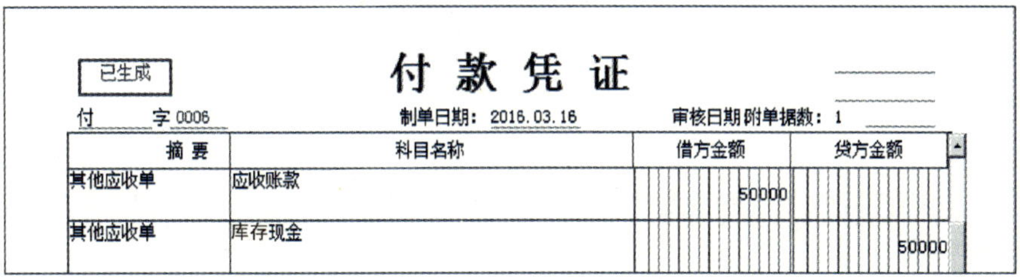

已生成

付 款 凭 证

付 字 0006　制单日期：2016.03.16　审核日期 附单据数：1

摘 要	科目名称	借方金额	贷方金额
其他应收单	应收账款	50000	
其他应收单	库存现金		50000

图 7-2-58 “代垫费用”凭证

第四步,单击"重注册",以"B2001"财务主管身份登录。

(1) 执行"财务会计"→"应收款管理"→"收款单据处理"→"收款单据审核",打开"收款单过滤条件"对话框,单击"确定",屏幕显示"收付款单列表"窗口,单击"全选"→"审核"→【确定】按钮。

(2) 单击"票据管理",屏幕显示"查询条件选择",单击【确定】按钮,双击"选择",单击"结算",如图7-2-59所示。

票据总数:1									
记录总数:1			票据管理						
选择	序号	方向	票据类型	收到日期	票据编号	币种	出票日期	结算方式	金额
Y	1	收款	商业承兑汇票	2016-03-16	55558888	人民币	2016-03-16	商业承兑汇票	130,400.00

图7-2-59 "票据管理"对话框

(3) 屏幕显示"票据结算"窗口,单击【确定】按钮,屏幕显示"票据管理"窗口"是否立即制单",单击"是"。

(4) "凭证字"修改为"收",光标放在第一行"科目名称"输入"100201",第二行"科目名称"输入"111102",单击【保存】按钮,屏幕显示"凭证"窗口,"往来科目:111102,客户:上海联华商贸有限公司,赤字金额:贷 130 400.00",单击【确定】按钮,如图7-2-60所示。

图7-2-60 "票据结算"窗口

(5) 单击"转账"→"预收冲应收",打开"预收冲应收"对话框,"客户"选中"上海联华商贸有限公司",单击【过滤】按钮,"转账金额"输入"10 000.00",如图7-2-61所示。

(6) 单击"应收款",单击【过滤】按钮,"转账金额"输入"10 000.00",单击【确定】按钮。

(7) 屏幕显示"是否立即制单",单击【是】,如图7-2-62所示。

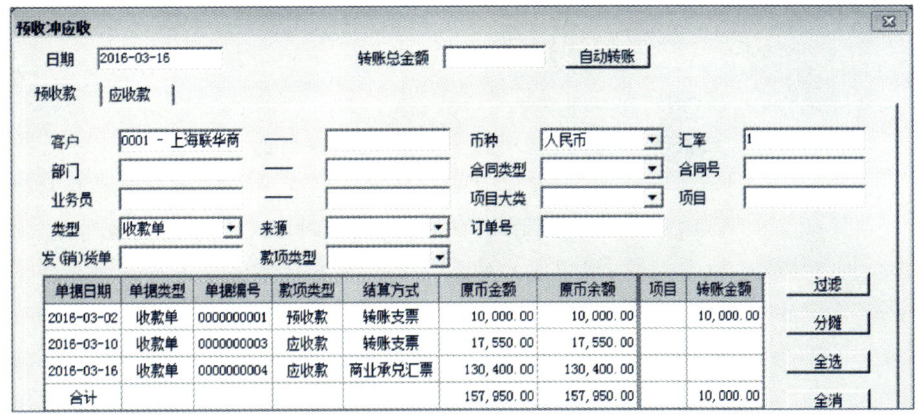

图 7-2-61 "预收冲应收-预收款"窗口

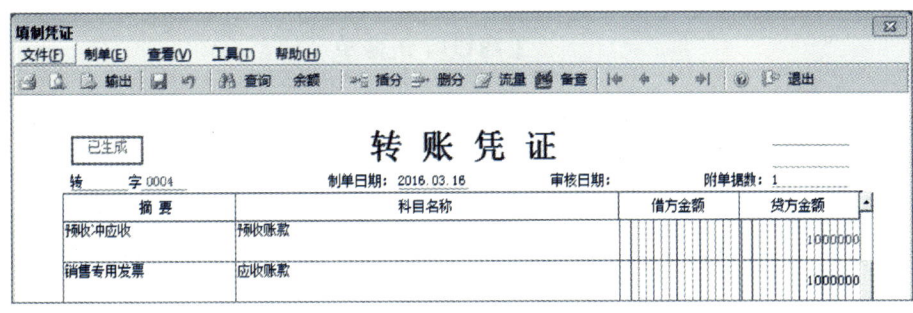

图 7-2-62 "预收冲应收"凭证

（8）单击"制单处理"，打开"制单处理"对话框，勾选"收付款单制单"，单击【确定】按钮。

（9）屏幕显示"制单"窗口，单击"全选"→"制单"。凭证字修改为"转"，光标放在第一行"科目名称"输入"111102"，单击【保存】按钮，如图 7-2-63 所示。

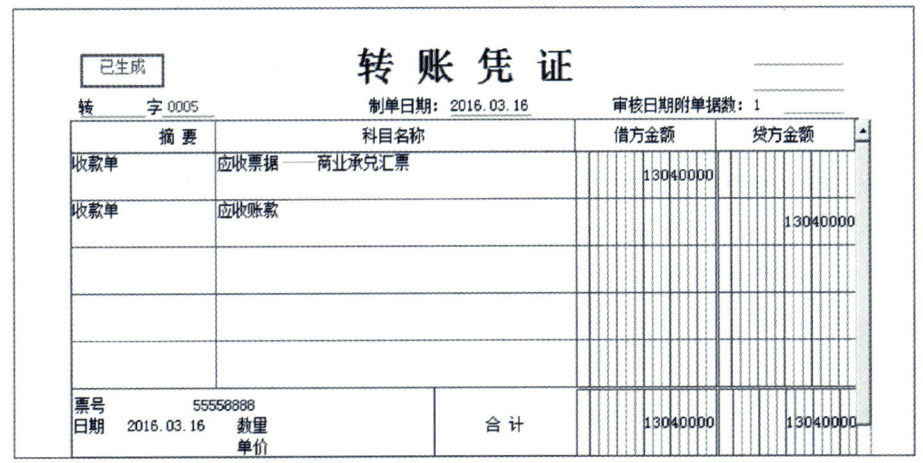

图 7-2-63 "应收票据——商业承兑汇票"凭证

> 应收冲应收,指将甲客户的应收款转到乙客户中。
> 预收冲应收,处理客户的预收款和该客户应收欠款的转账核销业务。
> 应收冲应付,用甲客户的应收账款,冲抵乙供应链的应付款。
> 红票对冲,用甲客户的红字发票与其蓝字发票进行冲抵。

第五步,备份路径为"C:\888 账套\888 业务 6-10"。

业务十一:发送第二批货物并收到货款

2016 年 3 月 16 日,按销售合同(合同编号:XS20160303)规定,向四川美美服装商贸有限公司发送第二批发货,同日收到对方用转账支票(支票号 13500888)交给的合同剩余款,如图 7-2-64 所示。

图 7-2-64　进账单

【操作提示】

引入"C:\888 账套\888 业务 6-10"账套。

第一步,单击"重注册",以"B3001"销售主管身份登录,选择"[888](default)上海时尚商贸有限公司","操作日期"修改为"2016-03-16",单击【登录】按钮。

(1) 执行"供应链"→"销售管理"→"销售发货"→"发货单",打开"发货单"对话框,单击【增加】按钮,屏幕显示"查询条件选择——参照订单",单击【确定】按钮,打开"参照生单",单击"全选",单击【确定】按钮。

(2) 返回"发货单","仓库名称"选中"男式服装仓库",单击【保存】按钮→【审核】按钮,如图 7-2-65 所示。

第二步,单击"重注册",以"B5001"库存主管身份登录。

(1) 执行"供应链"→"库存管理"→"出库业务"→"销售出库单",打开"销售出库单"对话框,生单下拉式对话框选中"销售生单(批量)",屏幕显示"查询条件选择——销售发货单列表",单击【确定】按钮,打开"销售生单"对话框,单击"全选"→【确定】按钮。

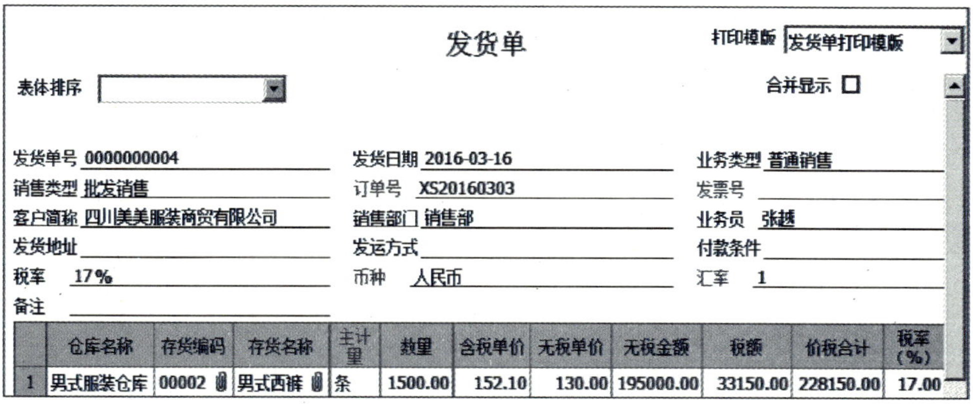

发货单

打印模版 发货单打印模版

表体排序

合并显示 □

发货单号 0000000004　发货日期 2016-03-16　业务类型 普通销售

销售类型 批发销售　订单号 XS20160303　发票号

客户简称 四川美美服装商贸有限公司　销售部门 销售部　业务员 张越

发货地址　发运方式　付款条件

税率 17%　币种 人民币　汇率 1

备注

	仓库名称	存货编码	存货名称	主计量	数量	含税单价	无税单价	无税金额	税额	价税合计	税率（%）
1	男式服装仓库	00002	男式西裤	条	1500.00	152.10	130.00	195000.00	33150.00	228150.00	17.00

图 7-2-65 “第二批发货单”

（2）返回“销售出库单”→【审核】。如图 7-2-66 所示。

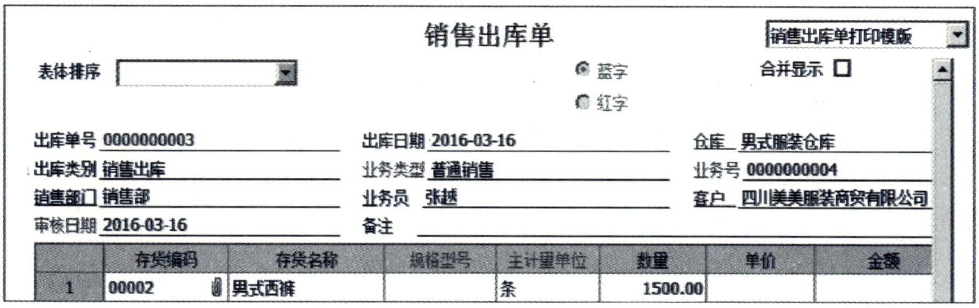

销售出库单

销售出库单打印模版

表体排序

◉ 蓝字

○ 红字

合并显示 □

出库单号 0000000003　出库日期 2016-03-16　仓库 男式服装仓库

出库类别 销售出库　业务类型 普通销售　业务号 0000000004

销售部门 销售部　业务员 张越　客户 四川美美服装商贸有限公司

审核日期 2016-03-16　备注

	存货编码	存货名称	规格型号	主计量单位	数量	单价	金额
1	00002	男式西裤		条	1500.00		

图 7-2-66 “发货单生成销售出库单”窗口

第三步，单击“重注册”，以“B2003”出纳身份登录。

（1）执行“业务工作”→“财务会计”→“应收款管理”→“收款单据处理”→“收款单据录入”，打开“收款单”窗口，单击【增加】按钮，按要求输入完毕→【保存】按钮。

第四步，单击“重注册”，以“B2002”会计主管身份登录。

（1）执行“收款单据处理”→“收款单据审核”，打开“收款单过滤条件”对话框，单击“确定”，屏幕显示“收付款单列表”窗口，单击“全选”→“审核”→【确定】按钮。

（2）单击“制单处理”，打开“制单处理”对话框，勾选“收付款单制单”，单击【确定】按钮，屏幕显示“制单”窗口，单击“全选”→“制单”。

（3）打开“填制凭证”对话框，单击【保存】按钮，如图 7-2-67 所示。

业务十二：增加资产

2016 年 3 月 25 日，销售部从上海东海汽车有限责任公司购置一辆客货两用车 ASB 到货，收到增值税专用发票，以转账支票支付。如图 7-2-68 至图 7-2-72所示。

收款凭证

已生成
收 字 0006 制单日期：2016.03.16 审核日期附单据数：1

摘要	科目名称	借方金额	贷方金额
收款单	银行存款——工商银行	19164600	
收款单	应收账款		19164600

票号 202-13500888
日期 2016.03.16 数量 单价 合计 19164600 19164600

图 7-2-67 "收款单"窗口

固定资产卡片

使用单位：上海时尚商贸有限公司   23016 年 03 月 25 日   编号：00006

名称	客货两用车ABS	原始价值	￥6000.00	备注
单位	上海时尚商贸有限公司	使用年限（工作量）	8年	
数量	1	折旧方法	平均年限法（一）	
		预计残值		

图 7-2-68 固定资产卡片

付款报告书

部门：销售部   2016 年 03 月 25 日   编号 09

开支内容	金 额	结算方式	附单据
购买一辆货车	￥70200.00	转账支票	张
合计：（大写） 柒万零贰佰元整			

会计主管：李明   单位负责人：许维维   出纳：赵明明   经办人：刘源

图 7-2-69 付款报告书

固定资产交接单

固定资产类别：运输设备

固定资产项目名称	客货两用车ASB	型号及规格		建设单位	上海市东海机械制造厂	取得来源	直接购入
原值	¥60000.00	其中：安装费		预计残值		预计清理费	
建造日期	2016.02.01	验收日期	2016.03.25	开始使用日期	2016.03.25	预计使用年限	8年
年折旧额		年折旧率		月折旧额		月折旧率	
投入日期	2016.03.25	投入时已使用年限		尚能使用年限		投入时已提折旧额	

接受部门：销售部　　部门负责人：张越　　交付单位：上海市东海汽车有限公司　　交付负责人：

图 7-2-70　交接单

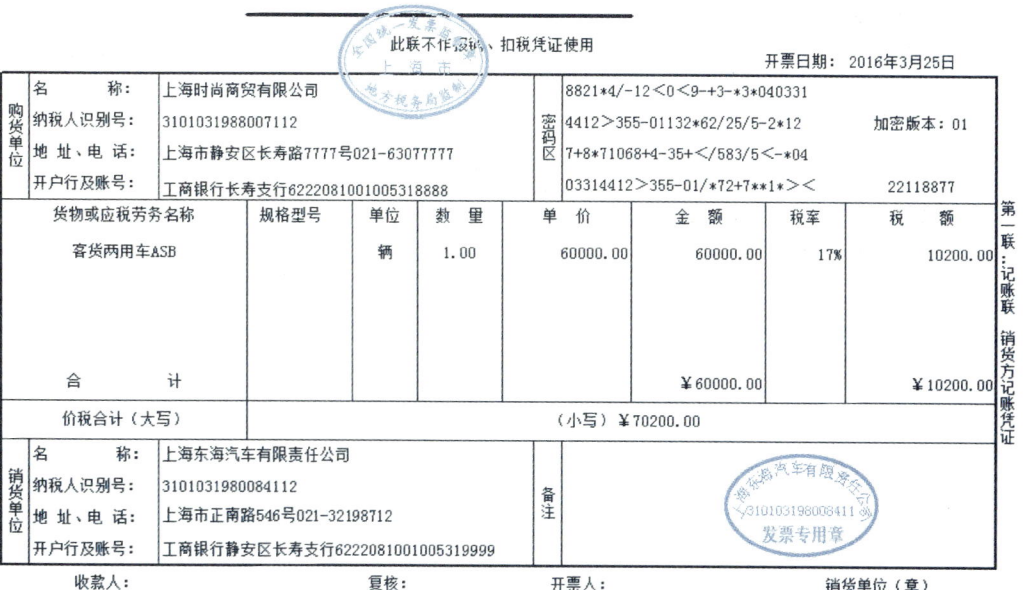

图 7-2-71　增值税专用发票

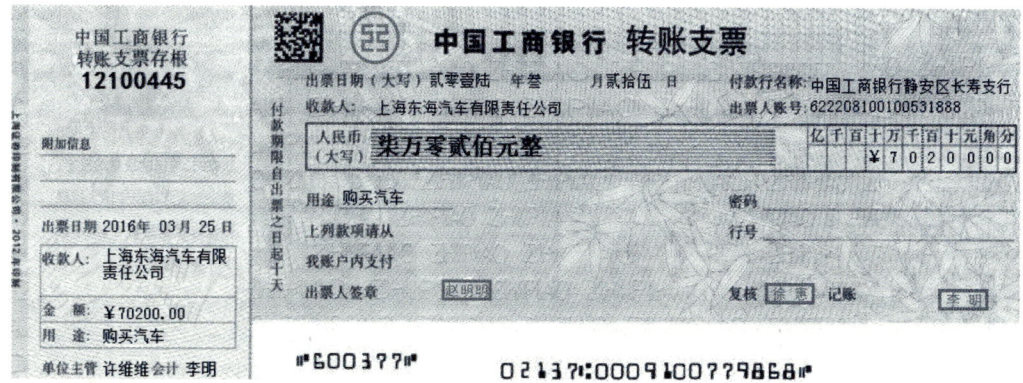

图 7-2-72　转账支票

【操作提示】

单击"重注册",以"B2002"会计主管身份登录,选择"[888](default)上海时尚商贸有限公司","操作日期"修改为"2016-03-25",单击【登录】按钮。

(1)执行"财务会计"→"固定资产"→"卡片"→"资产增加",打开"固定资产类别档案"对话框,选中"运输设备",单击【确定】按钮。

(2)打开"固定资产卡片",按要求输入内容,单击【保存】按钮,如图7-2-73所示。

固定资产卡片

卡片编号	00006			日期	2016-03-25
固定资产编号	03300002	固定资产名称			客货两用车ABS
类别编号	03	类别名称	运输设备	资产组名称	
规格型号		使用部门			销售部
增加方式	直接购入	存放地点			
使用状况	在用	使用年限(月)	96	折旧方法	平均年限法(一)
开始使用日期	2016-03-25	已计提月份	0	币种	人民币
原值	60000.00	净残值率	5%	净残值	3000.00
累计折旧	0.00	月折旧率	0	本月计提折旧额	0.00
净值	60000.00	对应折旧科目	550406 折旧费	项目	
录入人	李明			录入日期	2016-03-25

图 7-2-73 "新增固定资产卡片"窗口

(3)执行"固定资产"→"处理"→"批量制单",打开"查询条件选择——批量制单","业务类型"选中"新增资产",单击【确定】按钮。

(4)单击"制单选择",双击"选择",单击"制单设置"对话框,单击【凭证】按钮,按要求修改"凭证",单击【保存】按钮,如图7-2-74和图7-2-75所示。

业务十三:坏账业务

2016年3月26日,浙江风云商贸有限公司经营出现问题,上月发货给浙江风云商贸有限公司货款和运费无法收回,因此,公司对该笔应收账款进行了坏账注销,如图7-2-76所示。

制单选择	制单设置				凭证类别	付 付款凭证	
☑ 方向相同时合并分录							
☑ 借方合并		☑ 贷方合并			☑ 方向相反时合并分录		
序号	业务日期	业务类型	业务描述	业务号	方向	发生额	科目
1	2016-03-25	卡片	新增资产	00006	借	60,000.00	1501 固定资产
2	2016-03-25	卡片	新增资产	00006	贷	60,000.00	100201 工商银行

图 7-2-74 "制单选择"窗口

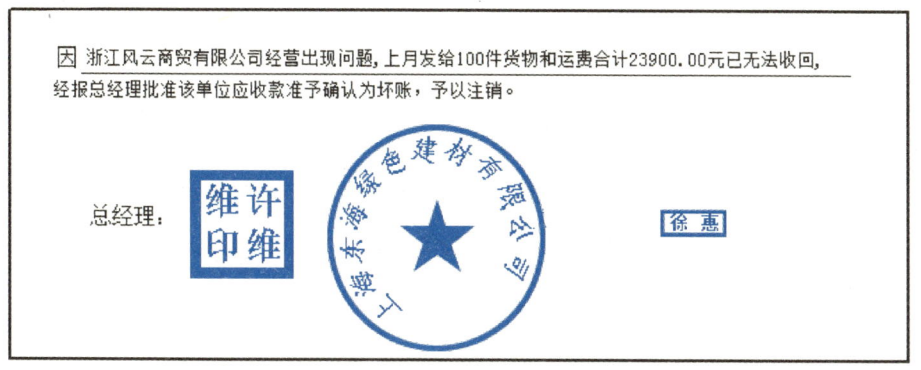

图 7-2-75 "购入资产的付款凭证"

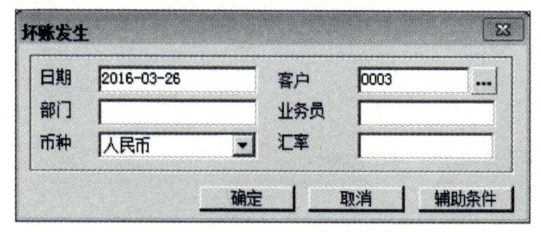

图 7-2-76 坏账损失确认通知

【操作提示】

单击"重注册",以"B2002"会计主管身份登录,选择"[888](default)上海时尚商贸有限公司","操作日期"修改为"2016-03-26",单击【登录】按钮。

(1)执行"业务工作"→"财务会计"→"应收款管理"→"坏账处理"→"坏账发生",打开"坏账发生"对话框,"客户"选中"浙江风云商贸有限公司",单击【确定】按钮,如图 7-2-77 所示。

(2)打开"坏账发生单据明细账"对话框,"本次发生坏账金额"分别输入"23 400.00"和"500.00",单击【确认】按钮,如图 7-2-78 所示。

图 7-2-77 "坏账发生"窗口

坏账发生单据明细

单据类型	单据编号	单据日期	到期日	余额	部门	业务员	本次发生坏账金额
销售专用发票	12400056	2016-02-20	2016-02-20	23,400.00	销售部	张越	23400
其他应收单	0000000001	2016-02-29	2016-02-29	500.00	销售部	张越	500
合计				23,900.00			23,900.00

图 7-2-78 "坏账发生单据明细"窗口

（3）屏幕显示"应收款管理"窗口，"是否立即制单"提示框单击"是"。

（4）打开"填制凭证"对话框，修改凭证字为"转"，单击【保存】按钮，如图 7-2-79 所示。

图 7-2-79 "坏账发生"凭证

业务十四：固定资产变动业务

2016 年 3 月 27 日，公司管理需要，将销售部的雪佛兰汽车转给采购部使用，公司领导许维维已经批复，进行固定资产变动处理。

【操作提示】

单击"重注册"，以"B2002"会计主管身份登录，选择"[888]（default）上海时尚商贸有限公司"，"操作日期"修改为"2016-03-27"，单击【登录】按钮。

（1）执行"财务会计"→"固定资产"→"卡片"→"变动单"→"部门转移"，打开"固定资产变动单"对话框，"卡片编号"选中"雪佛兰汽车"，"变动后部门"选中"采购部"，"变动原因"输入"管理需要"，单击【保存】按钮，如图 7-2-80 所示。

固定资产变动单
— 部门转移 —

变动单编号	00001			变动日期	2016-03-27
卡片编号	00005	资产编号	03300001	开始使用日期	2014-07-01
资产名称			雪佛兰汽车	规格型号	
变动前部门			销售部	变动后部门	采购部
存放地点				新存放地点	
变动原因					工作需要
				经手人	李明

图 7-2-80 "固定资产变动单"窗口

业务十五：总经理室报销电话费

2016年3月28日，交总经理办公室电话费1 300元，如图7-2-81至图7-2-83所示。

邮电通信业（电话费）专用发票

中国电信　　发票联

开票日期 2016年3月28日

发票代号
发票号码

电话号码	021-63077777	应交月份	3月份	收款日戳		银行委托
户　名	上海时尚商贸有限公司			收款员		

项目	金额	项目	金额	项目	金额	项目	金额
市内话费小计	500.00	信息使用费	50.00				
国内长途小计	700.00						
月租	50.00						

金额（大写）　壹仟叁佰元整

图7-2-81　邮电通信业发票

付款报告书

部门：总经理办公室　　　2016年03月28日　　编号 10

开支内容	金　额	结算方式	附单据
报销电话费	¥1300.00	转账支票	张
合计：（大写）	壹仟叁佰元整		

会计主管：李明　　单位负责人：许维维　　出纳：赵明明　　经办人：刘源

图7-2-82　付款报告书

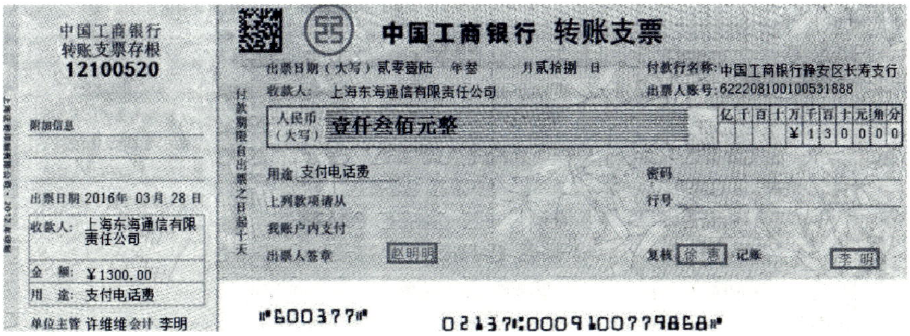

中国工商银行　转账支票

中国工商银行 转账支票存根 12100520

出票日期（大写）贰零壹陆 年叁 月贰拾捌 日
收款人：上海东海通信有限责任公司
付款行名称：中国工商银行静安区长寿支行
出票人账号：622208100100531888

人民币（大写）壹仟叁佰元整　￥1300.00

用途：支付电话费

出票人签章：赵明明　　复核：徐惠　　记账：李明

附加信息
出票日期：2016年 03月 28日
收款人：上海东海通信有限责任公司
金　额：￥1300.00
用　途：支付电话费
单位主管 许维维 会计 李明

图7-2-83　转账支票

【操作提示】

第一步,单击"重注册",以"B2002"会计主管身份登录,选择"[888](default)上海时尚商贸有限公司","操作日期"修改为"2016-03-28",单击【登录】按钮。

执行"财务会计"→"总账"→"凭证"→"填制凭证",打开"填制凭证"对话框,单击"增加",按要求输入,如图7-2-84所示。

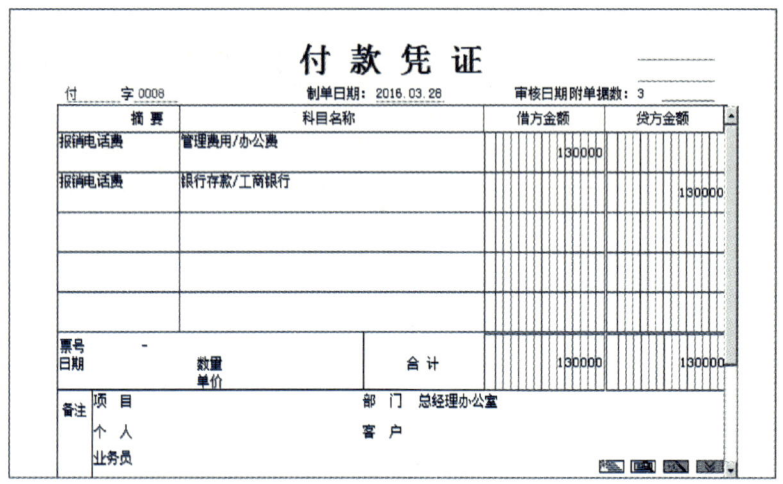

图 7-2-84 "支付电话费"凭证

第二步,备份账套,保存路径为"C:\888 账套\888 业务 11-15"。

业务十六:计提折旧业务

2016 年 3 月 31 日,固定资产会计对各部门的资产计提折旧。

【操作提示】

引入"C:\888 账套\888 业务 11-15"账套。

单击"重注册",以"B2002"会计主管身份登录,选择"[888](default)上海时尚商贸有限公司","操作日期"修改为"2016-03-31",单击【登录】按钮。

(1)执行"业务工作"→"财务工作"→"固定资产"→"处理"→"计提本月折旧",屏幕显示"固定资产"窗口,"是否要查看清单"单击"否",屏幕显示"固定资产"窗口,"本操作将计提本月折旧,并花费一定时间,是否要继续"单击"是"。

(2)打开"折旧分配表",单击【凭证】按钮,如图7-2-85所示。

部门编号	部门名称	项目名称	科目编号	科目名称	折旧额
1	总经理办公室		550205	折旧费	324.00
2	财务部		550205	折旧费	324.00
3	销售部		550406	折旧费	324.00
4	采购部		550205	折旧费	2,277.00
合计					3,249.00

图 7-2-85 "固定资产折旧分配表"窗口

（3）打开"填制凭证"对话框，"凭证字"修改为"转"，单击【保存】按钮，如图 7-2-86 所示。

图 7-2-86 "固定资产折旧"凭证

业务十七：盘点业务

2016 年 3 月 31 日，公司对存货进行了清查，结果盘亏 5 条男式西裤，单位成本为 100 元。盘盈 2 套女式套装，单位成本为 700 元，如图 7-2-87 所示。

存货盘点报告表

单位名称：上海时尚商贸有限公司			2016 年 03 月 31 日					单位：		
存货编号	名称	单位	单价	实存		账存		盘亏		盘盈	原因
				数量	金额	数量	金额	数量	金额	数量	金额	
00002	男式西裤		100.00	195.00	19500.00			5.00	500.00			
00004	女式套装		700.00	102.00	71400.00					2.00	1400.00	

单位负责人：许维维　　　　　盘点人：钱舒悦

图 7-2-87 存货盘点报告书

【操作提示】

单击"重注册"，以"B5001"库存主管身份登录，选择"[888]（default）上海时尚商贸有限公司"，"操作日期"修改为"2016-03-31"，单击【登录】按钮。

（1）执行"业务工作"→"供应链"→"库存管理"→"盘点业务"，打开"盘点单"对话框，单击【增加】按钮，"盘点仓库"选中"男式服装仓库"，"出库类别"选中"盘亏出库"，"入库类别"选中"盘盈入库"，单击 盘库 ，屏幕显示"库存管理"窗口，"盘库将删除未保存的所有记录，是否继续"，单击"是"，屏幕显示"盘点处理"对话框，勾选"账面为零时是否盘点"，单击【确认】按钮，如图 7-2-88 所示。

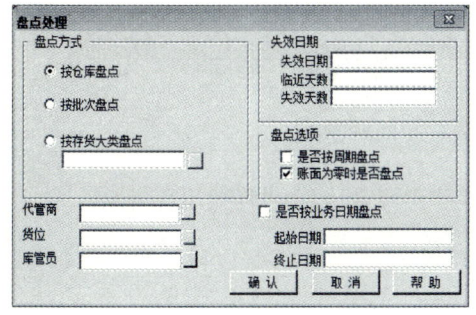

图 7-2-88 "盘点处理"窗口

(2)"存货编码"选中"00002","单价"输入"100","盘点数量"输入"195"（原仓库有 200 条），单击【保存】按钮→【审核】按钮，如图 7-2-89 所示。

图 7-2-89 "盘亏单"窗口

(3)依次输入女式套装盘点单，如图 7-2-90 所示。

图 7-2-90 "盘盈单"窗口

(4)"供应链"→"库存管理"→"入库业务"→"其他入库业务"，单击 下一张,【审核】。如图 7-2-91 所示。

图 7-2-91 "盘盈入库单"窗口

(5)执行"供应链"→"库存管理"→"出库业务"→"其他出库业务"，单击下一张,单击【审核】按钮。

业务十八:盘点业务处理

2016 年 3 月 31 日,根据主管领导许维维批示,盘亏的男士裤子作为非正常损失 500 元,转入营业外支出,盘盈的女式套装 1 400 元,转入营业外收入。

【操作提示】

第一步,单击"重注册",以"B2002"会计主管身份登录,选择"[888]"(default)"上海时尚商贸有限公司","操作日期"修改为"2016-03-31",单击【登录】按钮。

执行"业务工作"→"财务会计"→"总账"→"凭证"→"填制凭证"→打开"填制凭证"对话框→单击"增加",按要求输入凭证(500＊17％＝585)。如图 7-2-92 和图 7-2-93 所示。

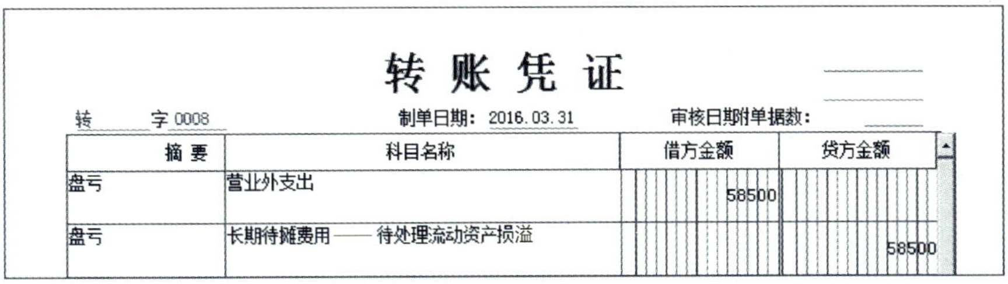

图 7-2-92 "盘亏"凭证

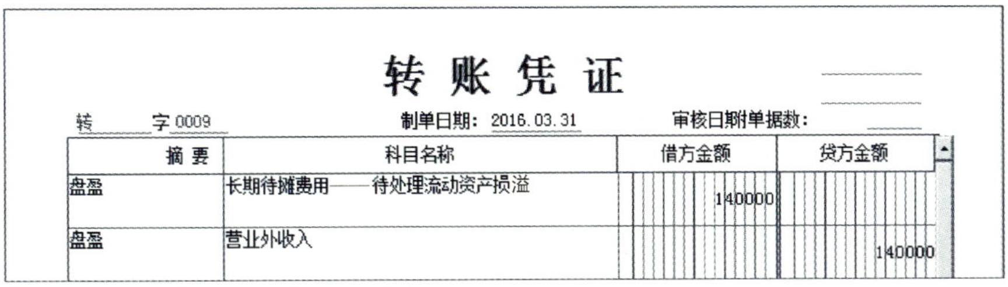

图 7-2-93 "盘盈"凭证

温馨提示

盘点单审核后会自动生成相应的其他入库单或其他出库单,业务类型为盘点入库或盘点出库。盘点单审核后同时生成其他入库单或其他出库单。盘点单记账后,不能取消记账。

第二步,备份账套,保存路径为"C:\888 账套\888 账套业务 16-18"。

第 3 节 工资薪酬核算

业务一:薪酬业务——销售部增加绩效工资

2016 年 3 月 31 日,人力资源部经绩效考核,3 月对销售部每人增加绩效工资 500 元,其他人按上月标准发放,总经理许维维已批准。进行工资数据变动处理和工资计算。

【操作提示】

引入"C:\888账套\888账套业务16-18"账套。

单击"重注册",以"B6001"人力资源主管身份登录,选择"[888](default)上海时尚商贸有限公司","操作日期"修改为"2016-03-31",单击【登录】按钮。

(1) 执行"薪酬管理"→"设置"→"工资项目设置",打开"公式设置"对话框,增加"工资项目"选中"绩效工资",输入公式 iff(部门=" 销售部",绩效工资+500,绩效工资),单击【公式确认】按钮→【确定】按钮,如图7-3-1所示。

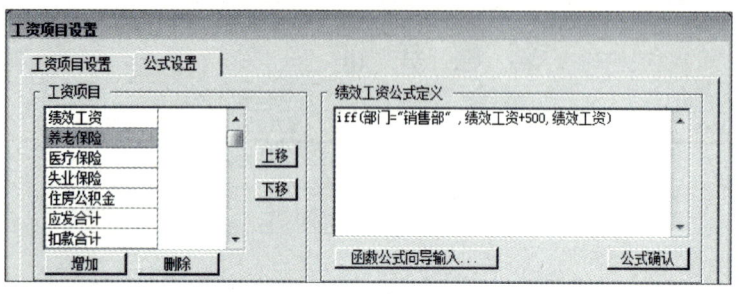

图7-3-1 "工资项目设置"窗口

(2) 执行"业务处理"→"工资变动"→"计算"→"汇总",如图7-3-2所示。

图7-3-2 "工资变动"窗口

业务二:分摊本月职工工资,生成记账凭证

计提工资如表7-3-1所示。

表 7-3-1

工 资

部门	计提工资分摊	借方科目	贷方科目
总经理办公室、人力资源部	企业管理人员	550201	215101
财务部	财务人员	550201	215101
销售部	销售人员	550404	215101
采购部	采购人员	550201	215101
仓管部	仓库管理人员	550201	215101

工资项目:实发合计、养老保险、医疗保险、失业保险、住房公积金、代扣税。

【操作提示】

(1) 执行"业务工作"→"人力资源"→"薪酬管理"→"业务处理"→"工资分摊",打开"工资分摊"对话框,单击【工资分摊设置】按钮,打开"工资分摊设置"对话框,单击【增加】按钮,"计提类型名称"输入"计提工资",单击【下一步】按钮,如图7-3-3所示。

(2) 打开"分摊构成设置"对话框,按要求设置完毕,单击【完成】按钮,如图7-3-4所示。

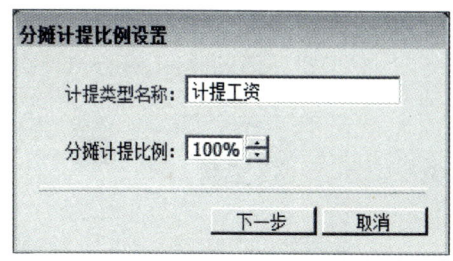

图7-3-3 "分摊计提比例设置"窗口

部门名称	人员类别	工资项目	借方科目	贷方项目大类	借方项目	贷方科目
总经理办公室,人力资源部	企业管理人员	实发合计	550201			215101
总经理办公室,人力资源部	企业管理人员	代扣税	550201			215101
总经理办公室,人力资源部	企业管理人员	住房公积金	550201			215101
总经理办公室,人力资源部	企业管理人员	养老保险	550201			215101
总经理办公室,人力资源部	企业管理人员	医疗保险	550201			215101
总经理办公室,人力资源部	企业管理人员	失业保险	550201			215101
财务部	财务人员	实发合计	550201			215101
财务部	财务人员	代扣税	550201			215101
财务部	财务人员	住房公积金	550201			215101
财务部	财务人员	养老保险	550201			215101

图7-3-4 "分摊构成设置"窗口

(3) 返回"工资分摊"对话框,勾选"计提工资""选择核算部门""明细到工资项目",单击【确定】按钮。

(4) 打开"工资分摊明细",勾选"合并科目相同、辅助项相同的分录",单击【制单】按钮。

(5) 打开"填制凭证"对话框,单击【保存】按钮,如图7-3-5所示。

转账凭证

已生成

转 字0010 - 0001/0003 制单日期:2016.03.31 审核日期附单据数:0

摘要	科目名称	借方金额	贷方金额
计提工资	销售费用——职工薪酬	1349141	
计提工资	管理费用——职工薪酬	599704	
计提工资	管理费用——职工薪酬	1228997	
计提工资	管理费用——职工薪酬	329260	
计提工资	管理费用——职工薪酬	3119040	
票号日期	数量单价 合计	4155402	4155402

图7-3-5 "计提工资"凭证

业务三：代扣个人所得税、个人承担的社会保险、住房公积金、发放工资

2016 年 3 月 31 日，结转代扣的职工个人负担的社会保险、住房公积金、个人所得税（原始凭证略），并开出转账支票委托银行代发工资。完成银行代发工资处理，进行工资分摊计提，生成记账凭证，如图 7-3-6 所示。

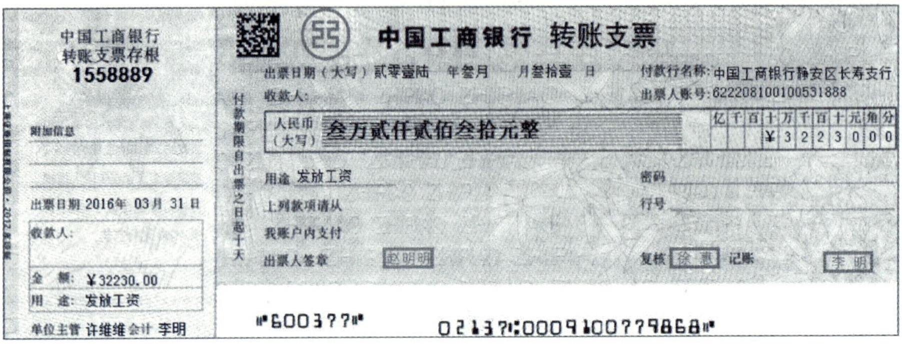
中国工商银行
转账支票存根
1558889
附加信息
出票日期 2016年 03月 31日
收款人：
金 额：￥32230.00
用 途：发放工资
单位主管 许维维 会计 李明

中国工商银行 转账支票
出票日期（大写）贰零壹陆 年叁月 月叁拾壹 日 付款行名称：中国工商银行静安区长寿支行
收款人： 出票人账号：6222081001005318888
付款期限自出票之日起十天
人民币（大写）叁万贰仟贰佰叁拾元整 ￥3223000
用途 发放工资 密码
上列款项请从 行号
我账户内支付
出票人签章 赵明明 复核 徐惠 记账 李明

图 7-3-6 转账支票

计提分摊个人所得税，如表 7-3-2 所示。

表 7-3-2

个人所得税

计提分摊个人所得税 / 部门		代扣税×100%	
		借方科目	贷方科目
总经理办公室、人力资源部	企业管理人员	215101	217107
财务部	财务人员	215101	217107
销售部	销售人员	215101	217107
采购部	采购人员	215101	217107
仓管部	仓库管理人员	215101	217107

计提个人承担社会保险，如表 7-3-3 所示。

表 7-3-3

个人承担社会保险

计提个人承担社会保险 / 部门		应发合计×10.2%	
		借方科目	贷方科目
总经理办公室、人力资源部	企业管理人员	215101	218101
财务部	财务人员	215101	218101
销售部	销售人员	215101	218101
采购部	采购人员	215101	218101
仓管部	仓库管理人员	215101	218101

计提个人承担住房公积金,如表 7-3-4 所示。

表 7-3-4

个人承担住房公积金

计提个人承担住房公积金 部门		应发合计×12%	
		借方科目	贷方科目
总经理办公室、人力资源部	企业管理人员	215101	218102
财务部	财务人员	215101	218102
销售部	销售人员	215101	218102
采购部	采购人员	215101	218102
仓管部	仓库管理人员	215101	218102

代发工资,如表 7-3-5 所示。

表 7-3-5

工　　资

代发工资 部门		实发合计×100%	
		借方科目	贷方科目
总经理办公室、人力资源部	企业管理人员	215101	100201
财务部	财务人员	215101	100201
销售部	销售人员	215101	100201
采购部	采购人员	215101	100201
仓管部	仓库管理人员	215101	100201

【操作提示】

第一步,"人力资源"→"薪酬管理"→"业务处理"→"工资分摊",打开"工资分摊"对话框,单击【工资分摊设置】按钮,打开"工资分摊设置"对话框,单击【增加】按钮,按要求分别设置,如图 7-3-7 所示。

部门名称	人员类别	工资项目	借方科目	借方项目大类	借方项目	贷方科目	贷方
总经理办公室,人力资源部	企业管理人员	代扣税	215101			217107	
财务部	财务人员	代扣税	215101			217107	
销售部	销售人员	代扣税	215101			217107	
采购部	采购人员	代扣税	215101			217107	
仓管部	仓库管理人员	代扣税	215101			217107	

图 7-3-7　"分摊构成设置——计提分摊个人所得税"窗口

计提个人承担社会保险(分摊计提比例 10.2%),如图 7-3-8 所示。

部门名称	人员类别	工资项目	借方科目	借方项目大类	借方项目	贷方科目	贷方
总经理办公室,人力资源部	企业管理人员	应发合计	215101			218101	
财务部	财务人员	应发合计	215101			218101	
销售部	销售人员	应发合计	215101			218101	
采购部	采购人员	应发合计	215101			218101	
仓管部	仓库管理人员	应发合计	215101			218101	

图 7-3-8　"分摊构成设置——计提个人承担社会保险"窗口

计提个人承担住房公积金(分摊计提比例 12％),如图 7-3-9 所示。

部门名称	人员类别	工资项目	借方科目	借方项目大类	借方项目	贷方科目	贷方
总经理办公室,人力资源部	企业管理人员	应发合计	215101			218102	
财务部	财务人员	应发合计	215101			218102	
销售部	销售人员	应发合计	215101			218102	
采购部	采购人员	应发合计	215101			218102	
仓管部	仓库管理人员	应发合计	215101			218102	

图 7-3-9 "分摊构成——计提个人承担住房公积金"窗口

代发工资,如图 7-3-10 所示。

部门名称	人员类别	工资项目	借方科目	借方项目大类	借方项目	贷方科目	贷方
总经理办公室,人力资源部	企业管理人员	实发合计	215101			100201	
财务部	财务人员	实发合计	215101			100201	
销售部	销售人员	实发合计	215101			100201	
采购部	采购人员	实发合计	215101			100201	
仓管部	仓库管理人员	实发合计	215101			100201	

图 7-3-10 "分摊构成设置——代发工资"窗口

第二步,返回"工资分摊"对话框,勾选"计提分摊个人所得税""计提个人承担社会保险""计提个人承担住房公积金""选择核算部门""明细到工资项目",单击【确定】按钮。

第三步,打开"工资分摊明细",勾选"合并科目相同、辅助项相同的分录",单击【制单】按钮。

第四步,打开"填制凭证"对话框,"凭证字"修改为"转",单击【保存】按钮,如图7-3-11所示。

转 账 凭 证

已生成
转　字 0011　　制单日期:2016.03.31　　审核日期 附单据数:0

摘要	科目名称	借方金额	贷方金额
计提个人所得税	应付职工薪酬——工资		3504
计提个人所得税	应付职工薪酬——工资		937
计提个人所得税	应付职工薪酬——工资		4441
计提个人所得税	应交税费——应交个人所得税		8882

图 7-3-11 "计提个人所得税"凭证

第五步,依次生成"计提个人承担社会保险"和"计提个人承担住房公积金"凭证,如图 7-3-12 和图 7-3-13 所示。

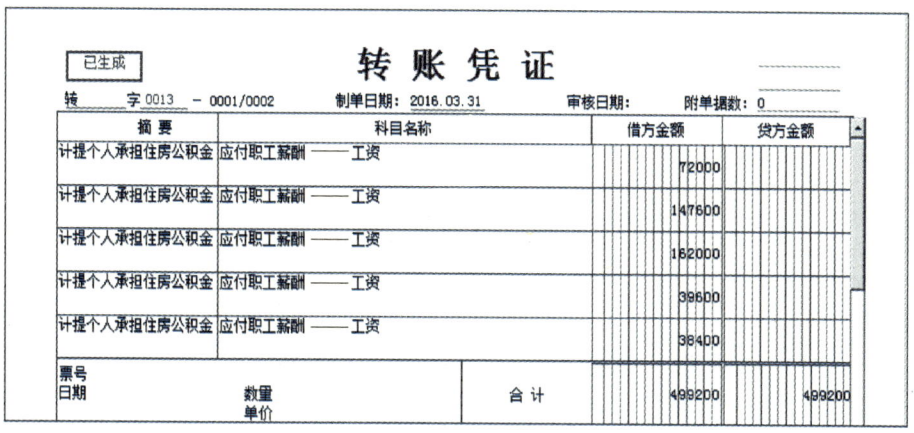

图 7-3-12 "计提个人承担社会保险"凭证

图 7-3-13 "计提个人承担住房公积金"凭证

第六步,单击"银行代发",打开"请选择部门范围",全部选中,单击【确定】按钮。

(1)打开"银行代发一览表",屏幕显示"银行文件格式设置"窗口,"银行模板"选中"中国工商银行",单击【确定】按钮,屏幕显示"薪资管理"窗口,"确认设置格的银行文件格式?"单击【是】按钮,如图 7-3-14 所示。

(2)屏幕返回"银行代发一览表",单击【关闭】按钮,如图 7-3-15 所示。

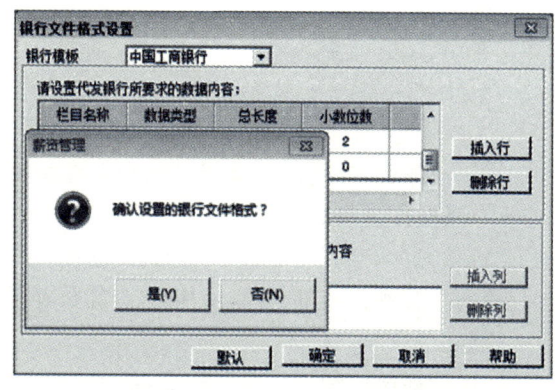

图 7-3-14 "银行文件格式设置"对话框

银行代发一览表

名称：中国工商银行　　　　　　　　　　　　　　　　人数：10

单位编号	人员编号	账号	金额	录入日期
1234934325	B1001	62280080001	4630.00	20150826
1234934325	B2001	62280080002	3800.00	20150826
1234934325	B2002	62280080003	3030.00	20150826
1234934325	B2003	62280080004	2720.00	20150826
1234934325	B3001	62280080005	4250.00	20150826
1234934325	B3002	62280080006	4180.00	20150826
1234934325	B3003	62280080007	2020.00	20150826
1234934325	B4001	62280080008	2560.00	20150826
1234934325	B5001	62280080009	2480.00	20150826
1234934325	B6001	22800800010	2560.00	20150826
合计			32,230.00	

图 7-3-15 "银行代发一览表"窗口

（3）依次生成"代发工资"凭证，如图 7-3-16 所示。

付 款 凭 证

已生成

付　字 0009 - 0002/0002　　制单日期：2016.03.31　　审核日期附单据数：0

摘要	科目名称	借方金额	贷方金额
代发工资	应付职工薪酬——工资	1045000	
代发工资	应付职工薪酬——工资	256000	
代发工资	应付职工薪酬——工资	248000	
代发工资	应付职工薪酬——工资	256000	
代发工资	银行存款——工商银行		3223000
票号 202 - 1558889 日期 2016.03.31 数量 单价	合　计	3223000	3223000

图 7-3-16 "代发工资"凭证

业务四：计提单位承担的社会保险和住房公积金

【操作资料】

2016 年 3 月 31 日，计提单位承担的社会保险和住房公积金（上年度缴费职工月平均工资与本月应发工资数相同），进行工资分摊计提，生成记账凭证。

计提单位承担住房公积金，如表 7-3-6 所示。

表 7-3-6

计提单位承担住房公积金

部门 \ 计提单位住房公积金		应发合计×12%	
		借方科目	贷方科目
总经理办公室、人力资源部	企业管理人员	550201	215104
财务部	财务人员	550201	215104
销售部	销售人员	550404	215104
采购部	采购人员	550201	215104
仓管部	仓库管理人员	550201	215104

计提单位承担社会保险,如表 7-3-7 所示。

表 7-3-7

计提单位承担社会保险

部门 \ 计提单位承担社会保险		应发合计×32.8%	
		借方科目	贷方科目
总经理办公室、人力资源部	企业管理人员	550201	215103
财务部	财务人员	550201	215103
销售部	销售人员	550404	215103
采购部	采购人员	550201	215103
仓管部	仓库管理人员	550201	215103

【操作提示】

依次设置"计提单位承担住房公积金""计提单位承担社会保险"的分摊构成并生成凭证,如图 7-3-17 和图 7-3-18 所示。

摘要	科目名称	借方金额	贷方金额
计提单位住房公积金	销售费用——职工薪酬	162000	
计提单位住房公积金	管理费用——职工薪酬	72000	
计提单位住房公积金	管理费用——职工薪酬	147600	
计提单位住房公积金	管理费用——职工薪酬	39600	
计提单位住房公积金	管理费用——职工薪酬	38400	
	合计	499200	499200

转账凭证 转字0014 - 0001/0003 制单日期:2016.03.31

图 7-3-17 "计提单位承担住房公积金"凭证

```
┌─────────────────────────────────────────────────────────────┐
│ ┌──────┐         转 账 凭 证                                 │
│ │已生成│                                                     │
│ └──────┘                                                     │
│  转   字 0015 - 0001/0003  制单日期:2016.03.31  审核日期:  附单据数:0 │
│  ┌──────────────┬──────────────────┬──────────┬──────────┐ │
│  │ 摘 要        │ 科目名称         │ 借方金额 │ 贷方金额 │ │
│  ├──────────────┼──────────────────┼──────────┼──────────┤ │
│  │计提单位承担社会保险│销售费用——职工薪酬│ 4428.00 │         │ │
│  │计提单位承担社会保险│销售费用——职工薪酬│ 1968.00 │         │ │
│  │计提单位承担社会保险│销售费用——职工薪酬│ 4034.40 │         │ │
│  │计提单位承担社会保险│销售费用——职工薪酬│ 1082.40 │         │ │
│  │计提单位承担社会保险│销售费用——职工薪酬│ 1049.60 │         │ │
│  ├──────────────┴──────────────────┼──────────┼──────────┤ │
│  │票号 日期  数量 单价        合计 │ 13644.80 │ 13644.80 │ │
│  └─────────────────────────────────┴──────────┴──────────┘ │
└─────────────────────────────────────────────────────────────┘
```

图 7-3-18 "计提单位承担社会保险"凭证

业务五:计提本月工会经费、教育经费

2016 年 3 月 31 日,计提本月工会经费、教育经费进行工资分摊计提,生成记账凭证。

计提工会经费,如表 7-3-8 所示。

表 7-3-8

计提工会经费

计提工会经费		应发合计×2%	
部门		借方科目	贷方科目
总经理办公室、人力资源部	企业管理人员	550201	215105
财务部	财务人员	550201	215105
销售部	销售人员	550404	215105
采购部	采购人员	550201	215105
仓管部	仓库管理人员	550201	215105

计提教育经费,如表 7-3-9 所示。

表 7-3-9

计提教育经费

计提教育经费		应发合计×2.5%	
部门		借方科目	贷方科目
总经理办公室、人力资源部	企业管理人员	550201	215106
财务部	财务人员	550201	215106
销售部	销售人员	550404	215106
采购部	采购人员	550201	215106
仓管部	仓库管理人员	550201	215106

【操作提示】

第一步,依次设置"计提工会经费""计提教育经费"的分摊构成并生成凭证,如图7-3-19和图7-3-20所示。

图7-3-19 "计提工会经费"凭证

图7-3-20 "计提教育经费"凭证

第二步,备份账套,保存路径为"C:\888账套\888工资薪酬业务"。

第4节 期末业务处理

业务一:存货核算业务——生成凭证、出纳签字、审核、记账
【操作提示】
引入"C:\888账套\888工资薪酬业务"账套。
第一步,单击"重注册",以"B2002"会计主管身份登录,选择"[888](default)上海时尚商贸有限公司","操作日期"修改为"2016-03-31",单击【登录】按钮。

（1）执行"业务工作"→"供应链"→"存货核算"→"业务核算"→"结算成本处理"，屏幕显示"暂估处理查询"窗口，仓库"全选"，单击【确定】按钮，如图7-4-1所示。

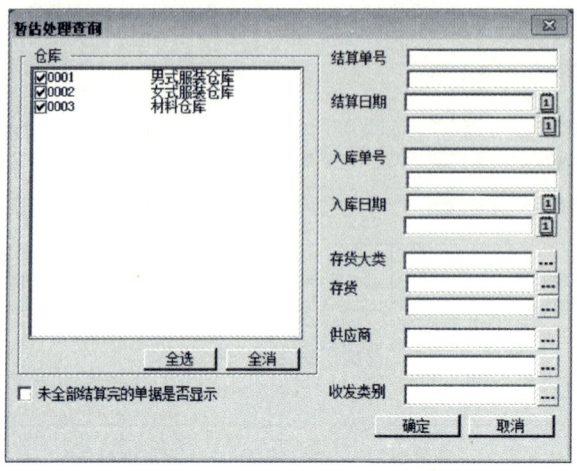

图 7-4-1 "暂估处理查询"窗口

（2）打开"结算成本处理"对话框，单击"全选"→"暂估"，如图 7-4-2 所示。

选择	仓库编码	仓库名称	入库单号	入库日期	存货名称	计量单位	数量	暂估单价	暂估金额	结算数量	结算单价	结算金额
Y	0002	女式服装仓库	0000000001	2016-02-18	女式套装	套	100.00	750.00	75,000.00	100.00	750.00	75,000.00
合计							100.00		75,000.00	100.00		75,000.00

图 7-4-2 "暂估结算表"窗口

（3）执行"财务核算"→"生成凭证"→"选择"→屏幕显示"查询条件"，单击【确定】按钮，打开"选择单据"对话框，单击"全选"，单击【确定】按钮。

（4）屏幕显示"生成凭证"窗口，"凭证类别"修改为"转"，单击"生成"，如图 7-4-3 所示。

凭证类别 转 转账凭证

选择	单据类型	摘要	科目类型	科目编码	科目名称	借方金额	贷方金额	借方数量	贷方数量	存货名称
1	红字回冲单	红字回冲单	存货	1243	库存商品	-75,000.00		-100.00		女式套装
			应付暂估	212101	暂估应付款		-75,000.00		-100.00	女式套装
	蓝字回冲单	蓝字回冲单	存货	1243	库存商品	75,000.00		100.00		女式套装
			对方	1201	在途物资		75,000.00		100.00	女式套装

图 7-4-3 "生成凭证"窗口

第二行科目名称修改"在途物资"和"项目名称"分别修改为"女式套装",单击【保存】按钮,如图7-4-4所示。

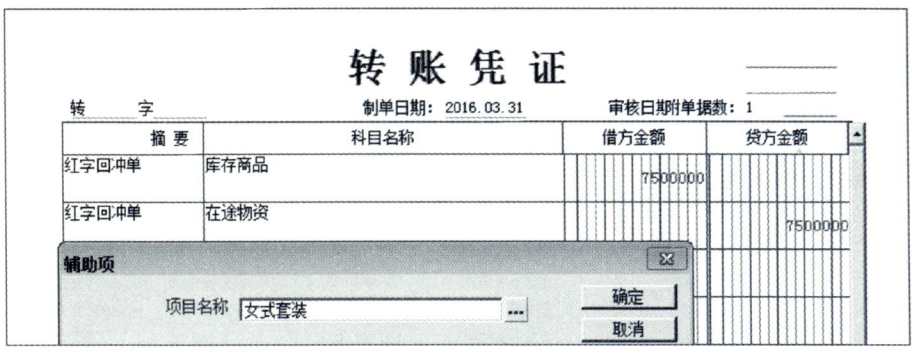

图7-4-4 "红字回冲单"凭证

单击【下一张】按钮,"项目名称"修改为"女式套装",单击【保存】按钮,如图7-4-5所示。

图7-4-5 "蓝字回冲单"凭证

(5)执行"存货核算"→"业务核算"→"正常单据记账",屏幕显示"查询条件选择",单击【确定】按钮,打开"未记账单据一览表"对话框,单击"全选"→【记账】按钮,如图7-4-6所示。

选择	日期	单据号	存货编码	单据类型	仓库名称	收发类别	数量	单价	金额
Y	2016-03-02	00312345	00003	专用发票	女式服装仓库	销售出库	400.00		
Y	2016-03-02	00612345	00002	专用发票	男式服装仓库	销售出库	1,800.00		
Y	2016-03-10	31088669	00003	专用发票	女式服装仓库	销售出库	75.00		
Y	2016-03-10	0000000002	00003	采购入库单	女式服装仓库	采购入库	500.00	150.00	75,000.00
Y	2016-03-31	0000000001	00002	其他出库单	男式服装仓库	盘亏出库	5.00	100.00	500.00
Y	2016-03-31	0000000001	00004	其他入库单	女式服装仓库	盘盈入库	2.00	700.00	1,400.00
小计							2,782.00		76,900.00

图7-4-6 "正常单据记账列表"窗口

(6)执行"财务核算"→"生成凭证"→"选择",屏幕显示"查询条件",单击【确定】按钮,打开"选择单据"对话框,单击"全选"→【确定】按钮,屏幕显示"生成凭证"窗口,"凭证类别"修改为"转",单击"生成",如图 7-4-7 所示。

	单据类型	摘要	科目类型	科目编码	科目名称	借方金额	贷方金额	借方数量	贷方数量	存货名称
1	其他出库单	其他出库单	对方	190101	待处理流动资产损溢	500.00		5.00		男式西裤
			存货	1243	库存商品		500.00		5.00	男式西裤
	其他入库单	其他入库单	存货	1243	库存商品	1,400.00		2.00		女式套装
			对方	190101	待处理流动资产损溢		1,400.00		2.00	女式套装
	采购入库单	采购入库单	存货	1243	库存商品	75,000.00		500.00		女式中装
			应付暂估	212101	暂估应付款		75,000.00		500.00	女式中装
	专用发票	专用发票	对方	5401	主营业务成本	60,000.00		400.00		女式中装
			存货	1243	库存商品		60,000.00		400.00	女式中装
			对方	5401	主营业务成本	180,000.00		1,800.00		男式西裤
			存货	1243	库存商品		180,000.00		1,800.00	男式西裤
			对方	5401	主营业务成本	11,250.00		75.00		女式中装
			存货	1243	库存商品		11,250.00		75.00	女式中装
合计						328,150.00	328,150.00			

图 7-4-7 "生成凭证"窗口

(7) 打开"填制凭证"对话框,"项目名称"修改为"女式中装",单击【保存】按钮,如图 7-4-8 所示。

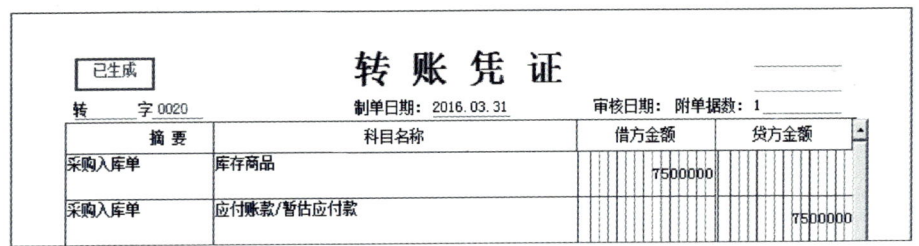

图 7-4-8 "存货入账"凭证

单击【下一张】按钮,"项目名称"修改为"女式套装",如图 7-4-9 所示。

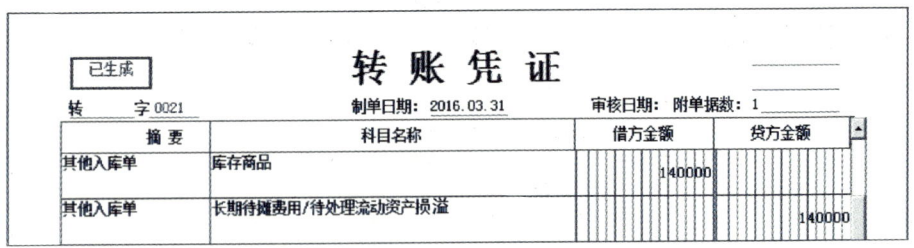

图 7-4-9 "盘盈结账"凭证

单击【下一张】按钮,"借方金额"修改为"585.00"(500.00×17.00%),"项目名称"修改为"男式西裤",如图 7-4-10 所示。

```
┌─────────┐
│ 已生成  │          转 账 凭 证
└─────────┘
 转   字 0022        制单日期：2016.03.31    审核日期 附单据数：1
┌──────────┬──────────────────────────┬──────────┬──────────┐
│   摘 要  │        科目名称          │ 借方金额 │ 贷方金额 │
├──────────┼──────────────────────────┼──────────┼──────────┤
│其他出库单│长期待摊费用/待处理流动资产损溢│  58500 │          │
│其他出库单│库存商品                  │          │  58500   │
└──────────┴──────────────────────────┴──────────┴──────────┘
```

图 7-4-10 "盘亏结转"凭证

单击【下一张】按钮，"项目名称"分别修改为"女式中装"，单击【保存】按钮，如图 7-4-11 所示。

```
┌─────────┐
│ 已生成  │          转 账 凭 证
└─────────┘
 转   字 0023        制单日期：2016.03.31    审核日期 附单据数：1
┌──────────┬──────────┬──────────┬──────────┐
│  摘 要   │ 科目名称 │ 借方金额 │ 贷方金额 │
├──────────┼──────────┼──────────┼──────────┤
│专用发票  │主营业务成本│ 6000000│          │
│专用发票  │库存商品  │          │ 6000000  │
└──────────┴──────────┴──────────┴──────────┘
```

图 7-4-11 "结转销售成本"凭证

单击【下一张】按钮，"项目名称"修改为"男式西裤"，单击【保存】按钮，如图7-4-12所示。

```
┌─────────┐
│ 已生成  │          转 账 凭 证
└─────────┘
 转   字 0024        制单日期：2016.03.31    审核日期 附单据数：1
┌──────────┬──────────┬──────────┬──────────┐
│  摘 要   │ 科目名称 │ 借方金额 │ 贷方金额 │
├──────────┼──────────┼──────────┼──────────┤
│专用发票  │主营业务成本│18000000│          │
│专用发票  │库存商品  │          │18000000  │
└──────────┴──────────┴──────────┴──────────┘
```

图 7-4-12 "结转销售成本"凭证

单击【下一张】按钮，"项目名称"修改为"女式中装"，单击【保存】按钮，如图7-4-13所示。

```
┌─────────┐
│ 已生成  │          转 账 凭 证
└─────────┘
 转   字 0025        制单日期：2016.03.31    审核日期 附单据数：1
┌──────────┬──────────┬──────────┬──────────┐
│  摘 要   │ 科目名称 │ 借方金额 │ 贷方金额 │
├──────────┼──────────┼──────────┼──────────┤
│专用发票  │主营业务成本│ 1125000│          │
│专用发票  │库存商品  │          │ 1125000  │
└──────────┴──────────┴──────────┴──────────┘
```

图 7-4-13 "结转销售成本"凭证

第二步,单击"重注册",以"B2003"出纳人员身份登录进行签字。

执行"财务会计"→"总账"→"凭证"→"出纳签字"→"成批出纳签字",单击【确定】按钮。

第三步,以"2002"会计主管登录审核。

第四步,单击"重注册",以"B2001"财务主管身份登录审核和记账。

(1)执行"财务会计"→"总账"→"凭证"→"审核"→"成批审核凭证",单击【确定】按钮。

(2)执行"记账",屏幕显示"记账"窗口,单击"全选",单击【确定】按钮。

第五步,备份账套,保存路径为"C:\888账套\888存货核算业务"。

业务二:计提结转生成凭证、审核、记账

2016年3月31日,计算本月应交增值税并结转本月未交增值税,计提营业税费。生成自动转账凭证并进行结转、审核、记账。

【操作资料】

(1)计提本月未交增值税,如表7-4-1所示。

表7-4-1

本月未交增值税

转账序号0002

科目编码	方向	金额公式
应交税费——转出未交增值税	贷	FS(21710106,月,贷)+FS(21710108,月,贷)-FS(21710101,月,借)
应交税费——进项税额	贷	FS(21710101,月,借)
应交税费——销项税额	借	FS(21710106,月,贷)
应交税费——进项税额转出	借	FS(21710108,月,贷)

(2)结转本月未交增值税,如表7-4-2所示。

表7-4-2

本月未交增值税

科目编码	方向	金额公式
应交税费——转出未交增值税	借	期末(21710105,月)
应交税费——未交增值税	贷	取对方科目计算结果

(3)计提企业所得税,如表7-4-3所示。

表7-4-3

计提企业所得税

科目编码	方向	金额公式
所得税费用	借	(本年利润的贷方发生额-借方发生额)×0.25
应交税费——应交企业所得税	贷	取对方科目计算结果

【操作提示】

引入"C:\888账套\888存货核算业务"账套。

第一步,单击"重注册",以"B2002"会计主管身份登录,选择"[888](default)上海时尚商贸有限公司","操作日期"修改为"2016-03-31",单击【登录】按钮。

(1) 执行"业务工作"→"财务会计"→"总账"→"期末"→"转账定义"→"自定义转账",打开"自定义转账"对话框,单击【增加】按钮,如图7-4-14至图7-4-16所示。

摘要	科目编码	部门	客户	方向	金额公式
计提本月未交增值税	21710105			贷	FS(21710106,月,贷)+FS(21710108,月,贷)-FS(21710101,月,借)
计提本月未交增值税	21710101			贷	FS(21710101,月,借)
计提本月未交增值税	21710106			借	FS(21710106,月,贷)
计提本月未交增值税	21710108			借	FS(21710108,月,贷)

图7-4-14 "自定义转账设置——计提本月未交增值税"窗口

摘要	科目编码	部门	客户	方向	金额公式
结转本月未交增值税	21710105			借	QM(21710105,月)
结转本月未交增值税	217102			贷	JG()

图7-4-15 "自定义转账设置——结转本月未交增值税"窗口

摘要	科目编码	部门	客户	方向	金额公式
计提企业所得税	5701			借	(FS(3131,月,贷)-FS(3131,月,借))*0.25
计提企业所得税	217103			贷	JG()

图7-4-16 "自定义转账设置——计提企业所得税"窗口

(2) 执行"财务会计"→"总账"→"期末"→"转账生成",打开"转账生成"对话框,选中"计提本月未交增值税",单击【确定】按钮。

(3) 打开"填制凭证"对话框,单击【保存】按钮,如图7-4-17所示。

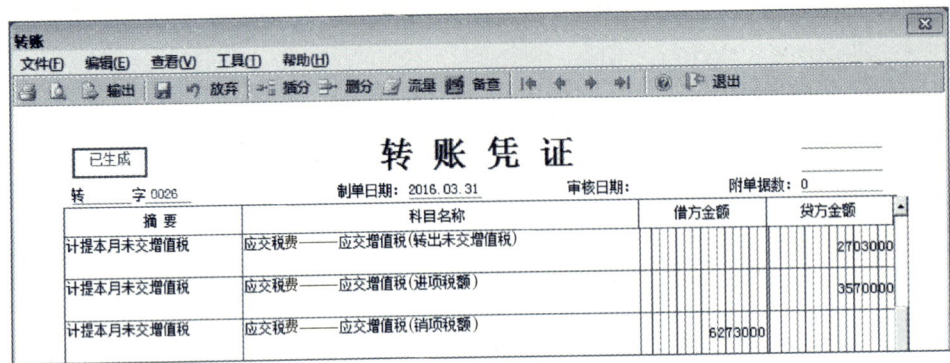

图7-4-17 "计提本月未交增值税"凭证

第二步,单击"重注册",以"B2001"财务主管身份登录审核和记账。

(1) 执行"财务会计"→"总账"→"凭证"→"审核",单击【确定】按钮。

(2) 执行"记账",屏幕显示"记账"窗口,单击"全选"→"记账"→【确定】按钮。

第三步,单击"重注册",以"B2002"会计主管身份登录系统。

(1) 执行"财务会计"→"总账"→"期末"→"转账生成",打开"转账生成"对话框,选中"结转本月未交增值税",单击【确定】按钮。

(2) 打开"填制凭证"对话框,单击【保存】按钮,如图7-4-18所示。

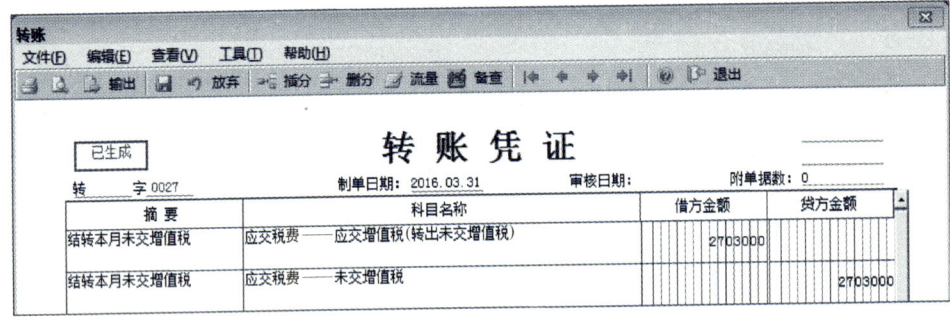

图7-4-18 "结转本月未交增值税"窗口

第四步,单击"重注册",以"B2001"财务主管身份登录审核和记账。

(1) 执行"财务会计"→"总账"→"凭证"→"审核",单击【确定】按钮。

(2) 执行"记账",屏幕显示"记账"窗口,单击"全选"→"记账"→【确定】按钮。

第五步,单击"重注册",以"B2002"会计主管身份登录系统。

(1) 执行"财务会计"→"总账"→"期末"→"转账生成",打开"转账生成"对话框,选中"计提营业税费",单击【确定】按钮。

(2) 打开"填制凭证"对话框,单击【保存】按钮,如图7-4-19所示。

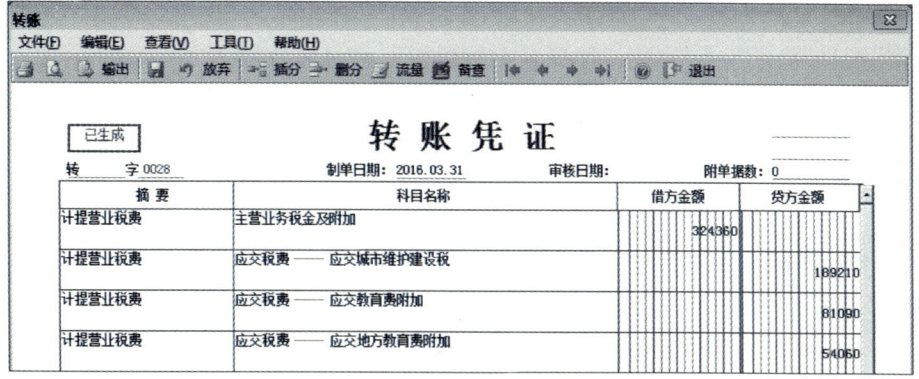

图 7-4-19 "计提营业税费"凭证

第六步,单击"重注册",以"B2001"财务主管身份登录审核和记账。

(1) 单击"财务会计"→"总账"→"凭证"→"审核"→单击【确定】按钮。

(2) 单击"记账",屏幕显示"记账"窗口,单击"全选"→"记账"→【确定】按钮。

第七步,单击"重注册",以"B2002"会计主管身份登录系统,结转期间损益(全部)。

(1) 单击"财务会计"→"总账"→"期末"→"转账定义"→"期间损益",打开"期间损益结转设置"对话框,"凭证类别"修改为"转","本年利润"选中"3131",单击【确定】按钮。

(2) 执行"转账生成",打开"转账生成"对话框,选中"期间损益","类型"选中"全部",单击"全选"→【确定】按钮。

(3) 打开凭证窗口,"字"修改为"转",单击【保存】按钮。

第八步,单击"重注册",以"B2001"财务主管身份登录审核和记账。

(1) 执行"财务会计"→"总账"→"凭证"→"审核",单击【确定】按钮。

(2) 执行"记账",屏幕显示"记账"窗口,单击"全选"→"记账"→【确定】按钮。

第九步,单击"重注册",以"B2002"会计主管身份登录系统,计提企业所得税。

(1) 执行"财务会计"→"总账"→"期末"→"转账生成",打开"转账生成"对话框,选中"计提企业所得税",单击【确定】按钮。

(2) 打开"填制凭证"对话框,单击【保存】按钮,如图 7-4-20 所示。

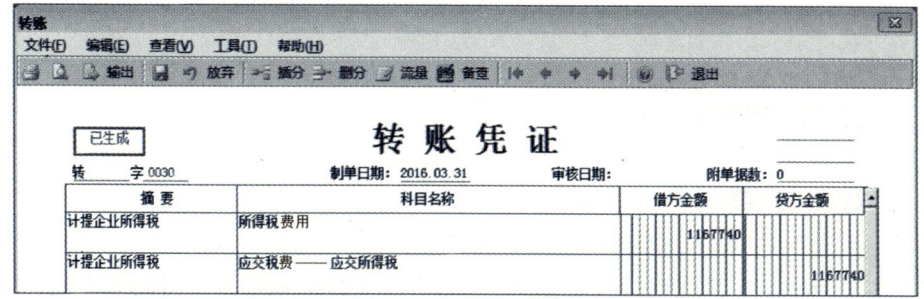

图 7-4-20 "计提企业所得税"凭证

(3) 执行“总账”→“凭证”,打开“填制凭证”对话框,单击“增加”,“凭证类别”修改为“转”,摘要输入“计提企业所得税”,科目名称输入“5701”,单击【余额】按钮,查看期末余额“11 677.40”,“贷方金额”输入“11 677.40”,科目名称输入“3131”,“借方金额”按“=”键,单击【保存】按钮,如图 7-4-21 和图 7-4-22 所示。

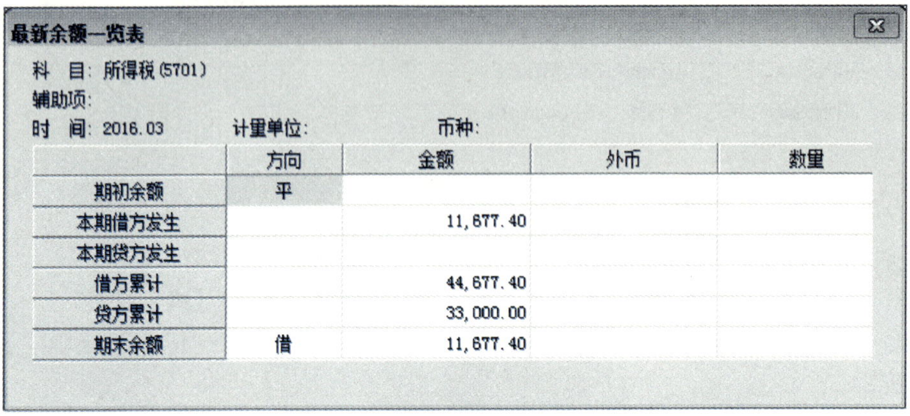
最新余额一览表

科　目: 所得税(5701)

辅助项:

时　间: 2016.03　　计量单位:　　币种:

	方向	金额	外币	数量
期初余额	平			
本期借方发生		11,677.40		
本期贷方发生				
借方累计		44,677.40		
贷方累计		33,000.00		
期末余额	借	11,677.40		

图 7-4-21　“查询余额”窗口

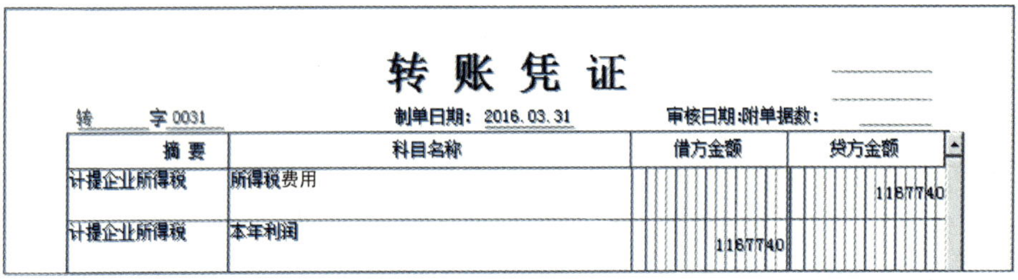
转 账 凭 证

转　字 0031　　制单日期: 2016.03.31　　审核日期:附单据数:

摘要	科目名称	借方金额	贷方金额
计提企业所得税	所得税费用		1167740
计提企业所得税	本年利润	1167740	

图 7-4-22　“计提企业所得税”凭证

第十步,单击“重注册”,以“B2001”财务主管身份登录审核和记账。

(1) 执行“财务会计”→“总账”→“凭证”→“成批审核”,单击【确定】按钮。

(2) 执行“记账”→屏幕显示“记账”窗口,单击“全选”→“记账”→【确定】按钮。

第十一步,备份账套,保存路径为“C:\888 账套\888 期末处理”。

业务三:期末结账业务

2016 年 3 月 31 日,对各系统进行 2016 年 3 月份结账处理。

【操作提示】

引入“C:\888 账套\888 期末处理”账套。

第一步,单击“重注册”,以“B4001”采购主管身份登录系统进行采购管理系统结账。

执行"供应链"→"采购管理"→"月末结账",单击【结账】按钮→【关闭】按钮。

第二步,单击"重注册",以"B3001"销售主管身份登录系统进行销售管理系统结账。

执行"供应链"→"销售管理"→"月末结账",单击【结账】按钮→【关闭】按钮。

第三步,单击"重注册",以"B5001"库存主管身份登录系统进行库存管理系统结账。

执行"供应链"→"库存管理"→"月末结账",单击【结账】按钮→【关闭】按钮。

第四步,单击"重注册",以"B2002"会计主管身份登录系统进行库存管理系统结账。

(1) 执行"供应链"→"存货核算"→"业务核算"→"期末处理",打开"期末处理"对话框,单击"处理"→【确定】按钮。

(2) 执行"月末结账",打开"结账"对话框,单击【结账】按钮→【关闭】按钮。

(3) 执行"固定资产"→"处理"→"月末结账",打开"月末结账"对话框,单击【开始结账】按钮,单击【确定】按钮。

第五步,单击"重注册",以"B6001"薪资主管身份登录薪资管理系统进行结账。

执行"人力资源"→"薪资管理"→"业务处理"→"月末处理",打开"月末处理"对话框,单击【确定】按钮,屏幕显示"薪资管理"窗口,"月末处理之后,本月工资将不允许变动!继续月末处理吗?"单击"是"。屏幕显示"薪资管理"窗口"是否选择清零项?"单击"是",屏幕显示"薪资管理"窗口"月末处理完毕!"单击【确定】按钮。

第六步,单击"重注册",以"B2001"财务主管身份登录系统进行应收款和应付款管理系统结账。

(1) 执行"业务工作"→"财务会计"→"应收款管理"→"期末处理"→"月末结账",打开"月末处理"对话框,双击"三月",单击【下一步】按钮,单击【完成】按钮,屏幕显示"应收款管理"窗口,"3月份结账成功",单击【确定】按钮。

(2) 执行"财务会计"→"应付款管理"→"期末处理"→"月末结账",打开"月末处理"对话框,双击"三月",单击【下一步】按钮,单击【完成】按钮,屏幕显示"应付款管理"窗口"3月份结账成功",单击【确定】按钮。

(3) 执行"总账"→"期末"→"结账",打开"结账"对话框,单击【下一步】按钮→【对账】按钮,屏幕显示"结账"窗口"3月份结账成功",单击【确定】按钮,如图7-4-23所示。

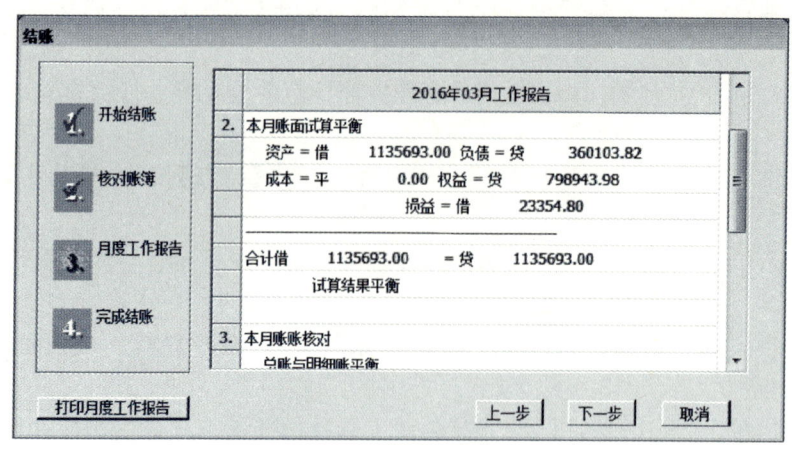

图 7-4-23 "总账结账"窗口

二、报表处理

利用报表模块生成 2016 年 3 月资产负债表、2016 年 3 月利润表;并另存为"C:\work",文件名为:2016 年 3 月资产负债表。

【操作提示】

单击"重注册",以"B1001"财务主管身份登录系统,选择"[888](default)上海时尚商贸有限公司","操作日期"修改为"2016-03-31",单击【登录】按钮。

(1)执行 UFO 报表,单击"新建"工具栏,单击"格式"菜单,单击"报表模板",打开"报表模板"对话框,"您所在的行业"选中"小企业会计制度","财务报表"选中"资产负债表",单击【确认】按钮。

(2)"您所在的行业"选中"小会计制度","财务报表"选中"资产负债表",单击【确认】按钮。

(3)选中 A3,单击"数据"→"关键字"→"设置"→"单位名称"。

(4)选中 C13,修改"存货"年初数公式,单击 fx→函数向导→用友账务函数→期初 QC→"QC("1201",全年,,,,"",,,,,)+QC("1243",全年,,,,"",,,,,)+QC("1245",全年,,,,"",,,,,)",如图 7-4-24 所示。

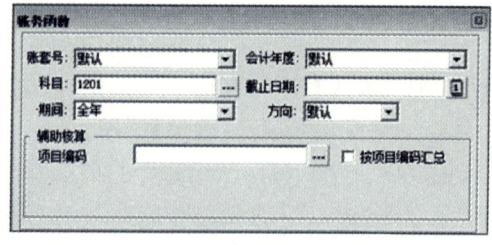

图 7-4-24 "账务函数"

修改存货"期末数"QM ("1201",月,,,,"",,,,,) ＋ QM ("1243", 月,,,,"",,,,,)＋QM("1245",月,,,,"",,,,,)。

（5）单击左下角"格式" 格式 ，单击工具栏 ，屏幕显示"录入关键字"对话框，单位名称输入"上海时尚商贸有限公司"、"年"输入"2016"、"月"输入"3"、"日"输入"31"，单击【确认】按钮。

（6）屏幕显示"用友软件"窗口，"是否重算第一页"，单击"是"，如图 7-5-2 所示。

（7）单击文件菜单"另存为"，"文件名"输入"2016年3月份资产负债表"，单击【另存为】按钮，如图 7-4-25 所示。

（8）同理生成利润表见图 7-4-26。

资产负债表

单位名称：上海时尚商贸有限公司　　　　2016年3月31日　　　　　　　　　　　会小企01表　单位：元

资产	年初数	期末数	负债和所有者权益（或股东权益）	年初数	期末数
流动资产：			流动负债：		
货币资金	289,593.00	542,550.00	短期借款		
短期投资			应付票据		
应收票据			应付账款	149,460.00	261,150.00
应收账款	44,800.00	23,600.00	预收账款	13,370.00	42,039.82
应收股利			应付职工薪酬	8,234.00	39,242.80
其他应收款			应交税费		
存货	300,200.00	287,115.00	应付利润		
			其他应付款	3,996.00	17,671.20
其他流动资产					
流动资产合计	634,593.00	853,265.00	其他流动负债		
非流动资产：			流动负债合计	175,060.00	360,103.82
长期债券投资			非流动负债：		
长期股权投资			长期借款		
			长期应付款		
固定资产原价	290,000.00	350,000.00	其他非流动负债		
减：累计折价	54,576.00	67,572.00			
固定资产账面价值	235,424.00	282,428.00	非流动资产负债合计		
在建工程			负债合计	175060.00	360103.82
固定资产清理			所有者权益（或股东权益）：		
			实收资本	435,100.00	435,100.00
无形资产及其他资产：			资本公积		
无形资产			盈余公积	59,857.00	59,857.00
其他长期资产			未分配利润	200,000.00	280,632.18
无形资产及其他资产合计			所有者权益(或股东权益)合计	694957.00	775589.18
资产总计	870017.00	1135693.00	负债和所有者权益(或股东权益)总计	870017.00	1135693.00

图 7-4-25 "资产负债表"窗口

利润表

会小企02表

单位名称：上海时尚商贸有限公司　　2016 年　　3 月　　　　　　单位:元

项　　目	本月数	本年累计数
一、营业收入	369,000.00	369000.00
减：营业成本	251,250.00	251250.00
营业税金及附加	3,243.60	3243.60
销售费用		
管理费用	66,287.82	66287.82
财务费用		
加：投资收益（损失以"-"号填列）		
二、营业利润	48,218.58	48218.58
加：营业外收入	1,400.00	1400.00
减：营业外支出	585.00	585.00
三、利润总额（亏损总额以"-"号填列）	49033.58	49033.58
减：所得税费用	11,677.40	11677.40
四、净利润（净亏损以"-"号填列）	37356.18	37356.18

图 7-4-26 "利润表"窗口

第 8 章

用友 ERP – U8 V10.1 安装手册

通过本章你可以学到：
- 软件安装所需配备的硬件环境
- 软件安装的具体操作步骤
- U8 应用服务器配备工具设置
- U8 安装中特殊情况处理流程

第 1 节　用友 ERP-U8 V10.1 安装说明

打开用友 ERP-U8 V10.1 安装程序，双击 Setup Shell.exe 文件，运行安装程序，打开界面，如图 8-1-1 所示。

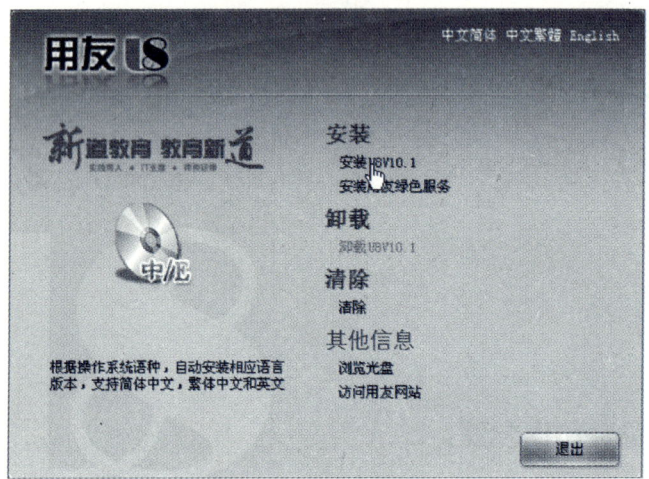

图 8-1-1　安装界面

（1）选择"安装 U8 V10.1"，开始安装，如图 8-1-2 所示。

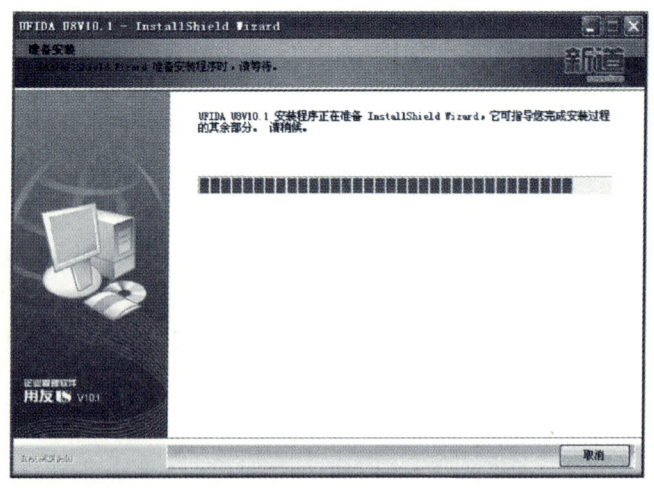

图 8-1-2　准备安装界面

(2) 选中"我接收许可证协议中的条款",单击【下一步】按钮。

(3) U8 自动检测历史版本,有旧版本则需要清除,如检测通过,出现安装界面,输入用户名及公司名称(自定),如图 8-1-3 所示。

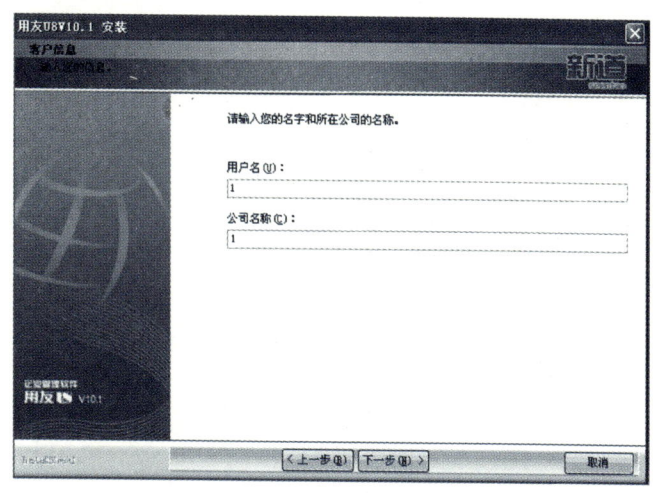

图 8-1-3　安装界面

(4) 单击【下一步】按钮,选择软件安装路径,建议选择默认安装路径。

(5) 选择安装路径后,单击【下一步】按钮,出现如图 8-1-4 所示的界面。

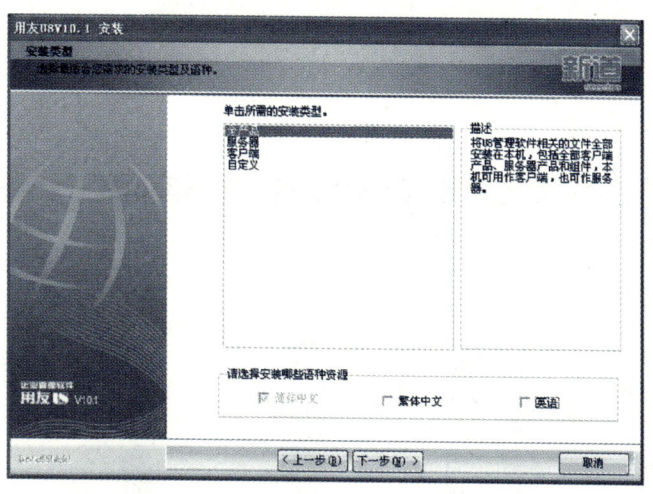

图 8-1-4　全产品安装界面

(6) 此处选择"全产品"安装,简体中文版。单击【下一步】按钮。

(7) 此时单击【检测】按钮,可以进行 U8-V10.1 安装环境的检测,如图 8-1-5 所示。

注意:未满足安装环境的条目,U8 会自动提示,用户可逐个检查。未安装的缺省组件,也可通过单击该组件条目,U8 会自动定位到该组件所在的安装位置。用户可通过双击该组件安装程序进行安装，如图 8-1-6 所示。

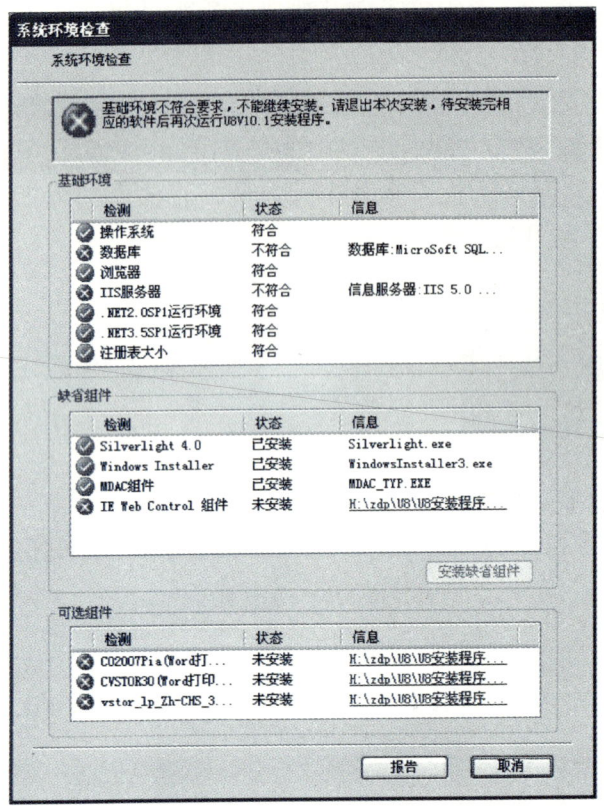

图 8-1-5　系统环境检查

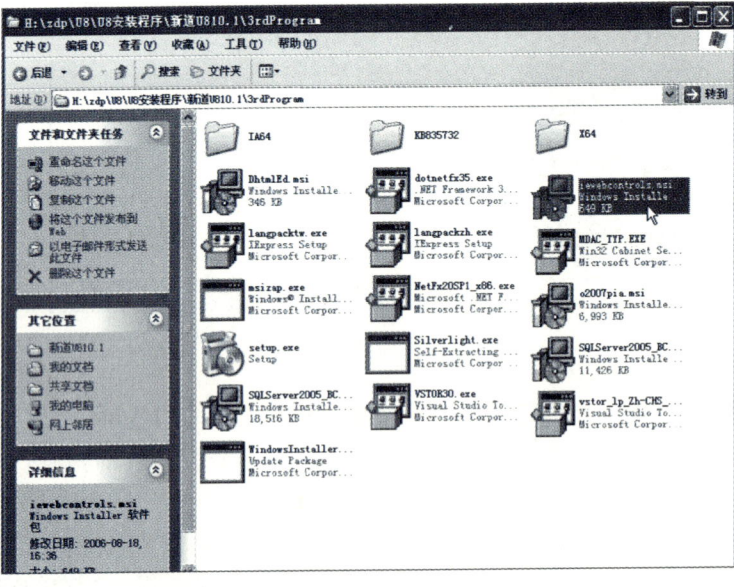

图 8-1-6　自动安装文件夹

"基础环境"和"缺省组件"若有未满足的条件,则安装不能向下进行。"可选组件"可以不安装。

环境检测全部通过后,单击【确定】按钮,返回安装界面,就可以进行后续的安装了,如图 8-1-7 和图 8-1-8 所示。

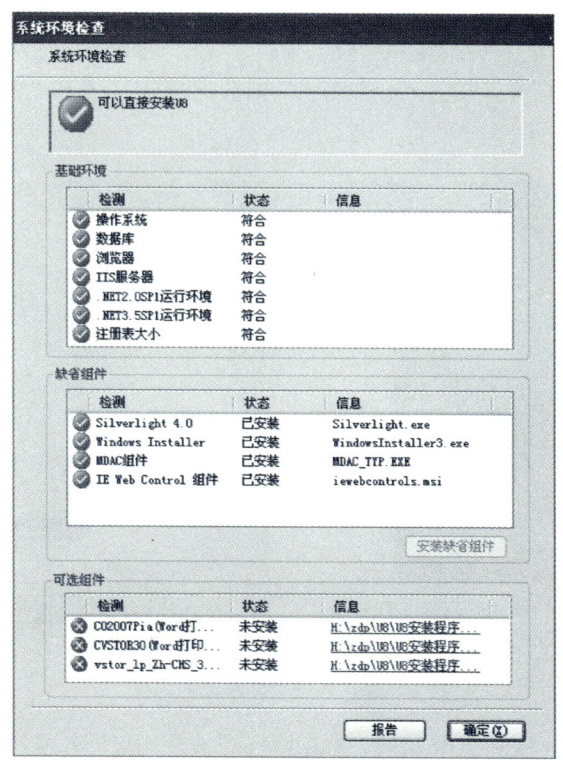

图 8-1-7　系统环境检查

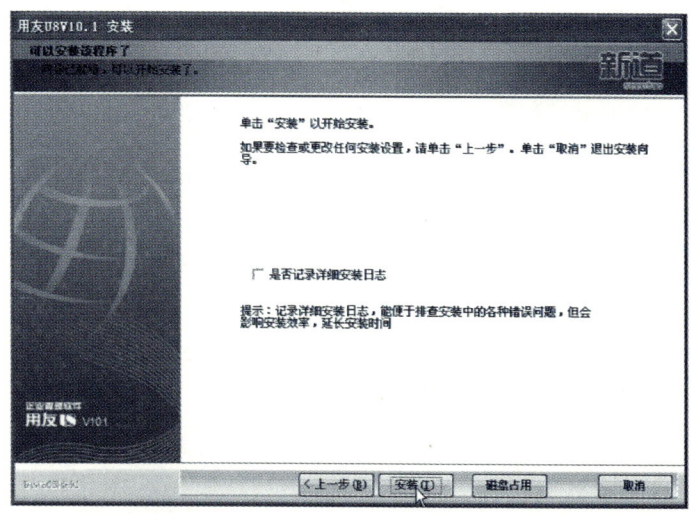

图 8-1-8　系统环境安装界面

(8)接下来单击【安装】按钮,即可进行安装了(此安装过程较长,请耐心等待)。

(9)安装完成后,单击【完成】按钮,重新启动计算机。

(10)系统重启后,出现"正在完成最后的配置"提示信息。在其中输入数据库名称(即为本地计算机名称,可通过"我的电脑""系统属性"中的计算机名查看),SA 口令为空(安装 SQL Server 2000 时设置为空),单击"测试连接"按钮,测试数据库连接。若一切正常,则会出现连接成功的提示信息,如图 8-1-9 所示。

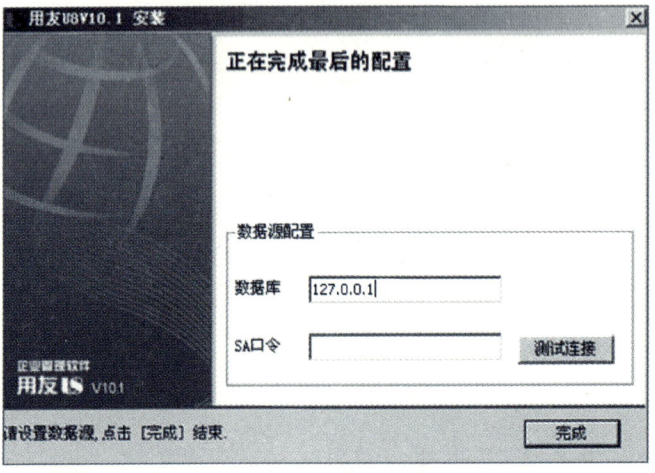

图 8-1-9　配置界面

(11)连接测试成功后,单击"完成"按钮,接下来系统会提示是否初始化数据库,单击"是"按钮,提示"正在初始化数据库实例,请稍候……"数据库初始化完成后,出现"登录"窗口,如图 8-1-10 所示。

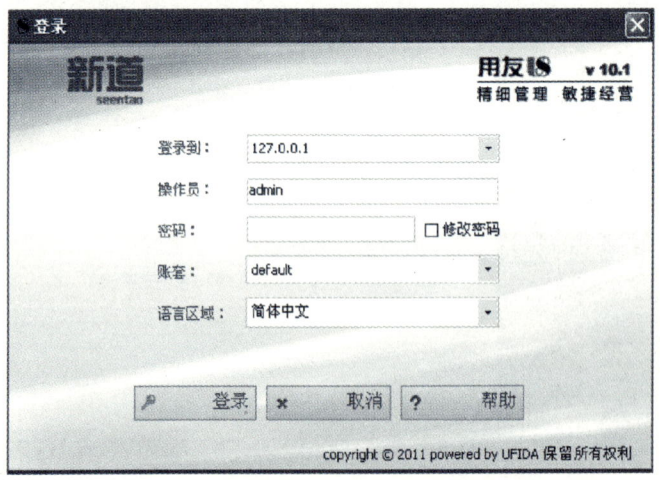

图 8-1-10　登录界面

(12) 在"登录"窗口中,"登录到"选择本地计算机名称,"操作员"输入"admin",密码为空,账套选择"default"(U8 V10.1 系统默认),单击【确定】按钮。

(13) 系统提示创建账套。

(14) 根据提示创建账套完成后,会出现下图所示的信息,问是否现在进行系统启用的设置,如图 8-1-11 所示。

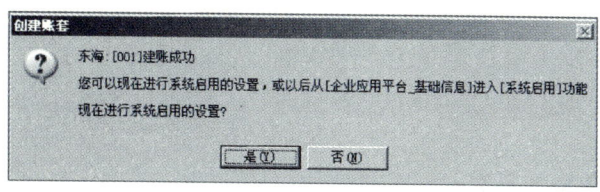

图 8-1-11　建账成功

(15) 若单击"是",在进行系统启用设置后,会出现用友 ERP-U8"系统管理"窗口。

(16) 用户可新建账套,也可以选择"账套"|"引入"命令,引入光盘中解压缩后的账套数据。

(17) 用户还可新建"角色"与"用户"及设置权限。

(18) 建立了账套、用户及权限后,就可以登录 U8 企业应用平台,进行实务操作了。

第 2 节　特殊情况处理

在"登录"窗口中未出现登录到的服务器名称和账套 default 的解决方法:

(1) 选择"开始"→"程序"→"用友 U8 V10.1"→"系统服务"→"应用服务器配置",如图 8-2-1 所示。

(2) 单击"数据库服务器"图标,打开"数据源配置"窗口,如图8-2-2所示。

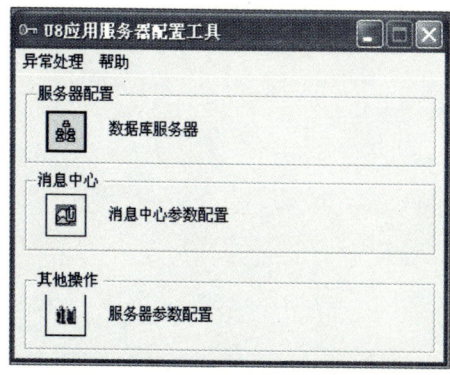

图 8-2-1　U8 应用服务器配置

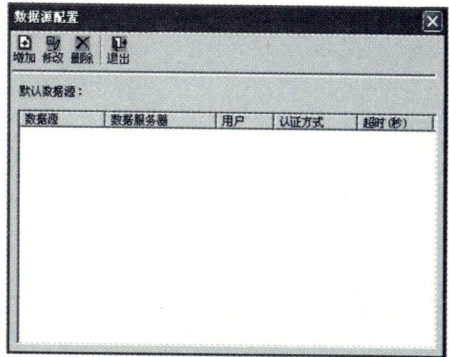

图 8-2-2　数据源配置

(3)单击"增加",打开"增加数据源"窗口。在"数据源"文本框中输入"default",在"数据库服务器"文本框中输入数据库服务器名称(若为单机安装,则为本机计算机名称),或单击右侧 按钮选择,如图 8-2-3 所示。

提示:计算机名称查看方法:Windows XP 系统中,用鼠标右键单击桌面上"我的电脑"图标,选择"属性",在打开的窗口中选择"计算机名"选项卡,然后单击"更改"按钮即可查看。

(1)保持密码为空,单击"测试连接"按钮,提示"连接串测试成功",则表示成功配置数据源。然后连续单击"确定"按钮即可。

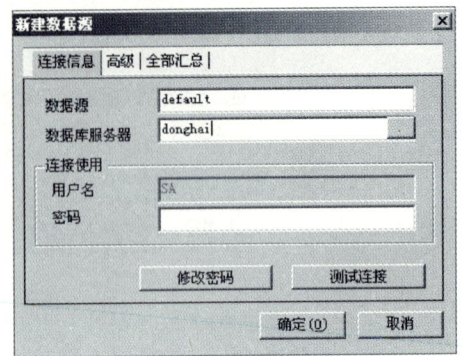

图 8-2-3　数据源窗口

(2)选择"开始"→"程序"→"用友 U8 V10.1"→"系统服务"→"系统管理"菜单,打开"系统管理"界面,然后选择"系统"→"注册"菜单,打开"登录"窗口,登录系统。